LA VIDA EMOCIONAL DE LOS ADOLESCENTES

Últimos títulos publicados en esta colección:

J. Brewer, *Deshacer la ansiedad*
D. W. Winnicott, *Los bebés y sus madres*
T. Bertherat, *Las estaciones del cuerpo*
C. Ríos, *Pierde grasa con comida real*
A. Molina, *Piel sana, piel bonita*
L. Martínez, *Vegetarianos con más ciencia*
A. Ellis, *Cómo no estropear tus relaciones*
Dr. D. Ramsey, *Comer para vencer la depresión y la ansiedad*
K. Neff, *Autocompasión fiera*
F. Dolto, *La causa de los adolescentes*
E. Vora, *La anatomía de la ansiedad*
J. Siaud-Facchin, *¿Demasiado inteligente para ser feliz?*
A. Sánchez, *¿Qué pasa con la nutrición?*
A. Jha, *La nueva ciencia de la atención*
T. Pazos, *Este libro te hará vivir más (o por lo menos mejor)*
M. Velasco, *Criar con salud mental*
B. Levy, *Rompe los límites de la edad*
E. Bullmore, *La inflamación de la mente*
Dr. R. Molina, *Tus microtraumas*
I. Marín, *Jugar*
S. C. Hayes, *Una mente liberada*
A. Soler y C. Roger, *La gran guía de la crianza*
F. Midal, *¿Soy hipersensible?*
A. Payàs, *El mensaje de las lágrimas*
G. Atlas, *Herencia emocional*
J. Axe, *Remedios ancestrales*
Wendy Suzuki, *La buena ansiedad*
Jade Wu, *Hola, sueño*
L. Damour, *Desenredadas*
J. M. Martínez Selva, *La nueva ciencia de la mentira*
L. Castellanos, *Inteligencia bondadosa*
J. Brewer, *Comer sin hambre*
E. J. Langer, *El cuerpo consciente*
K. Neff, *Sé amable contigo mismo*
H. Hirsch, *Descubre tu tipo de menopausia*
Z. Segal y N. Farb, *Mejor en todos los sentidos*
T. Baró, *La gran guía del lenguaje no verbal*
C. Nord, *El cerebro en equilibrio*
M. Williams, *Mindfulness más profundo*
S. Perlmutter, R. Maccoun, y J. Campbell, *Pensamiento crítico para el tercer milenio*
S. Nolen-Hoeksema, *Mujeres que piensan demasiado*
Dra. C. Means, *Energía vital*
D. D. Burns, *Autoestima en 10 días*
L. Damour, *La vida emocional de los adolescentes*

DRA. LISA DAMOUR

LA VIDA EMOCIONAL DE LOS ADOLESCENTES

Educar a adolescentes empáticos, competentes y compasivos

Traducción de Remedios Diéguez

PAIDÓS Divulgación

Título original: *The Emotional Lives of Teenagers: Raising Connected, Capable, and Compassionate Adolescents*, de Lisa Damour

1.ª edición, mayo de 2025

Paidós es un sello editorial de Editorial Planeta, S. A.
Avda. Diagonal, 662-664
08034 Barcelona, España
www.paidos.com
www.planetadelibros.com

ISBN: 978-84-493-4386-5
Composición: Realización Planeta
Depósito legal: B. 6.974-2025
Impresión y encuadernación: Gómez Aparicio Grupo Gráfico

Impreso en España - *Printed in Spain*

PEFC Certificado
Este libro procede de bosques gestionados de forma sostenible
PEFC
PEFC/14-38-00305
www.pefc.es

Para D., mi mejor mitad

Considero normal que un adolescente se comporte durante un largo período de manera incoherente e imprevisible; que se oponga a sus impulsos y que los acepte; [...] que ame a sus padres y que los odie; que se rebele contra ellos y que dependa de ellos; [...] que sea idealista, amante del arte, generoso y desinteresado como nunca lo volverá a ser, pero que sea también lo contrario, egocéntrico, egoísta y calculador. Estas fluctuaciones entre extremos opuestos serían altamente anormales en cualquier otra época de la vida; en este momento significan simplemente que hace falta un largo tiempo para que surja la estructura adulta de la personalidad.

Anna Freud (1958)[1]

Es un profundo consuelo para los niños descubrir que sus sentimientos son parte normal de la experiencia humana.

Haim Ginott (1965)[2]

SUMARIO

INTRODUCCIÓN

En junio de 2021 recibí una llamada de una amiga que conozco desde el instituto. Dedicamos un momento a ponernos al día sobre nuestras vidas y nuestras familias desde la última vez que hablamos, y después me dijo:

—En realidad, te llamo por un motivo... Estoy muy preocupada por Will. ¿Puedo comentarte una cosa, a ver qué opinas?

—Por supuesto —le contesté, mientras recordaba que su hijo Will, como mi hija mayor, estaba a punto de empezar el bachillerato.

—Hace un par de semanas nos enteramos de que la empresa de mi marido lo traslada a Seattle. Nos mudaremos a finales de verano y Will no levanta cabeza. Adora a sus amigos y le encanta su instituto, y no puede creer que le obliguemos a dejar todo lo que tiene en Denver justo antes de su último año. Está superirritable, y en los últimos días incluso se ha puesto a llorar por ello. No sé qué decir para mejorar las cosas, y me preocupa que caiga en una depresión.

—¿Su estado de ánimo es bajo permanentemente, o sube y baja en oleadas? —le pregunté.

—Sube y baja. Cuando no está pensando en el traslado, parece que está bien. Tiene un trabajo que le gusta y se muestra bastante feliz cuando sale con sus amigos. Pero cuando surge el tema de la mudanza, se pone muy muy triste. No sé qué hacer, y no sé si debería preocuparme.

—Escucha —le dije—, no creo que esté deprimido. Pero vamos a permanecer en contacto para que me avises si su estado de ánimo deja de mostrar altibajos y empieza a mostrarse malhumorado, apático o triste todo el rato. Por lo que me cuentas, parece que la mudanza en concreto es el motivo de su infelicidad, que se siente triste y enfadado por eso.

—De acuerdo —dijo mi amiga.

—Pero no lo considero un motivo de preocupación. En realidad, creo que esos sentimientos son una prueba de su buena salud mental.

—¿En serio? ¿Y eso?

—Bueno, estar molesto por mudarse justo antes del último año, y sobre todo si es feliz en Denver, es una reacción apropiada. En realidad estaría más preocupada si a Will le diese completamente igual.

—Eso tiene sentido, supongo —comentó mi amiga—, pero ¿cómo se supone que debo ayudarle a superarlo?

—Hay dos cosas que puedes hacer. En primer lugar, tranquilizar a Will explicándole que su reacción es normal. De la misma manera que para ti es difícil verlo tan alterado, lo más seguro es que esas emociones tan dolorosas también sean incómodas para él. Puedes tranquilizarle haciéndole saber que lo que siente tiene sentido. En segundo lugar, intenta hacerte a la idea de que probablemente seguirá sintiéndose mal con la situación, al menos hasta que se instale en otoño. En lugar de intentar evitar o ahuyentar su malestar, céntrate en ayudarle a encontrar formas de gestionar la angustia que siente.

Entre los adolescentes, las emociones fuertes son una característica, no un defecto. Siempre ha sido así, pero parece que en la actualidad se entiende menos. La última década se ha caracterizado por un cambio drástico en la forma de hablar y pensar sobre los sentimientos en general y sobre las emociones intensas que caracterizan a la adolescencia en particular.

Para decirlo sin rodeos, en algún punto del camino empezamos a tener miedo de ser infelices.

Cuando recibí mi primera licencia para ejercer la psicología clínica, hace casi treinta años, me había empapado de un programa de formación que abarcaba toda la gama de emociones, un espectro de sentimientos que iban desde los más agradables hasta los menos, como un aspecto esperable y esencial de la experiencia humana.

Aquella formación me enseñó a observar el paisaje emocional de la adolescencia con una mirada atenta y sin miedo. Siempre he entendido la psicoterapia como una colaboración en la que guío a los adolescentes a mi cargo para compartir mi curiosidad por su vida interior. Trabajamos partiendo del supuesto tácito de que cada una de sus emociones tiene sentido, que sus sentimientos difíciles (ira, frustración, tristeza, preocupación, etc.) surgen por alguna razón, incluso cuando las razones para ellos no están claras. Aunque estoy ahí para ayudarlos a sentirse mejor, el objetivo de nuestro trabajo no es tanto buscar consuelo como entender las cosas. Cuando los adolescentes entienden qué sienten y por qué lo sienten, de repente tienen opciones con las que antes no contaban.

Para mí, esto es evidente. Nunca he dudado ni cuestionado el valor de acoger en mi consulta las emociones más angustiosas o perturbadoras. Sin embargo, con el paso del tiempo, observando en mi trabajo el proceso de los jóvenes que descubren, comprenden y aceptan sus emociones, y encuentran un alivio muy necesario y merecido, he percibido que la cultura que me rodea ha ido cambiando. Hace veinte años, todavía sentía que formaba parte de una sociedad más amplia que aceptaba, aunque a regañadientes, que los sentimientos dolorosos son parte natural de la vida. Ahora intento entender cómo hemos llegado al punto de que los sentimientos incómodos se consideren estados psicológicos que hay que evitar o, en su defecto, desterrar lo antes posible.

¿Qué ha cambiado? ¿Cómo han pasado a ser inaceptables algunos aspectos esenciales de la condición humana?

No estoy segura de la respuesta, pero tengo algunas ideas. Desde la época en que estudiaba han surgido tres tendencias que podrían ayudar a explicar el cambio en la percepción del malestar psicológico: la proliferación de fármacos psiquiátricos eficaces, el auge de la industria del bienestar y el número creciente de jóvenes que padecen trastornos mentales. Veámoslos uno a uno.

Los antidepresivos existen desde la década de 1950,[1] pero no se empezó a recetarlos de forma generalizada hasta finales de la de 1980, cuando el Prozac llegó al mercado. Permitidme señalar en este punto que el Prozac y muchos otros fármacos psiquiátricos desarrollados en los últimos años mejoran radicalmente la vida (y en algunos casos la salvan) de algunas personas. Antes de que los médicos empezasen a recetar Prozac en 1987, trabajaban con los llamados *antidepresivos de primera generación*. Si bien esos fármacos eran eficaces en general, causaban efectos secundarios perjudiciales y podían ser letales en caso de sobredosis (un problema trágico cuando se trata a pacientes suicidas). Más tarde llegó el Prozac y, poco después, toda una *segunda generación* de medicamentos que aliviaban la depresión y tenían efectos secundarios mínimos. De repente, los fármacos recetados se convirtieron en una opción de bajo riesgo para mejorar el estado de ánimo.

No es de extrañar que aquellos medicamentos tuvieran tanto éxito. En 1987, solo el 37% de las personas tratadas por depresión tomaban un antidepresivo.[2] En 2015, esa cifra había aumentado al 81%.[3] Durante ese mismo período, el número de personas que recibían psicoterapia para la depresión descendió un 20%. ¿A qué se deben esas dos tendencias? En primer lugar, es probable que la medicación antidepresiva proporcionase a algunos individuos suficiente alivio hasta el punto de convertir la psicoterapia en innecesaria. En segundo lugar, también es cierto que las compañías de seguros están mucho más dispuestas a pagar por las pastillas que por la psicoterapia, que resulta más cara.

A estas explicaciones añadiré una tercera posibilidad: la proliferación de fármacos seguros y eficaces para tratar la depresión (y también para reducir la ansiedad y mejorar el sueño y la concentración) ha modificado nuestra postura cultural ante el malestar emocional. En lugar de considerar el malestar psicológico como algo que hay que explorar y comprender, cada vez más vemos el dolor emocional como algo que se puede impedir o contener con intervenciones químicas. Las cifras no mienten: desde principios de la década del 2000, los antidepresivos están a la par con los medicamentos para tratar la presión arterial y el colesterol como los más recetados en las consultas externas de pacientes adultos.[4]

Seamos claros: no cabe duda de que los fármacos psiquiátricos alivian el sufrimiento humano. Además, ningún médico concienzudo receta esos medicamentos con la promesa de que resolverán los problemas de la vida o harán feliz a la gente, porque no es así. Dicho esto, no puedo evitar preguntarme si el uso generalizado de fármacos que alteran el estado de ánimo ha avivado la creencia de que, de alguna manera, nosotros y nuestros hijos podemos y debemos librarnos de la realidad de que ser humano conlleva sentir dolor emocional.

No obstante, no creo que la rápida proliferación de medicamentos psiquiátricos pueda explicar por sí sola el hecho de que nos sintamos tan incómodos con el malestar psicológico. Vamos a centrarnos, por tanto, en el segundo factor que he mencionado: la industria del bienestar.

El bienestar no es nada nuevo. Desde hace milenios existe un sinfín de prácticas y productos no médicos asociados a la salud psicológica, entre ellos el yoga, el mindfulness y la aromaterapia. ¿Qué es lo nuevo? El marketing omnipresente y agresivo de productos y servicios relacionados con el bienestar. En 2010, un artículo de economía de *The New York Times* se refirió al bienestar como una industria «emergente».[5] Desde entonces, el mercado del bienestar no ha hecho más que dispararse. Y la industria del bienestar mental es ya un gigante económico: por sí sola representa 131.000 millones de dólares de la economía mundial del bienestar.[6] Para poner la cifra en perspectiva, la industria del bienestar mental supera ahora a la del entretenimiento, cifrada en 100.000 millones de dólares.[7]

Por supuesto, no se trata de una mala noticia. Los estudios demuestran que la meditación, el mindfulness y el yoga pueden aliviar el malestar psicológico y mejorar el bienestar mental.[8] Sin duda, las lociones con ingredientes botánicos, las velas aromáticas, las mantas con peso y otros productos que suponen un placer para los sentidos o una fuente de relajación pueden provocar sensaciones de paz y alivio a corto plazo.

Sin embargo, parece que los enormes incentivos económicos están llevando a la industria del bienestar a hacer promesas que no puede cumplir. Los anuncios de productos para el cuidado personal suelen declarar o insinuar que el producto a la venta (ya sea una aplicación de mindfulness, un aceite aromático o una infusión afrutada) proporcionará sensaciones de bienestar y además alejará las emociones no deseadas. Esto puede sonar muy bien en la teoría, pero el sentido común nos dice que la vida no funciona así. Disfrutar de tu clase de yoga no evitará que el director del colegio te llame para comunicarte que tu hijo ha pegado a un compañero en el patio. Conseguir que tu familia se comprometa a hacer una sesión regular de mindfulness no evitará que una pandemia mundial traiga años de tristeza a tu vida. Los productos o las prácticas enfocados al bienestar pueden levantarnos el ánimo de forma temporal o ayudarnos a recuperar un equilibrio pasajero. No pueden protegernos, ni a nosotros ni a nuestros adolescentes, de la angustia emocional.

Lo sabemos y no hacemos nada al respecto. Resulta increíblemente tentador creer en la posibilidad de alcanzar y preservar un estado de tranquilidad psicológica, sobre todo cuando los omnipresentes anuncios relacionados con el bienestar sugieren que es posible lograr un estado zen imperturbable. O al menos comprarlo.

Aunque las expectativas planteadas por la industria del bienestar rozan lo ridículo, su impacto no es ninguna broma. En mi consulta ya atiendo a adolescentes que sienten que son unos «fracasados en bienestar». Se han tomado muy a pecho el peligroso mensaje, a menudo promovido a través de las redes sociales, de que comprometerse con el autocuidado (y los bienes y servicios que lo acompañan) evitará que sufran estrés o ansiedad. Y entonces llegan los exámenes semestrales. Cuando eso ocurre, nuestros adolescentes experimentan la tensión y los nervios que siempre acompañan de forma natural a los exámenes importantes. Sin embargo, ahora se sienten peor de lo que nos sentíamos nosotros al final del trimestre porque la omnipresente publicidad sugiere que su malestar era evitable en cierto modo. Nuestros adolescentes, ya de por sí estresados, ahora se sienten mal por sentirse mal.

Además, el auge de la industria del bienestar parece haber cambiado la definición de salud psicológica en nuestra cultura. En los últimos diez años (el mismo período en el que el bienestar mental se ha convertido en una industria multimillonaria), la salud psicológica ha pasado a equipararse con sentirse bien. Por supuesto, es estupendo sentirse bien (o tranquilo, o relajado), pero la realidad es que los estados psicológicos agradables van y vienen a lo largo del día. Hagamos lo que hagamos, no existe garantía de que podamos mantener un período amplio de tranquilidad sin preocupaciones.

Este mensaje, ya generalizado, de que la salud mental significa sentirse bien ha llevado a numerosos padres y adolescentes a su deducción lógica: que sentirse mal es motivo de preocupación. Lo que me preocupa a mí es que este movimiento del bienestar haya asustado exageradamente a padres y adolescentes atemorizados por las adversidades normales y corrientes. Ahora, mucho más que antes, me veo en la necesidad de tranquilizar a los adolescentes y a sus progenitores explicándoles que no es muy probable que un mal día o una mala semana sea señal de que «algo va realmente mal».

Y eso nos lleva al tercer factor que podría explicar por qué nos encontramos en un momento en el que los adolescentes y sus padres se sienten más inquietos que nunca ante el malestar emocional: los adolescentes de ahora, como grupo, se sienten peor que los de antes.

Parte de esto tiene que ver con el hecho de que nuestros adolescentes se enfrentan a la inquietante perspectiva de un futuro marcado por la confusión ambiental, social y política. Un sondeo hecho en 2018 por la Asociación Americana de Psicología reveló que, en comparación con las personas adultas en general, las que tienen entre quince y veintiún años de edad se muestran más preocupadas por el rumbo de su país, por el elevado número de tiroteos masivos y por el cambio climático.[9]

Entre los adolescentes, los problemas de salud mental más graves también han aumentado.[10] Entre 2009 y 2019, el porcentaje de estudiantes de secundaria que informaron de un estado persistente de tristeza o desesperanza pasó del 26 % al 37 %; el porcentaje de los que revelaron a los encuestadores que habían preparado un plan de suicidio pasó de un ya preocupante 11% a un 16%, todavía más alarmante. Aproximadamente en ese mismo período de tiempo, el porcentaje de estudiantes de secundaria que afirmaron padecer niveles significativos de ansiedad pasó del 34% al 44%.[11] Estas sombrías estadísticas, como es muy probable que hayas observado, reflejan cómo se sentían los adolescentes antes de que una pandemia irrumpiera en sus años de formación.

Aunque la pandemia fue horrible para todos, los adolescentes se enfrentaron a desafíos únicos precisamente porque la COVID-19 arruinó cuestiones fundamentales en el desarrollo de la adolescencia: compartir tiempo con sus iguales y ser cada vez más independientes. Estudios a escala mundial revelaron que los síntomas de depresión y ansiedad entre la población adolescente se duplicaron durante la pandemia,[12] y que muchos empezaron a tener problemas para dormir,[13] se distanciaron de sus familias o mostraron un comportamiento agresivo. Los estudios realizados por los servicios de urgencias a principios de 2021 descubrieron que las visitas por presuntos intentos de suicidio aumentaron un 51% entre las adolescentes y un 4% entre los chicos adolescentes, en comparación con las visitas de principios de 2019.[14] Los expertos no saben a ciencia cierta a qué se debe la enorme disparidad de género en ese aumento de las cifras, pero sospechan que las chicas podrían haber experimentado el aislamiento social de la pandemia de forma más aguda que los chicos.[15]

La situación fue todavía peor para los adolescentes de grupos raciales y étnicos que sufren marginación y discriminación desde siempre. En comparación con los adolescentes blancos, los negros, los asiaticoestadounidenses y los multirraciales experimentaron mayores niveles de malestar psicológico relacionado con la pandemia.[16] Por supuesto, la pandemia fue una de las numerosas crisis nacionales que afectaron a nuestros adolescentes además de la intensa polarización política, el aumento de la violencia y un doloroso y necesario ajuste de cuentas con el asesinato de afroamericanos a manos de la policía.[17]

No es de extrañar que tantos padres se preocupen hoy por la salud mental de sus hijas e hijos. La adolescencia siempre ha sido difícil; llegar a la mayoría de edad en una época de cambios generalizados hace que el trabajo de ser adolescente (o de educar a uno) resulte mucho más difícil. Sin embargo, las crisis suelen traer consigo oportunidades; de hecho, creo que nunca ha existido un momento mejor para tomarnos en serio cómo apoyamos a los adolescentes y sus vidas emocionales.

En la década anterior a la pandemia escribí dos libros sobre los retos a los que se enfrentan las niñas y las jóvenes específicamente. Durante la COVID-19, mi atención se desvió (como era de esperar) hacia las acuciantes necesidades emocionales de toda la población adolescente, independientemente del género. Fue una transición fácil, ya que en más de tres décadas de profesión he atendido a muchos chicos y jóvenes. Además, mis artículos de *The New York Times* sobre la adolescencia y mi pódcast *Ask Lisa* nunca han sido específicos de género. En este libro se utilizan ejemplos de mi trabajo clínico con chicas y chicos para ilustrar las ideas más importantes. En esos casos se han modificado todos los detalles de sus identidades, y en algunos casos he recurrido a retratos robot para preservar la confidencialidad de los jóvenes que han estado a mi cuidado.

Si estás leyendo este libro, es que te preocupas por los adolescentes. Quieres ayudarlos a superar una fase difícil de su vida en una época difícil de la historia. Quieres educarlos para que tengan una vida emocional rica y gratificante, para que sean afectuosos y cuiden sus relaciones, para que se mantengan firmes y capaces en los buenos y en los malos momentos, y para que desarrollen una verdadera fortaleza emocional.

Este libro te ayudará a conseguirlo. En el primer capítulo desmentiremos mitos generalizados y engañosos sobre el funcionamiento de los sentimientos y, en su lugar, fundamentaremos nuestro análisis de la vida emocional de los adolescentes en la ciencia psicológica. El capítulo 2 abordará de qué modo los roles tradicionales de género conforman la experiencia y la expresión de las emociones en la adolescencia, y revelará qué significan los nuevos puntos de vista sobre el género para los adolescentes y sus padres. En el capítulo 3 veremos qué tienen de único las emociones durante la adolescencia y cómo dan un nuevo giro a la vida cotidiana de los chicos de estas edades y sus familias. Los capítulos 4 y 5 se basan en la investigación clínica y la teoría para ofrecer a los padres y las madres una orientación concreta y práctica que les permita ayudar a sus hijas e hijos adolescentes a desarrollar una vida emocional independiente a través de maneras saludables de expresar sus emociones y, cuando sea necesario, controlarlas.

Tal vez lo más importante sea que este libro desechará la peligrosa idea de que los adolescentes solo están mentalmente sanos cuando son capaces de sentirse bien de manera permanente. En su lugar, conoceremos una definición de «salud mental» verdaderamente útil y psicológicamente precisa: experimentar los sentimientos adecuados en el momento oportuno y ser capaz de gestionar esos sentimientos de manera eficaz.

No esperemos ni un momento más para comprender y apoyar mejor a los adolescentes que queremos.

Capítulo 1

LAS EMOCIONES ADOLESCENTES: SUPERAR TRES GRANDES MITOS

«Dra. D. —decía el texto—, ¿puedo ir a verte esta semana en algún momento? Tom». No reconocí el número de teléfono del que provenía y no tenía ningún Tom en mi agenda semanal. Mientras miraba mi teléfono con curiosidad, aparecieron tres puntos y, a continuación, un mensaje que parecía venir de alguien con la capacidad de leer la mente: «Soy yo, Tommy. Mi madre me dio tu número».

¡Tommy! Claro. Inmediatamente me acordé de un adorable niño de nueve años al que vi por primera vez en mi sala de espera unos años atrás. Cuando nos conocimos, estaba de pie, nervioso, junto a su madre; ella permanecía sentada con una mano apoyada tranquilamente en su regazo y la otra acariciando suavemente la espalda de su hijo. Los progresos que había hecho intentando calmarle se esfumaron cuando abrí la puerta de la sala de espera. Tommy me recibió con el miedo reflejado en unos ojos muy abiertos. Su pelo oscuro se encrespaba a un lado de la cabeza (era impresionante que el pelo de recién levantado hubiese sobrevivido a todo un día de colegio) y parecía subrayar su sensación general de alarma. Por teléfono, la madre de Tommy me explicó que el niño tenía miedos nocturnos que los tenían despiertos (a él y al resto de la familia) hasta tarde. En la consulta, Tommy y su madre me siguieron hasta mi despacho, y allí comenzamos poco a poco lo que sería una larga y fructífera relación profesional.

Tommy ya nació con tensión. De bebé se asustaba con facilidad, y le costó muchísimo separarse de sus padres cuando llegó el momento de empezar preescolar. Con el paso del tiempo, sus preocupaciones se transformaron en miedos nocturnos, que afortunadamente cedieron a mis esfuerzos por ayudar y al apoyo constante de sus padres. Una vez resueltos aquellos temores, pasaron casi dos años hasta que volví a tener noticias de sus padres. En el verano posterior a séptimo curso, Tommy intentó ser valiente y asistir a un campamento, pero a los dos días empezó a suplicar que lo llevasen de vuelta a casa. Hice unas cuantas llamadas a Tommy mientras estaba en el campamento y varias a sus padres, y también hablé por teléfono con el director del campamento. Tomamos la decisión conjunta de cancelar su estancia con la esperanza de volver a intentarlo al año siguiente. Tommy tuvo sesiones conmigo durante aquel verano, tanto para tratar la ansiedad que le había llevado de vuelta a casa como para procesar sus sentimientos de frustración y humillación por el hecho de ser incapaz de quedarse en el campamento.

Al recordar todo aquello mientras miraba mi teléfono, me di cuenta de que habían pasado casi cuatro años desde la última vez que supe de Tommy (ahora Tom) o sus padres. Eso implicaba que estaría en su último año de instituto. Fijamos una hora para vernos y me preparé para la posibilidad de que me costase reconocerle cuando le viese en la sala de espera. Efectivamente, Tom se había convertido en un joven alto y ancho de hombros. Llevaba unos pantalones piratas holgados, poco adecuados para el frío de finales de octubre en las afueras de Cleveland. Incómodo y amable, me saludó con una voz grave que me pilló por sorpresa.

Después de acomodarnos en mi despacho y ponernos al día brevemente, abordó el motivo de su mensaje.

—Estoy preparando las solicitudes para la universidad y no quiero ir a ninguna que esté muy lejos de casa. A mí me parece bien y a mis padres también, pero mi orientador universitario lo está convirtiendo en un problema.

Tom era el mejor de su clase, sin duda gracias al hecho de que su carácter nervioso también lo impulsaba a ser un estudiante muy concienzudo. Era un solicitado corredor de fondo y un consumado oboísta. Resultaba evidente que había madurado en muchos aspectos, pero me explicó que, a pesar de sus ganas de asistir a un programa intensivo de música en Michigan el verano anterior, no se atrevió a ir. Basándose en aquella experiencia, decidió solicitar plaza únicamente en universidades que estuviesen como mucho a tres horas de casa.

En el noreste de Ohio no escasean las universidades excelentes, pero el orientador universitario del instituto de Tom seguía pensando que estaba limitando sus oportunidades. Yo no sabía qué pensar. Desde el sofá gris de mi despacho, Tom compartió su razonamiento conmigo. Si empezaba a sentirse nervioso o inseguro cuando estuviese lejos, en la universidad, quería tener la posibilidad de volver a casa a pasar una o dos noches sin que supusiera un gran problema. Iba a enviar solicitudes a siete buenas universidades de la zona; sin duda, tendría excelentes opciones cuando llegase el momento de las admisiones. Y no iba a solicitar plaza en ninguna universidad que estuviese a menos de treinta minutos de su casa porque realmente quería sentir que se había ido lejos a estudiar.

—Todavía me pongo supernervioso —me explicó—. La cosa ha mejorado, eso seguro, pero nunca me ha gustado estar lejos de mi familia. Estoy intentando encontrar una solución que no me produzca la sensación de que mi ansiedad podría echar a perder mi primer año. Cuando le expliqué esto a mi consejero universitario, me dijo: «Tom, tus preocupaciones te están nublando las ideas».

Aunque entendía al consejero, no compartía su punto de vista. A mí me parecía que se basaba en un mito de poca ayuda y muy trillado: que los sentimientos debilitan el buen juicio.

MITO N.º 1: LA EMOCIÓN ES LA ENEMIGA DE LA RAZÓN

Las emociones y la razón eran competidoras mucho antes de que el señor Spock, con su razonamiento impecable gracias a la ausencia de emoción, fuese presentado como el pensador modelo de *Star Trek*. De hecho, la oposición entre nuestros pensamientos y nuestros sentimientos parece tan evidente que los filósofos debaten sobre ella desde hace siglos. Platón imaginó la razón como un auriga que se esforzaba por mantener bajo control los caballos de la emoción humana;[1] René Descartes, defensor de la racionalidad,[2] idealizó a quienes eran «totalmente dueños de sus pasiones», y David Hume le dio la vuelta al guion de Descartes al afirmar que «la razón es, y solo debe ser, esclava de las pasiones».[3]

¿Qué deberíamos tener en cuenta sobre el lugar que ocupan las emociones en la toma de decisiones? Platón, Descartes, Hume: ¿quién tenía razón?

Probablemente, mi amiga Terry la tiene. Es una psicóloga clínica que en una ocasión compartió conmigo una metáfora sumamente útil.[4] Según Terry, cuando se trata de tomar decisiones, deberíamos contemplar nuestras emociones como si ocupasen una silla en nuestra junta directiva personal. Otros puestos de la junta podrían estar ocupados por consideraciones éticas, nuestras ambiciones personales, nuestras obligaciones con los demás, las limitaciones económicas o logísticas, etc. Lo ideal es que esos miembros de la junta trabajen juntos para ayudarnos a tomar decisiones meditadas e informadas sobre cómo gestionar nuestras vidas. En esta metáfora, las emociones tienen un voto, aunque rara vez es decisivo. Y, desde luego, no presiden la junta.

El punto de vista de Terry se fundamenta en la investigación psicológica. Los estudios demuestran que, en las condiciones adecuadas, los sentimientos pueden mejorar la calidad de nuestras decisiones. Para examinar cómo influyen las emociones en el razonamiento, la psicóloga Isabelle Blanchette pidió a un grupo de veteranos de guerra británicos que resolvieran problemas de lógica sobre tres temas distintos.[5] Un subconjunto de los temas estaba relacionado con el combate (por ejemplo, «En las guerras se usan algunas armas químicas. Todo lo que se utiliza en las guerras es peligroso. Por lo tanto, algunas armas químicas son peligrosas»); el segundo tenía una carga emocional, pero no estaba relacionado con el combate (por ejemplo, «Algunos cánceres son hereditarios...»); y el tercero era emocionalmente neutro (por ejemplo, «Algunas infusiones son sustancias naturales...»). ¿Cuál fue el fascinante resultado? Los veteranos razonaron con mayor solidez en los problemas lógicos relacionados con el combate. Su implicación emocional en los temas vinculados a la guerra parecía reforzar su capacidad para extraer deducciones precisas.[6]

El estudio de Blanchette sobre los veteranos de guerra incluía otra vuelta de tuerca que arroja luz sobre la interacción entre la emoción y el pensamiento lógico. La mitad de los veteranos participantes en su estudio sufrían trastorno de estrés postraumático (TEPT), que se caracteriza por pensamientos y sentimientos dolorosos y perturbadores relacionados con un acontecimiento traumático del pasado. Blanchette descubrió que los veteranos que sufrían TEPT tenían un rendimiento más bajo en cada categoría de los problemas de lógica en comparación con los que no lo padecían. Tener cierto grado de implicación personal en un tema puede mejorar el razonamiento, pero el «exceso» de emoción crea un lastre cognitivo que interfiere en nuestro pensamiento.

¿Dónde deja todo esto a Tom? En mi opinión, sus sentimientos estaban actuando como un valioso participante en su junta de dirección interna. Sabía por experiencia que le costaba estar lejos de casa, pero sus emociones no eran tan poderosas como para desplazar otras consideraciones meditadas. Tom quería estar cerca de su familia, pero no demasiado, por si las cosas iban bien y se sentía preparado para ser independiente. Se preocupaba por sus estudios y quería tener opciones sobre las universidades a las que podría ir. Gracias a la suerte de vivir en una zona rica en opciones de educación superior, Tom podría cumplir todos esos requisitos sin tener que buscar demasiado lejos de casa.

—Me parece —le dije— que te lo has pensado muy bien. Dado que esta será la primera vez que realmente te marches de casa, es normal que quieras hacerlo contando con una red de seguridad. Aunque nunca la uses, te sentirás mejor sabiendo que está ahí.

—Eso es lo que yo siento —respondió Tom—, pero ¿qué se supone que debo decirle a mi orientador universitario?

—Creo que podrías decirle que le agradeces que se preocupe y que, aunque pueda parecer que tus preocupaciones son las que mandan, en realidad son solo uno de los muchos factores que intervienen en tu decisión.

Pasamos a hablar de lo que realmente le importaba a Tom sobre su transición a la universidad. Quería sentir las ganas de irse a la universidad y pensar que le iría bien cuando estuviese allí. Las emociones le ayudaron a llegar a una solución que cumpliría esos dos objetivos. La ansiedad de Tom actuó como un miembro sabio y comedido de su junta personal de toma de decisiones.

Ayudar a los adolescentes a que aprendan a confiar en su instinto

Ante todo, el objetivo es que nuestros adolescentes consideren sus sentimientos de esta importante manera: como datos. Ya sean dolorosas o placenteras, las emociones son fundamentalmente informativas. Se van generando a medida que avanza el día, nos proporcionan información significativa sobre el estado de nuestras vidas y pueden ayudarnos a tomar decisiones. El hecho de percibir que te sientes más optimista y con energía después de comer con un amigo en particular podría animarte a pasar más tiempo con esa persona. Darte cuenta de que temes una futura fiesta de la oficina puede llevarte a pensar si realmente merece la pena asistir este año. En lugar de ver nuestras emociones como algo perturbador, lo mejor es tratarlas como un flujo constante de mensajeros que llegan con actualizaciones de cómo van las cosas.

Los adolescentes no siempre contemplan sus sentimientos de esta manera. En general, se sienten divididos entre las señales que reciben del mundo exterior y las que surgen de su interior. Pueden llegar a dudar de la validez de sus propias emociones, sobre todo cuando sus sentimientos no coinciden con lo que parecen sentir sus compañeros. Por ejemplo, una adolescente que se siente incómoda por algo con lo que sus amigas parecen no tener ningún problema (hablar mal de un compañero, experimentar con la marihuana o faltar a clase, entre otras posibles situaciones) podría darle mil vueltas intentando averiguar quién tiene razón. Se preguntará si sus amigas están equivocadas o si ella es demasiado estirada.

En algún momento puede ocurrir que un adolescente plantee un dilema de este tipo en casa de un modo que a los adultos les resulte confuso. Con un aire despreocupado, tu hija podría dejar caer que «Algunas chicas de mi clase se han saltado Física para ir a comer». Puede resultar chocante que una adolescente comparta información preocupante con un tono tan informal. Faltar a clase es algo serio, podríamos pensar, y es todavía peor que a nuestra hija parezca no preocuparle. Antes de lanzarnos a sermonearla, conviene considerar la posibilidad de que ella no sepa cómo sentirse ante la situación y esté fingiendo indiferencia para tratar de averiguar cómo nos sentimos nosotros. Visto así, un sermón firme podría no ser la peor opción. Tu hija sabrá al menos que no es la única que piensa que sus compañeras se pasan de la raya, aunque no os dé la satisfacción de haceros saber que está de acuerdo con vosotros.

Aun así, sería mejor plantear una pregunta sincera. Un amable «Mmm..., ¿y a ti qué te parece eso?» le hará saber que no os parece bien lo que han hecho sus compañeras y que sospecháis que ella podría pensar lo mismo. De ese modo apuntáis en una dirección prometedora. Cuando mostramos curiosidad por los sentimientos de nuestros adolescentes, sobre todo por los temas que ellos mismos sacan a colación, los invitamos a tratar sus emociones como algo fiable y que aporta información. Los adolescentes casi siempre salen a nuestro encuentro cuando los tratamos como los seres profundamente perspicaces que son. No te sorprendas si el adolescente que hace un momento estaba compartiendo noticias provocativas de manera despreocupada da un giro brusco para responder con un reflexivo «Supongo que me preocupo por ellos» o algo por el estilo.

Sin embargo, ¿qué ocurre si pruebas este enfoque y descubres que tu hijo no está de humor para una conversación seria? De hecho, preguntar la opinión sobre el comportamiento arriesgado de un compañero puede verse correspondido fácilmente con una respuesta molesta (si no abiertamente hostil). Aunque tengas la sensación de chocar contra un muro, no desesperes. Por lo que a mí respecta, la conversación ya fue un éxito. Cuando los adolescentes sacan a relucir las tonterías de sus compañeros en casa, lo que suelen buscar es un baño de realidad. Cuando levantamos nuestras proverbiales cejas (aunque se enfaden con nosotros por hacerlo), les damos justamente eso.

Sobre todo, se trata de buscar oportunidades para crear conciencia de que nuestras emociones nos ayudan a orientarnos en la vida. Ignorar nuestros sentimientos significa volar a ciegas. Cada vez que oigamos a nuestros adolescentes cuestionando sentimientos que tienen mucho sentido dada la situación, debemos apresurarnos a tranquilizarlos. «Tienes mucha intuición –podríamos decir–. Presta atención a lo que te diga, porque casi siempre te llevará por el buen camino».

Resultó que Tom hizo bien en escucharse a sí mismo. Fue aceptado en varias universidades y decidió asistir a una pequeña facultad de Humanidades que estaba a una hora de su casa. Aunque en el verano anterior a su primer año estaba entusiasmado ante la idea de ir a la universidad, el primer semestre se le hizo difícil. Se llevaba bien con su compañero de habitación, pero estar lejos de casa le ponía muy nervioso y le costaba mucho dormir por la noche. A medida que la fatiga de Tom aumentaba, su ansiedad iba creciendo con ella, y así comenzó un círculo vicioso que perjudicó todavía más a su sueño. Retomamos nuestro trabajo, en esta ocasión a través de sesiones virtuales cuando Tom disponía de la habitación para él solo. Rápidamente quedó claro que necesitaba volver a casa unos días para recuperar el sueño y reunirse con uno de mis colegas psiquiatra para una consulta relacionada con la medicación.

Durante gran parte de octubre y principios de noviembre, Tom regresó a casa los jueves después de su última clase de la semana y los domingos por la tarde volvía a la facultad, recuperado después de pasar tiempo con sus padres, de visitar a su profesor de música de toda la vida y de dormir en su propia cama. Se sentía muy frustrado por perderse las actividades de fin de semana de la universidad, pero empezó a disfrutar mucho más del tiempo que pasaba en la facultad al saber que solo le faltaban unos días para poder recargar energías en casa.

Con la ayuda de nuestras sesiones regulares de terapia, la medicación que reducía la intensidad de su ansiedad, un compañero de habitación comprensivo y unos padres que le apoyaban, Tom empezó a alargar los períodos que permanecía en la facultad. A las dos semanas del segundo semestre, su profesor de música le animó a presentarse a la audición para la orquesta de la universidad. Tom se sorprendió (y se sintió honrado) cuando le nombraron oboísta principal. A partir de aquel momento, su situación mejoró con rapidez. Los ensayos y los conciertos pasaron a llenar la agenda de Tom, que ya no tenía tiempo para volver a casa. Afortunadamente, a esas alturas rara vez quería o necesitaba hacerlo. En abril firmó un contrato de alquiler para vivir fuera del campus en otoño, en un apartamento que compartiría con dos buenos amigos que había conocido en la orquesta.

Tom solo recurrió a mí una vez más aquel año, cuando su abuela murió de repente. Nos reunimos dos veces para ayudarle a procesar el dolor y la conmoción. Después no supe nada de él hasta finales de otoño de su segundo año, cuando me encontré con su madre en el supermercado. Me contó cómo estaba: «No podría estar más contento —sonrió—. Vamos a algunos de sus conciertos, pero solo viene a casa durante las vacaciones, y a veces ni eso. Sinceramente, en este punto podría estar estudiando en California».

Advertencia: el juicio de los adolescentes puede depender del contexto

En retrospectiva, está claro que Tom acertó al permitir que sus preocupaciones influyesen en sus planes universitarios. Su historia constituye un excelente ejemplo de que las emociones pueden mejorar la calidad de la toma de decisiones de los adolescentes. Sin embargo, no siempre es así. En ocasiones, pueden verse en situaciones en las que las emociones se interponen en lo acertado de sus decisiones.

Los adolescentes, mucho más que los niños o los adultos, pueden ser propensos a tomar malas decisiones cuando hacen cosas emocionantes con sus amigos.[7] Dudo que te sorprenda leer esto. Tú también fuiste adolescente y, por tanto, es probable que recuerdes alguna ocasión en la que hiciste alguna tontería (tú o algún conocido tuyo) porque otros compañeros también la hacían.

En mi caso fue el *skitching*. Me crie en Colorado y mi adolescencia transcurrió en los años ochenta, cuando Denver todavía era una ciudad pequeña. Después de una nevada copiosa, las calles vacías se cubrían de una capa de nieve compacta y resbaladiza. En esas condiciones salíamos bien entrada la noche, nos agarrábamos en cuclillas al parachoques trasero del coche de un amigo (dos o tres a la vez), le gritábamos que pisara el acelerador y disfrutábamos mientras nos arrastraba, con las botas a modo de esquís, a velocidades cada vez mayores. Al final, nos soltábamos sin querer y nos quedábamos tirados entre una pila de nieve, en medio de la carretera. El conductor daba la vuelta y volvíamos a empezar. Entre turno y turno agarrados al parachoques, nos sentábamos en el maletero abierto e íbamos charlando con los que fuesen practicando *skitching* en ese momento. Ahora que recuerdo esto, a mis cincuenta y tantos, no puedo creer que hiciésemos algo así, y como madre de dos adolescentes me pondría furiosa si una de mis hijas hiciese algo parecido. Pero también recuerdo las sensaciones de aquellas sesiones de *skitching* a altas horas de la noche. Eran tan divertidas que ni siquiera pensaba en el peligro. Mis mejores amigos lo hacían, así que yo también quería hacerlo.

A riesgo de parecer a la defensiva, siento la necesidad de señalar que, en comparación con los adolescentes en general, yo era bastante sensata. Mi práctica del *skitching* no formaba parte de un patrón de comportamiento temerario o impulsivo generalizado. Si mis padres hubiesen sabido lo que hacíamos y me hubiesen pedido que explicase de manera detallada los peligros potenciales del *skitching*, habría sido capaz de generar una larga lista de peligros reales. Sin embargo, cuando estábamos ahí fuera, en la nieve, no sopesaba lo que podía salir mal. Me divertía con mis amigos.

Los psicólogos han descubierto que los adolescentes tienen dos mentes (casi literalmente) en lo que respecta a los comportamientos de riesgo. Está la mente de «evaluar el peligro con objetividad» y la de «Estoy con mis amigos y nos lo estamos pasando bien». Estas dos actitudes se denominan respectivamente *cognición fría* y *cognición caliente*, y la que está al mando determina la posición de los adolescentes y lo que ocurra a su alrededor.

En condiciones de cognición fría, como la que se da cuando tu hijo o tu hija te explica en la cocina, un sábado por la tarde, los planes que tiene para la noche, los adolescentes tienen una gran capacidad para mostrar un razonamiento sólido y prudente. En cambio, en el calor de un momento social, la cognición caliente irrumpe y ellos piensan menos en el riesgo. Es posible que tu adolescente te diga toda la verdad cuando asegura que no tiene intención de beber, fumar o hacer cualquier otra cosa peligrosa esa noche. Sin embargo, cuando llega a una fiesta y descubre que todos sus amigos están bebiendo, existe la posibilidad de que la cognición caliente se apodere de él o ella y se una a la fiesta.

¿Qué se supone que debemos hacer los adultos ante la noticia de que todos los adolescentes llevan una aterradora doble vida mental? En primer lugar, podemos consolarnos sabiendo que muchos países o estados disponen de leyes que tienen en cuenta el hecho de que, en la adolescencia, los chicos y chicas corren más riesgos cuando están con sus amigos. Por ejemplo, los permisos de conducir graduados restringen el número de pasajeros adolescentes que pueden viajar en el coche de un conductor novel, porque la probabilidad de que un joven de dieciséis o diecisiete años tenga un accidente aumenta con cada pasajero a bordo de esa misma franja de edad.[8] ¿Por qué? Porque el cerebro adolescente es inusualmente sensible tanto a los placeres de participar en experiencias nuevas o excitantes (por ejemplo, conducir rápido o de forma temeraria) como a las recompensas sociales de sentirse aceptado por los compañeros.[9] Si se combinan estos dos factores, como ocurre con un coche lleno de amigos, el acto de conducir puede convertirse rápidamente en algo peligroso. La concienciación del poder de la cognición caliente por parte de los legisladores ha dado lugar a leyes sobre el carnet de conducir que han reducido los accidentes entre adolescentes de forma drástica.[10]

En segundo lugar, sabiendo que nuestros adolescentes pueden pasar espontáneamente del razonamiento frío al caliente, deberíamos pensar de antemano cómo tomarán sus decisiones cuando se encuentren en el tipo de situación social estimulante susceptible de provocar el cambio. Deberíamos aprovechar al máximo los momentos en que tienen de su lado el razonamiento frío y analítico, como la conversación de la tarde en la cocina, para preguntarles cómo se las arreglarán cuando se vean inmersos en las condiciones de la cognición caliente que estimulan el comportamiento impulsivo.

Cuando tu hijo te asegure que no beberá en la fiesta a la que va a asistir, prueba a decirle: «¡Me alegro de oír eso! ¿Y qué harás si llegas allí y todos tus amigos están bebiendo? ¿Cómo vas a cumplir tu plan?». Los adolescentes inteligentes utilizan toda una gama de estrategias para mantenerse en el buen camino. Los que tienen acceso a un coche se ofrecerán voluntarios para conducir y así poder rechazar fácilmente el alcohol o las drogas. Otros culparán de su abstinencia a un medicamento que no se puede mezclar con alcohol, a un historial familiar de abuso de sustancias o a unos padres con mano de hierro que los enviarán a una escuela militar si se pasan de la raya. Lo que los adolescentes cuentan a sus compañeros para mantenerse a salvo no tiene por qué ser cierto, pero debe quedar claro antes de que se adentren en los campos de minas de la cognición caliente, donde resulta improbable que tengan las ideas más acertadas.

Por supuesto, utilizar la cognición fría para asegurarnos de que tengan planes de seguridad viables que puedan aplicar en condiciones de cognición caliente no garantiza que las cosas no puedan torcerse. Los adultos tampoco podemos prever todos los riesgos que puede correr un adolescente. Mis padres, por ejemplo, ni siquiera sabían que existiera el *skitching*. En cualquier caso, entender cómo influyen los contextos sociales en el razonamiento de los adolescentes en torno al riesgo puede ayudarnos (y ayudarlos) a trabajar con el hecho de que sus emociones son capaces de socavar, en ocasiones, el buen juicio.

MITO N.º 2: LAS EMOCIONES DIFÍCILES SON PERJUDICIALES PARA LOS ADOLESCENTES

Además de atender a adolescentes en mi consulta privada, dedico parte de la semana a trabajar con diferentes escuelas y su alumnado. He sido asesora durante mucho tiempo en Laurel School, una escuela femenina de primaria de Cleveland, y las oportunidades de dar conferencias me han permitido estar en estrecho contacto con una amplia variedad de escuelas dentro y fuera del país. Me encanta trabajar con educadores, y muchos de ellos figuran entre mis colegas y amigos más cercanos. Así, no fue nada raro que un lunes por la mañana a principios de otoño recibiese un mensaje de texto de la directora de una escuela pública de secundaria del noreste.

«¿Tienes un minuto?», me preguntó.

«Por supuesto —respondí—. ¿Te va bien ahora?».

Le iba bien, así que nos llamamos. Después de ponernos al día brevemente sobre nuestras respectivas familias y las vacaciones, me dijo:

—Estoy recibiendo muchas críticas de algunos padres por las tareas de literatura inglesa de octavo curso. Casi todo lo que hay en la lista es lo habitual, *Matar a un ruiseñor* y cosas por el estilo, pero hemos añadido varios libros nuevos porque queremos variar los autores y las perspectivas que presentamos.

—Esos padres que se quejan, ¿en qué no están de acuerdo?

—Les preocupa que algunos de los contenidos sean muy perturbadores. Lo entiendo. Hay temas muy duros en las novelas que leen, pero abordan realidades que están sucediendo o que ocurrieron de verdad. Y han sido aprobadas por nuestro bibliotecario, que sabe muy bien lo que es apropiado para cada etapa.

—¿Las quejas son solo por lo que leen en inglés, o también protestan por el contenido de otras materias? —pregunté.

—A algunos padres no les gusta nuestra unidad de estudios sociales sobre Jim Crow, pero parece que el problema lo tenemos más con inglés. Una madre dijo que no le importaba que explicásemos hechos históricos crudos, pero que creía que no es bueno para los niños que los obliguemos a leer historias con una fuerte carga emocional para ilustrar esos hechos.

—¡Ah! —exclamé, algo desconcertada por la contundencia de la reacción de los padres a unos libros inquietantes—. Bueno, no estoy muy segura de lo que deberías decirles a esos padres, pero sí puedo decirte que tienes la investigación de tu parte.

A continuación, le expliqué que diversos estudios psicológicos confirman que la lectura ayuda a fomentar la empatía. Lejos de ser perjudicial para los adolescentes, leer relatos convincentes sobre experiencias reales[11] desarrolla la compasión y la capacidad de adoptar la perspectiva de otra persona.[12] Y lo más interesante es que las investigaciones demuestran también que ese efecto solo se consigue cuando los jóvenes se involucran emocionalmente en lo que leen.[13] Los hechos históricos crudos no obran esa magia. La empatía solo surge en los adolescentes cuando la literatura remueve sus sentimientos. Así lo señaló con elocuencia Mary Ann Evans Cross, más conocida por su seudónimo de George Eliot: «El mayor beneficio que debemos al artista, ya sea pintor, poeta o novelista, es la ampliación de nuestras simpatías».[14]

Sin duda, leer relatos evocadores sobre la vida de otras personas tiene un valor para el desarrollo, incluso cuando sus historias nos perturban profundamente. Dicho esto, yo también soy madre y sé lo difícil que es ver a un hijo enfrentándose a emociones fuertes e inquietantes. Puedo entender por qué los padres se preguntan si es necesaria la exposición a contenidos tan angustiosos en la escuela, pero sé que, a la larga, es bueno que los jóvenes experimenten emociones fuertes, incluso aquellas que los desequilibran.

Le dije a mi amiga:

—Los padres suelen saber por instinto lo que sus hijos son capaces e incapaces de gestionar, así que estaría abierta a sus preguntas sobre lo que se les asigna. Sin embargo, mientras los libros sean apropiados para su edad, se lean con la ayuda de un profesor atento y se acompañen con debates productivos en clase, yo diría que involucrarse en historias que inspiran emociones incómodas no es pedir demasiado en el caso de la mayoría de los chavales. De hecho, desempeña un papel fundamental en su crecimiento.

El malestar emocional estimula el crecimiento

El dolor emocional favorece el desarrollo. Esto es cierto cuando lo inspiran las artes y la literatura, y probablemente lo sea todavía más cuando procede de experiencias personales difíciles. Empecé a dar vueltas a esta idea cuando era investigadora posdoctoral en una clínica de formación de la Universidad de Michigan. La clínica atendía a personas adultas de la zona, y me asignaron a una paciente de treinta años que en la entrevista de admisión dejó claro que bebía mucho. Cuando le expliqué los detalles de nuestra primera sesión a mi supervisor, un psicólogo veterano del cuerpo docente de la clínica, me detuvo en la parte sobre el consumo de alcohol.

—Tienes que averiguar qué edad tenía cuando empezó a beber tanto —me indicó—, porque la gente deja de madurar en el punto en que empieza a abusar de las sustancias.

Reflexioné sobre estas palabras durante semanas. Me parecía imposible que un comentario tan genérico pudiese ser cierto en todos los casos. Con el tiempo, sin embargo, llegué a entender a qué se refería mi supervisor y a apreciar que estaba impartiendo la sabiduría adquirida por los clínicos especializados en el tratamiento del abuso de sustancias.

Esta es la realidad: sentir el impacto emocional de las experiencias difíciles nos ayuda a crecer. Imagina a una adolescente a la que pillan copiando en un examen. Tendrá que enfrentarse a las dolorosas consecuencias de sus actos, como un cero en la prueba y cualquier otro castigo que le impongan en el centro o en casa. Es probable que se sienta culpable por haber hecho trampa, y tal vez por haber decepcionado a sus padres y a sus profesores. Todo esto le ayudará a reflexionar sobre el tipo de persona que quiere ser. Por mucho que no queramos que nuestro hijo pase por una experiencia como esta, los adolescentes y los padres a menudo acaban considerando una crisis de este tipo como un punto de inflexión significativo en la vida del joven en cuestión.

O pensemos en un chico al que deja su novia. Puede que esté destrozado, que le cueste levantarse de la cama y que se muestre deprimido durante días. Sin embargo, si su pena le inspira a buscar y aceptar el apoyo de buenos amigos, a reflexionar sobre lo que funcionó en la relación y lo que no, y a descubrir que puede soportar más malestar psicológico de lo que pensaba, la ruptura puede convertirse en una experiencia de crecimiento (aunque no deje de ser totalmente indeseada).

No obstante, cuando entran en juego las sustancias, el proceso de maduración se detiene. Independientemente de lo que se pueda decir de las drogas y el alcohol, son muy buenas bloqueando el dolor emocional y, por tanto, el desarrollo personal que lo acompaña. Si la chica que hace trampa en su examen se droga para anestesiar su malestar, puede que supere la experiencia difícil, pero no aprenderá de ella. Si el chico al que deja su novia bebe para mitigar el dolor hasta que desaparezca o encuentre a otra chica, se perderá una gran oportunidad para profundizar en el conocimiento de sí mismo y de sus relaciones.

De acuerdo, lo sé. La idea de que experimentar malestar psicológico ayuda a los adolescentes a madurar puede sonar muy bien en la teoría, pero la cosa cambia cuando es tu hijo el que sufre dolor emocional. Los padres protectores odian ver sufrir a sus hijos y se preocupan, como es normal, cuando se muestran perdidos. ¿Qué puede hacer un adulto que se preocupa?

En primer lugar, podemos intentar detectar cuándo nos desviamos de nuestro camino para evitar que un adolescente se disguste. Resulta sencillo caer en esa trampa. Con toda la experiencia de vida en la que apoyarnos, a menudo podemos anticipar las dificultades que se les vienen encima y de las que nuestros adolescentes parecen no ser conscientes. Vemos que se avecina un problema y queremos apartarlos de su camino en un intento de sacar partido de nuestra bien ganada sabiduría en su beneficio.

Me viene a la mente una amiga que me contó que sus comidas familiares se habían vuelto tensas porque se acercaba la temporada de fútbol del instituto de su hijo. Su bienintencionada mujer aprovechaba las cenas para preguntar a su hijo de quince años por sus progresos en los entrenamientos para las pruebas. El chico se enfurecía cuando ella intentaba animarle a seguir con el entrenamiento, como cabría esperar de cualquier adolescente en desarrollo normal, y las comidas solían acabar en una discusión tensa o en un silencio sepulcral.

—Sé que tiene buenas intenciones —decía mi amiga acerca de su pareja—, pero está haciendo que la vida en casa sea un auténtico desastre.

Me explicó que le había preguntado a su mujer por qué seguía sacando un tema que siempre arruinaba las comidas.

—A ella le preocupa que él se quede hecho polvo si le echan del equipo. Y lo entiendo, porque eso sería lo que pasaría.

Mi amiga se preguntaba qué opciones tenían. ¿Existía la posibilidad de que si su mujer seguía preguntando por sus planes de entrenamiento, su hijo acabase mostrándose más receptivo a sus consejos?

—Eso no está funcionando —le dije—. Seguir insistiendo probablemente sea una mala idea.

Le sugerí que planteasen su dilema a su hijo. Podrían decir algo así: «Te queremos y sabemos que tienes muchas ganas de entrar en el equipo de fútbol, y todos sabemos que tendrás las cartas a tu favor si te pones en forma ahora». Y dejarlo ahí.

Otra opción sería dejar de hablar del tema y que sea lo que tenga que ser.

—Para hacer esto —señalé—, tu mujer tendrá que aceptar la idea de que él podría pasarlo muy mal, ya sea porque se dé cuenta en las pruebas de que le cuesta seguir el ritmo o porque no le acepten.

No es fácil morderse la lengua, pero debemos recordar que una lección aprendida por las malas sigue siendo una lección aprendida.

¿Y si no entra en el equipo y pierde los papeles? ¿Cómo deberían reaccionar los padres? El «te lo dije» puede resultar muy tentador, pero no es el mejor camino. En lugar de eso, deberíamos aceptar la realidad de que, cuando nos encontramos con un adolescente muy angustiado (por el motivo que sea), se abre la puerta al que podría ser el mejor uso de nuestra sabiduría de personas maduras. Cuando los adolescentes se disgustan profundamente, les resulta casi imposible mantener la perspectiva. Si la madurez tiene algo bueno, es la perspectiva. A los quince años, que no te acepten en el equipo de fútbol parece el fin del mundo. Pasados los treinta y cinco, sabemos que no lo es.

Utilizar nuestra bien ganada perspectiva en beneficio de nuestros adolescentes implica transitar por una línea delicada. Por un lado, queremos comunicar a nuestros hijos que, por horrible que les parezca la situación ahora mismo, la vida continuará y pronto se sentirán mejor. Por otro lado, queremos validar su sufrimiento. La mejor manera de lograr el equilibrio consiste en proyectar una sensación de calma, algo que puede resultar muy difícil. Cuando nuestros hijos se molestan, nosotros también nos sentimos molestos. Hay mucho de verdad en el dicho «Solo puedes ser tan feliz como el menos feliz de tus hijos».

No obstante, es importante que durante la adolescencia seamos una presencia constante para nuestros hijos cuando se alteran. Podemos hacerlo escuchando con atención y paciencia cuando quieran hablar de lo que les pasa. Y a los que no tengan ganas de hablar, podemos prestarles nuestro apoyo ofreciéndoles con cariño su bebida preferida, nuestra compañía silenciosa o una invitación para ver su película favorita. Mantener la calma cuando los adolescentes la pierden transmite el mensaje fundamental de que no nos asusta su profundo malestar y que, por tanto, ellos tampoco tienen por qué asustarse.

Por supuesto, el hecho de poner buena cara ante nuestros hijos no significa que no sintamos su dolor. En momentos así, conviene que los padres cuenten con otras personas en las que apoyarse: un amigo empático, un hermano adulto cariñoso, un colega de confianza o todos a la vez. Además, recordarnos a nosotros mismos que las experiencias difíciles casi siempre ayudan a nuestros hijos a crecer nos hará más llevadera su angustia. Por último, debemos recordar que, aunque algunas emociones resultan dolorosas, rara vez son dañinas.

¿Cuándo debemos proteger a los adolescentes del dolor emocional?

Los adolescentes están hechos para soportar mucho malestar y madurar en el proceso. Debemos preocuparnos por el daño prolongado de un acontecimiento solo si cruza la línea entre lo preocupante y lo traumático. Analicemos detenidamente esa línea.

El término *trauma* se ha colado en nuestro lenguaje cotidiano. En la actualidad se utiliza para describir no solo sucesos aterradores o físicamente dañinos, como un accidente de coche o un atraco, sino también episodios preocupantes que no suponen un riesgo para la vida, como quedarse tirado en el aeropuerto o ver cómo tu equipo favorito pierde un partido en los últimos segundos. Sin embargo, cuando los profesionales de la salud mental utilizamos el término, tenemos en mente una definición muy específica. Para nosotros, *trauma* se refiere al abrumador impacto emocional de un suceso horrible, nunca al suceso en sí.

Puede parecer que le buscamos tres pies al gato, pero la distinción es importante. He aquí el motivo: continuamente ocurre que el mismo acontecimiento traumatiza a una persona, pero no a otra. Para los psicólogos, el trauma se produce cuando un individuo sufre más estrés emocional del que es capaz de tolerar.

Imaginemos, por ejemplo, a dos adolescentes que se pierden mientras hacen senderismo, pasan una noche aterradora en el bosque preguntándose si los encontrarán, y son rescatados a la mañana siguiente. En este tipo de situación, no sería raro que uno de los chicos saliera de la experiencia sintiendo un profundo malestar y que el otro chaval quedase traumatizado. El primer chico es capaz de soportar mentalmente la experiencia, de encontrar la manera de hacer frente al miedo causado por el hecho de perderse en el bosque. Por el contrario, las habilidades de afrontamiento del segundo chico se ven totalmente superadas por la fuerza de su sufrimiento psicológico. Es la diferencia entre una presa que se pone a prueba por una crecida de agua, pero que al final resiste, y otra que acaba reventada por la misma crecida. Aunque los dos chicos pasan por una experiencia horrible, el primero se siente asustado y el segundo se ve superado por la situación y, por tanto, traumatizado.

Los expertos en salud mental estudian el trauma con detenimiento porque la traumatización es más que preocupante: puede provocar daños neurológicos perdurables. Las investigaciones demuestran que las experiencias emocionalmente traumáticas en ocasiones dañan el funcionamiento del sistema nervioso, en concreto un componente conocido como *eje HPA* (hipotalámico-pituitario-suprarrenal). Cuando sentimos miedo, el hipotálamo (una estructura del cerebro que procesa las emociones) desencadena una reacción biológica en cascada. Activa la glándula pituitaria, que a su vez activa la glándula suprarrenal, que libera hormonas del estrés (como adrenalina y cortisol) en el torrente sanguíneo. La activación del eje HPA provoca sensaciones de inquietud y ansiedad que, según el diseño evolutivo, deberían ayudarnos a hacer frente a la amenaza que ha iniciado el proceso. La mayoría de las veces, el eje HPA reacciona en proporción al peligro y, cuando este pasa, vuelve a su estado de reposo.

Experimentar un trauma, en especial durante períodos críticos del desarrollo, puede dañar las células que regulan el eje HPA. Un estudio midió la respuesta hormonal de los participantes en la investigación: mientras realizaban la estresante tarea de hablar en público, se utilizaron catéteres para recoger muestras de sangre antes, durante y después de sus discursos. De los participantes en la investigación, la mitad había sufrido abusos en la infancia y la otra mitad no. Los participantes que habían sido maltratados liberaron seis veces más hormonas del estrés que los que no habían sufrido maltrato.[15] En resumen, las experiencias traumáticas pueden provocar la hiperactividad del eje HPA prolongada en el tiempo y, con ella, ansiedad crónica y una reacción de miedo desmesurada ante los estresores cotidianos.

No todas las personas traumatizadas tienen dificultades mantenidas en el tiempo. No obstante, el trauma puede desembocar en ocasiones en un trastorno de estrés postraumático (TEPT), el diagnóstico psicológico que reciben algunos de los veteranos de guerra que participan en las pruebas de razonamiento que hemos comentado. El TEPT se caracteriza por síntomas terribles y continuados que incluyen recuerdos intrusivos del suceso traumático, agitación, insensibilidad, hipervigilancia, retraimiento y distanciamiento de uno mismo y de los demás.

Esta es la conclusión: no se trata de proteger a nuestros adolescentes de las emociones intensas que favorecen el crecimiento, pero tampoco queremos que se enfrenten a situaciones que puedan causarles un trauma. El hecho de que una persona acabe traumatizada por un acontecimiento angustioso depende de varios factores, entre ellos las experiencias pasadas, la salud psicológica previa al suceso, la calidad del apoyo social con el que cuenta e incluso las vulnerabilidades genéticas.[16] Algunos sucesos son tan terribles (una violación, abusos graves, experiencias cercanas a la muerte, los estragos de la guerra) que no podemos sino dar por supuesto el trauma entre los que sobreviven a tales experiencias, porque pocos seres humanos están preparados para soportar horrores de esa magnitud. No obstante, la mayoría de las experiencias se encuadran en una zona gris en la que resultan psicológicamente abrumadoras para algunas personas, pero no para otras.

Es posible que te preguntes: ¿cómo pueden unos padres cariñosos saber cuándo su hijo se enfrenta a una situación que podría cruzar la línea entre lo problemático y lo traumático? La respuesta depende del adolescente en cuestión. Volviendo al ejemplo de la lectura emocionalmente intensa, la misma novela que ayuda a un adolescente a desarrollar la empatía podría abrumar a otro con recursos limitados para gestionar la angustia. También debemos prestar especial atención a las situaciones que podrían resultar demasiado familiares para un joven que ha pasado por una experiencia excepcionalmente dolorosa. Una directora muy considerada que conozco sabía que el padre de una de sus alumnas de octavo se había suicidado. Se puso en contacto con la madre de la alumna para avisarle de que en clase iban a leer una historia en la que uno de los personajes se suicida. Juntas sopesaron la idoneidad del libro para la alumna. Al final, la madre decidió preguntar a la niña si quería leer la historia, dado que hablaba de un suicidio. La niña dijo que la leería, pero lo hizo después de pedirle a su profesora que le explicase primero toda la historia.

Aunque a los adolescentes les conviene aprender a nadar entre aguas emocionales agitadas, nunca debemos permitir que sientan que se ahogan. Tú conoces a tu hijo o a tu hija; tienes que confiar en tu juicio y evitar las situaciones estresantes que puedan desbordar sus recursos de afrontamiento.

Si sabes que tú, tu hijo o un ser querido sufrís un trauma, buscad la ayuda de un profesional especializado en este campo. En las últimas décadas hemos hecho enormes avances en la gestión del trauma y el TEPT con tratamientos como la psicoterapia, las prácticas de mindfulness, la medicación y el yoga. Este apoyo está muy justificado y puede atenuar el sufrimiento en gran medida.

MITO N.º 3: CON LAS EMOCIONES DISPARADAS, LOS ADOLESCENTES SON PSICOLÓGICAMENTE FRÁGILES

No hace mucho, di una charla para padres en un instituto de Minesota. Cuando acabé, me di cuenta de que uno de mis compañeros de facultad estaba entre el público. Esperó hasta que respondí la última pregunta y vino a buscarme al fondo del auditorio. Aunque le recordaba como un estudiante despreocupado y divertido, estaba claro que se había convertido en un adulto serio y comprometido, y en el devoto padre de tres niñas de doce, catorce y dieciséis años. Tras ponernos al día sobre nuestras familias y nuestros trabajos, intercambiamos la correspondiente información para seguir en contacto.

Seis meses después, recibí noticias suyas por correo electrónico. «¡Hola, espero que estés bien! —me escribió—. Y espero que no te importe (por favor, dímelo si no es así), pero me preguntaba si podría pedirte consejo sobre mi hija mayor, Lucía. A veces parece muy deprimida y no sé hasta qué punto debo preocuparme o qué hacer». Le respondí que me alegraba saber de él, y buscamos un momento para hablar.

Mi amigo me explicó por teléfono que Lucía era una alumna de secundaria ambiciosa y exigente.

—Trabaja como una máquina y saca muy buenas notas, pero a veces dice que se siente una fracasada.

Mi amigo me contó que últimamente su hija se deshacía en lágrimas dos o incluso tres noches por semana, y que un día dijo que «solo quería dejarlo todo».

–Es difícil saber qué pensar –continuó–. A menudo, Lucía parece la misma de siempre, feliz y activa. Y al día siguiente está muy decaída y me pregunto si estará deprimida. Luego hay veces en que bromea sobre lo agobiada que se siente; nos dice que va a dejar los estudios y que se mantendrá sola vendiendo pulseras de la amistad. Es una niña divertida con un gran sentido del humor, pero no sé qué pensar de sus altibajos. Me pregunto si deberíamos llevarla al psicólogo o recortar sus actividades, o alguna otra cosa. No quiero reaccionar de forma exagerada, pero tampoco quedarme corto, sobre todo si hay algún problema serio.

Tras empatizar con las preocupaciones de mi amigo y reconocer lo inquietante que puede ser que un adolescente suelte comentarios que transmiten desesperanza, le hice varias preguntas para descartar la posibilidad de que Lucía sufriera depresión. Mi amigo me confirmó que dormía y comía con normalidad, y que seguía disfrutando de sus series favoritas los fines de semana y pasando el rato con sus amigos. También me confirmó que siempre había una explicación válida cuando se sentía deprimida o rompía a llorar.

–A veces es porque le han puesto una nota baja o porque tiene muchísimos deberes –me explicó–, pero siempre se recupera esa noche o a la mañana siguiente.

Le pregunté si estaba muy irritable, un síntoma de depresión mucho más común en adolescentes que en adultos, a lo que respondió con ternura:

–No está más irritable de lo que yo recuerdo haber estado cuando tenía su edad.

Pude tranquilizar a mi amigo diciéndole que no me parecía que Lucía estuviese deprimida. Estaba experimentando los cambios de humor tan acusados propios de la adolescencia. En cuanto a su comentario sobre querer «rendirse», le hice saber que no es raro que los adolescentes utilicen un lenguaje alarmante para describir un breve arrebato de desesperación. Cuando eso ocurre, la mejor respuesta consiste en preguntarle a qué se refiere realmente. Podría decirle algo como «¿Estás pensando en hacerte daño o solo estás haciéndome saber lo disgustada que te sientes en este momento?». Si Lucía respondiese que está pensando en autolesionarse, él debería recurrir a mí o a su pediatra en busca de consejo. Si, como es más probable, ella aclarase que se siente profundamente infeliz, pero que ello no implica ningún riesgo para sí misma, mi amigo debería centrar la conversación en lo que le preocupa a su hija.

—Me parece lógico —dijo mi amigo—, y es algo que puedo hacer.

A continuación, añadió:

—Hay algo más, y mi mujer también se ha dado cuenta. A menudo parece que Lucía se siente mejor después de descargar su angustia en nosotros. Por ejemplo, hace algún comentario de pasada que me deja preocupado, como por ejemplo que no tiene esperanzas de encontrar pareja algún día, y lo siguiente que sé es que ha salido a divertirse con sus amigos.

—Ah —respondí—, lo que describes es bastante común entre los adolescentes. Descargar los sentimientos dolorosos en los padres es una de las muchas formas que tienen de gestionar sus emociones intensas. Cuando lo hacen, podemos llegar a preocuparnos mucho. Pero los adolescentes suelen ser más resistentes de lo que parecen.

«Emotivo» no significa «frágil»

Con los adolescentes es fácil confundir emotividad con fragilidad. En la adolescencia, los estados de ánimo pueden ser intensos, y a los padres les preocupa que lo que ven sean señales de verdaderos problemas psicológicos. Voy a tratar de tranquilizarlos con tres argumentos.

En primer lugar, los adolescentes suelen comportarse de manera distinta en casa y fuera de ella. Por lo general, saben mantener la compostura en el instituto, en las prácticas y los ensayos o en sus puestos de trabajo; van absorbiendo frustraciones, resquemores y decepciones con calma y elegancia. Después, cuando vuelven a casa y están con nosotros, por fin pueden derrumbarse. En muchos aspectos, este es un sistema excelente. El hecho de saber que pueden ser inseguros y vulnerables en casa permite a nuestros hijos estar serenos y actuar con mayor confianza cuando se encuentran fuera de casa. Como padres, debemos tener en cuenta que rara vez vemos la imagen completa de la solidez psicológica global de nuestro adolescente.

En segundo lugar, si te preocupan los altibajos de tu hijo o hija, recuerda nuestra definición de salud mental (a la que volveremos a lo largo de este libro). La salud mental no consiste en sentirse bien, sino en tener los sentimientos adecuados en el momento adecuado y ser capaz de gestionar esos sentimientos de manera eficaz. No es que existan sentimientos «equivocados»; lo que queremos saber es si las emociones tienen sentido y son proporcionales dada la situación. Lucía se disgustaba por motivos justificados, y encontró enfoques adaptativos para sentirse mejor, como romper a llorar. Aunque odiemos ver a nuestros hijos llorando, conviene recordar que sí existe el «buen llanto». Tanto la experiencia cotidiana como los estudios realizados sugieren que el llanto suele dar paso a una sensación general de alivio emocional.[17] Ese parecía ser el caso de Lucía: como su padre me explicó, se «reponía» poco después de derrumbarse.

En tercer lugar, los padres no tienen que preocuparse de que un adolescente muy temperamental se acerque al límite. Los adolescentes, como todos nosotros, disponen de mecanismos de defensa protectores que, como los interruptores, ayudan automáticamente a combatir la sobrecarga emocional.[18] Por ejemplo, Lucía recurría en ocasiones a la ampliamente reconocida defensa psicológica del humor (bromeaba con la idea de dejar los estudios y vender pulseras de la amistad) para descargar parte de su malestar.

Cuando las emociones amenazan con escalar hasta un voltaje demasiado alto, todos contamos con defensas que actúan para reducir su carga. Esas defensas que nos ayudan a amortiguar las emociones intensas son inconscientes, lo que significa que las activamos sin ni siquiera darnos cuenta de que lo hemos hecho. Existen diversas defensas a las que recurrimos, pero no todas son igual de buenas. ¿Qué hace que unas defensas sean mejores que otras? Las defensas psicológicas de mayor calidad son las que menos distorsionan la realidad. Las menos adaptativas mitigan la angustia psicológica alterando la verdad. En este sentido, el *humor* es una defensa de máxima calidad. Casi siempre nos sentimos mejor ante una mala situación si podemos bromear sobre ella, pero bromear sobre una realidad dolorosa no significa que hayamos perdido el contacto con la verdad. La *negación*, por el contrario, no es una defensa saludable: insistir en que un sarpullido que se extiende rápidamente no es un problema puede reducir la ansiedad sobre su causa, pero a costa de sacrificar la verdad.

Es importante que nosotros y nuestros hijos adolescentes encontremos formas de soportar los sentimientos dolorosos sin deformar la realidad. El hecho de que el consuelo psicológico dependa de una versión distorsionada de la verdad socava la posibilidad de interactuar de manera significativa con el mundo y las personas que lo habitan.

La mayoría de las veces, los adolescentes utilizan defensas saludables para gestionar los sentimientos difíciles. Por ejemplo, suelen buscar salidas constructivas a una emoción no deseada, una defensa que llamamos *sublimación*. Una adolescente puede redirigir su enfado con su hermano hacia la pista de *softball*; otra podría canalizar su tristeza por la muerte de su abuela en una pintura evocadora.

En otras ocasiones, los adolescentes elaboran justificaciones que hacen más llevadera una mala situación: es la defensa conocida como *racionalización*. Si el chico que le gusta desde hace tiempo empieza a salir con otra, la adolescente afectada podría decirse a sí misma que es mejor pasar el rato con amigos que tendrá para siempre que con un novio con el que tendrá que romper cuando llegue el momento de ir a la universidad.

Algunos tipos de defensas destacan en momentos concretos de la vida. Los bebés, por ejemplo, vienen equipados con sistemas de defensa rudimentarios y recurren a la simple *retirada* cuando se sienten superados.[19] Cierran los ojos si alguien se les acerca demasiado y tienden a dormirse rápidamente si salimos a cenar a un restaurante con mucho ruido. Si hay una defensa en la que los adolescentes se especializan, es en la que los psicólogos llaman *externalización*. Consiste en manejar una emoción desagradable haciendo que otra persona (que suele ser un progenitor cariñoso) la sienta en su lugar.[20] El padre de Lucía captó la externalización a la perfección cuando observó que su hija parecía sentirse mucho mejor después de decir algo que a él le causaba una profunda impresión. Piensa que la externalización vendría a ser como rechazar la basura emocional. Un chico que no quiere seguir arrastrando un sentimiento no deseado en ocasiones encuentra la forma de descargarlo en un adulto comprensivo, pero desprevenido.

La externalización se produce cuando un adolescente envía un mensaje alarmante desde el instituto (por ejemplo, «Creo que la he cagado en el examen de matemáticas») y después guarda silencio cuando los padres que recogen la basura le responden con preguntas ansiosas. Con toda probabilidad, se siente aliviado en cuanto traslada su preocupación sobre el examen y ahora puede que no tenga interés en seguir hablando del tema. El padre o la madre podría sentir el agobio de la mala noticia, pero el adolescente, una vez superada la preocupación por el examen, podrá centrarse en el resto de su jornada.

Entonces, ¿es la externalización una defensa saludable? Sí, en la medida en que amortigua la angustia del adolescente sin deformar la realidad. Cuando los adolescentes utilizan la externalización como defensa, no niegan el problema ni culpan a otro. Simplemente lo comunican de un modo que hace que sus padres se sientan mal. Esto puede funcionar bien para el adolescente, pero no hay duda de que no resulta muy divertido ser el adulto afectado por la externalización.

Si te ocurre algo así (como casi seguro te habrá ocurrido o te ocurrirá), existen varias maneras de sentirse mejor al respecto. En primer lugar, piensa que la externalización es en realidad una forma de comunicación. En lugar de *decirnos* cómo se sienten, los adolescentes que externalizan nos ayudan a entender su vida emocional haciéndonos *sentir* lo que ellos sienten. Podría arruinarte la velada, pero también puede ayudarte a empatizar con lo preocupado, asustado o frustrado que se siente tu hija o hijo adolescente. Por otra parte, puedes considerar la recogida de basura emocional como uno de los gestos de amor que prestas a tu adolescente. Llegar a la mayoría de edad trae consigo un mundo de intensidad emocional. Contar con la posibilidad de descargar periódicamente parte de esas emociones en un adulto que se preocupa lo suficiente como para tomarse en serio sus sentimientos supone una gran ayuda. Por último, recuerda que externalizar un problema suele ayudar al adolescente a resolverlo. Desplazar el peso emocional de una mala situación hacia ti puede liberar a tu hijo para abordar la situación desde una perspectiva práctica (por ejemplo, hablar con su profesor de matemáticas sobre las posibles opciones para repetir el examen).

Este es el punto clave: los adolescentes que se desarrollan con normalidad experimentan altibajos acusados, pero eso no es motivo en sí mismo para preocuparse pensando que se están derrumbando. Podemos confiar en su salud emocional general siempre y cuando se den tres condiciones: los adolescentes deben experimentar *sentimientos que tengan sentido* dadas sus circunstancias; deben encontrar *maneras adaptativas de gestionar* esas emociones (por ejemplo, llorar a gusto), y deben *recurrir a una serie de defensas* que ofrezcan alivio sin distorsionar la realidad.

¿Cuándo se necesita ayuda profesional?

Por supuesto, puede llegar un momento en que un adolescente necesite apoyo psicológico profesional. ¿Cómo sabremos si ese momento ha llegado? Podemos empezar por considerar si sus sentimientos están justificados. Será el momento de preocuparse cuando sus emociones no sean congruentes. Esta sencilla medida puede ayudarnos a distinguir entre la tristeza y la depresión clínica, por ejemplo, o entre la ansiedad sana y la que no lo es.

Empecemos por la diferencia entre tristeza y depresión clínica. Cuando los jóvenes sufren pérdidas o decepciones, esperamos que se sientan infelices. Consideramos que una etapa de desánimo es una prueba de que sus emociones funcionan correctamente. Por el contrario, las personas que se sienten tristes o insensibles sin explicación podrían estar sufriendo una depresión clínica. También sospechamos de depresión si un acontecimiento angustioso que debería provocar una sensación transitoria de tristeza, como la marcha de un buen amigo, conduce a una desolación generalizada y duradera. En pocas palabras, en principio no tienes que preocuparte si tu hijo adolescente está triste por algo durante un tiempo breve; sí deberías preocuparte si está triste por todo durante varios días seguidos.

Ocurre lo mismo con la ansiedad. Es posible que no esperases leer que existe un tipo de ansiedad saludable. En los últimos años, la ansiedad (junto con el resto de las emociones desagradables) ha sido objeto de una mala fama innecesaria. De hecho, los psicólogos entienden desde hace mucho tiempo que la ansiedad es una alarma saludable y protectora que nos alerta de las amenazas. Estas amenazas pueden estar en el exterior (por ejemplo, cuando un adolescente se da cuenta de que la carretera por la que conduce está helada) o en el interior (como cuando un adolescente se da cuenta de que lleva una semana de retraso en lo que tiene que estudiar para un examen). Sentir ansiedad por una carretera helada o cuando se procrastina puede ayudar al adolescente a concentrar su atención de manera útil y motivarle a conducir con cuidado o a clavar los codos. Volviendo a nuestra sencilla medida, los profesionales consideran que la ansiedad únicamente no es saludable cuando no está justificada, ya sea porque hace saltar la alarma cuando no hay nada de lo que preocuparse o porque es desproporcionada en relación con la amenaza. En otras palabras, nadie querría que una persona se sienta ansiosa cuando va conduciendo en condiciones seguras. Y aunque un adolescente debería estar nervioso si no se ha preparado para un examen, sería desproporcionado que su ansiedad le provocase un ataque de pánico. La ansiedad que encaja con la situación es una cosa; la que no lo hace es otra distinta.

A continuación, también debemos observar si los adolescentes gestionan sus sentimientos de forma adaptativa. En el caso de la chica que se siente deprimida porque una buena amiga se muda, sus sentimientos de tristeza no son motivo de preocupación en sí mismos. Habrá que preocuparse si afronta su tristeza con estrategias perjudiciales: drogarse, estar muy irritable con sus padres o alejarse de sus amigos. Sin duda, incluso los adolescentes psicológicamente más fuertes no siempre manejan bien sus sentimientos. Sin embargo, solo cuando adquieren el hábito de buscar alivio emocional de forma arriesgada o costosa, es hora de preocuparse.

También debemos prestar atención cuando los adolescentes recurren a defensas psicológicas poco saludables para manejar sentimientos dolorosos. Como sabemos, las defensas perjudiciales amortiguan las emociones incómodas poniendo en entredicho la realidad: por ejemplo, cuando una persona insiste en que un acontecimiento doloroso no ha ocurrido (negación), no recuerda algo horrible que sí ocurrió (represión) o se siente totalmente desconectada de sus pensamientos, sentimientos o de su propio cuerpo (disociación). Es muy probable que las defensas que distorsionan la realidad surjan de experiencias terribles o traumatizantes, y apuntan claramente a la necesidad de apoyo psicológico. De hecho, algunos padres se dan cuenta de que su hijo adolescente podría haber sufrido un trauma solo cuando el joven empieza a utilizar defensas insanas para intentar mantener a raya las consecuencias psicológicas de ese trauma.

Por muy útil que resulte contar con pautas sobre el momento en que hay que preocuparse por la salud emocional del adolescente, no tienes que averiguarlo por tu cuenta. Si te preguntas si tu hijo necesita apoyo psicológico profesional (y especialmente si tiene sentimientos que no están justificados, si maneja mal las emociones o si recurre a defensas insanas), acude a un profesional de la salud mental para que te asesore sobre los pasos que debes seguir.

¿Qué ocurre con los adolescentes que mencionan el suicidio o que hablan de querer hacerse daño? Siempre hay que tomarse en serio ese tipo de comentarios. Un primer paso consiste en preguntar al adolescente si tiene intención de llevar a cabo esos actos, como le aconsejé al padre de Lucía. Si obtienes una respuesta que no te deja completamente tranquilo, busca ayuda de un profesional de la salud, como el pediatra o el médico de cabecera de tu hijo o hija; si te preocupa su seguridad inmediata, acude a urgencias. ¿Y si los adolescentes no mencionan el suicidio, pero los adultos tienen motivos para preocuparse de que les ronde la idea por la cabeza? De nuevo, pregunta. Dile algo así: «Entiendo que esta pregunta te parezca un poco inesperada, pero como estás tan disgustado/a, necesito preguntártelo. ¿Has pensado en hacerte daño o en acabar con tu vida?». Los adultos tienden a evitar el tema del suicidio porque les preocupa que los adolescentes se sientan todavía más incómodos si se les plantea, pero las investigaciones demuestran que preguntar sobre el suicidio a los adolescentes que no lo contemplan no hace que se sientan peor, mientras que alivia la angustia de aquellos que sí tienen ideas suicidas.[21]

Los expertos llevamos mucho tiempo estudiando los factores que aumentan las posibilidades de que los adolescentes se quiten la vida, y sabemos que los principales factores de riesgo en la adolescencia son la depresión, la ansiedad, el consumo de sustancias u otros trastornos psiquiátricos;[22] no obstante, aunque esto es así, recientemente hemos observado que en su mayoría estos factores de riesgo se asocian a adolescentes blancos. Por desgracia, la profesión de la psicología tiene una larga historia de adopción de enfoques únicos para los resultados de sus investigaciones. Cuando tenemos los resultados, partimos del supuesto de que se aplican por igual a todos los individuos de una amplia gama de razas, etnias y situaciones socioeconómicas. Y no siempre es así.

Un ejemplo claro es el de adolescentes negros y el suicidio. Si bien la tasa de suicidio durante la adolescencia ha aumentado de forma alarmante en las últimas décadas, los datos más recientes revelan que el incremento más acusado se ha producido entre adolescentes negros.[23] Cuando los expertos se dispusieron a consultar las investigaciones para tratar de entender esta tendencia, se encontraron con las manos vacías: hasta hace poco no se había estudiado si los adolescentes negros se enfrentan a factores de riesgo propios. Así, cuando la tasa de suicidios entre los adolescentes negros empezó a destacar dentro de la tendencia general, no teníamos ni idea de los motivos ni de qué hacer al respecto.

Afortunadamente, una investigación acelerada por una junta de emergencia del Congreso y el Instituto Nacional de Salud Mental ha empezado a aclarar el panorama.[24] Los primeros resultados indican que gran parte de lo que sabemos sobre el suicidio en adolescentes blancos no se aplica a los adolescentes negros. En comparación con sus homólogos blancos, los jóvenes negros de esa edad que murieron por suicidio tenían menos probabilidades de padecer un problema de salud mental reconocido o de haber compartido sus ideas o sus planes suicidas. En cambio, presentaban más probabilidades de haber sufrido una crisis reciente,[25] un problema familiar o una discusión, y también era más probable que hubiesen intentado suicidarse en el pasado.

Con datos más representativos estamos mejor equipados para saber qué debemos buscar y cuándo tenemos que preocuparnos por la seguridad de los jóvenes negros. Esta nueva información también aporta más pruebas de las desigualdades raciales sistémicas en la atención sanitaria. El hecho de que los adolescentes negros tengan menos probabilidades que los blancos de padecer problemas de salud mental reconocidos y, sin embargo, presenten más probabilidades de haber intentado suicidarse en el pasado pone de manifiesto que, en general, ellos y sus familias se encuentran gravemente desatendidos por los servicios de salud mental.

La vida emocional de los adolescentes no se puede disociar de las fuerzas sociales que conforman su mundo. Y esas fuerzas están determinadas por las diferentes identidades de los adolescentes. Algunos jóvenes alcanzan la mayoría de edad enfrentándose de manera constante al racismo, la discriminación y la marginación, lo que afecta no solo a su vida emocional, sino también a sus aspiraciones, su seguridad física y el acceso a la atención sanitaria.[26] Cuando consideramos cómo gestionan y afrontan sus emociones los adolescentes, también debemos reconocer esa realidad.

Hasta este punto, ¿qué hemos aprendido acerca de la vida emocional de nuestros adolescentes? En primer lugar, sus emociones proporcionan una valiosa información y han de ser tenidas en cuenta a la hora de tomar decisiones. En segundo lugar, nuestro objetivo no consiste en proteger a los adolescentes de emociones no deseadas, ya que esas emociones desempeñan un papel importante en su desarrollo personal. Y, en tercer lugar, los adultos no debemos confundir la intensidad emocional extrema propia de la adolescencia con la fragilidad psicológica. En resumen, la intención es que nuestros hijos e hijas adolescentes aprecien la información que les proporcionan sus sentimientos, que sepan que las experiencias incómodas les ayudarán a crecer y que aprendan a manejar sus emociones de manera eficaz.

Con estas ideas como pilares, abordaremos a continuación las fuerzas que configuran el desarrollo psicológico de los jóvenes en esta etapa de la vida y cómo podemos apoyarlos para que se construyan una vida emocional sana y enriquecedora que los acompañe hasta la edad adulta. ¿Primera parada? Una de las fuerzas más poderosas que conforman la vida emocional de los adolescentes: el género.

Capítulo 2
GÉNERO Y EMOCIÓN

Zach, un desgarbado estudiante de segundo año de instituto, se dejó caer en el sofá de mi despacho. Acudía a su cita habitual de los jueves por la tarde, pero parecía evidente que hubiera preferido estar en casa, en su cama.

—Pareces muy cansado —le dije sin rodeos.

—Sí —respondió—, ayer me acosté muy tarde.

—¿Y eso?

—Estuve jugando a *World of Warcraft* hasta las dos de la mañana.

Aunque atiendo a una mayoría de chicas adolescentes en mi consulta, también me envían chicos y siempre me alegro de verlos. Suelen aportar una energía distinta a la de las chicas, pero cuando tienen problemas con sus emociones, puedo contar con las mismas preguntas fundamentales y universales que siempre guían mi trabajo clínico: ¿experimentan los sentimientos adecuados en el momento adecuado (la emoción está justificada en su contexto)? ¿Gestionan esos sentimientos de manera eficaz?

Una cosa que sé de los chicos es que hay que tomarse en serio el papel que a veces desempeñan los juegos en su vida emocional. Zach era un estudiante aplicado y un atleta entregado, y yo sabía que no era propio de él quedarse jugando en línea hasta tarde entre semana. Tuve la seria sospecha de que algo le había alterado y había recurrido al juego en busca de alivio.

—¿A qué hora empezaste a jugar?

—Sobre las once.

Con la esperanza de llegar al fondo de la cuestión, e intentando que mi pregunta no sonase a crítica, continué:

—¿Habías acabado los deberes?

—Sí, había terminado. Me estaba escribiendo con Mara y ya me iba a la cama. Ni siquiera tenía la intención de ponerme a jugar, pero empecé y perdí la noción del tiempo.

—¿Cómo está Mara? —le pregunté. Mara era una compañera de instituto que Zach mencionaba últimamente. Me había contado que le gustaba y que se habían liado unas cuantas veces. Ella había empezado a plantear preguntas sobre el estado exacto de su relación.

—Está bien... Supongo... No sé —respondió Zach con un deje de incomodidad cada vez más perceptible en su voz—. Anoche me preguntó si estaba con alguien más o solo con ella.

—¿Qué le dijiste?

—Creo que no contesté... Fue más o menos cuando empecé a jugar a *World of Warcraft*.

Zach cambió rápidamente de tema (el examen de mañana, un próximo torneo de natación) y repitió en mi consulta los mismos mecanismos que había utilizado la noche anterior. Ante una emoción incómoda, buscó una distracción. Anoche fue *World of Warcraft*, hoy en mi despacho fue un cambio de tema.

Mientras hablaba del gran examen que tenía al día siguiente, confieso que mi mente divagó. Empecé a pensar en Mara y en cómo habría sido para ella la noche anterior. Supuse que estaría inquieta por la repentina desaparición de Zach de su conversación, sobre todo cuando le acababa de hacer una pregunta sobre la naturaleza de su relación. ¿Se mantuvo despierta esperando una respuesta? ¿Empezó a preocuparse cuando vio que la respuesta no llegaba? ¿Habría llamado a una amiga para intentar procesar el repentino silencio de Zach? ¿Compartió una captura de pantalla de la conversación en un grupo para que varias amigas pudiesen leerla detenidamente y dar su opinión sobre su posible metedura de pata? Dado lo que sé sobre las chicas, todos esos escenarios eran posibles.

¿Por qué? Porque cuando se trata de manejar la angustia emocional, los chicos son más propensos a recurrir a la distracción y las chicas tienden más a la discusión.[1]

POR QUÉ SON IMPORTANTES LAS DIFERENCIAS DE GÉNERO

Bueno, ¡eso sí que es una generalización! «Los chicos desvían la atención, las chicas discuten». ¿Qué debemos pensar de afirmaciones como esta, sobre todo si tenemos en cuenta el enorme cambio que ha experimentado nuestra visión sobre el género en los últimos años? ¿Realmente se sostienen afirmaciones tan generales sobre el género? No. Y sí. Empecemos por el no. Las diferencias de género, especialmente las relacionadas con las emociones (como las que estamos tratando), se exageran principalmente de cuatro maneras.

En primer lugar, se mire por donde se mire, las mujeres y los hombres somos mucho más parecidos que diferentes.[2] Aunque podamos identificar distinciones de género claras, las diferencias dentro de cualquier género son mucho mayores que las diferencias medias entre los géneros. Por ejemplo, los hombres tienden a ser más altos que las mujeres, pero la diferencia de altura del hombre más bajo y el más alto es mucho mayor que la diferencia entre las estaturas medias de hombres y mujeres. Lo mismo ocurre con las diferencias psicológicas: si quieres ver la mayor variedad, busca dentro de un mismo grupo de género en lugar de comparar grupos.

En segundo lugar, debemos tener en cuenta que siempre que se identifican disparidades de género, seguimos hablando de las medias de grupo. Muy pocas personas se sitúan en el punto medio exacto. Esto significa que, aunque el «chico medio» sea más agresivo físicamente que la «chica media», muchas chicas son más agresivas que el chico medio, y muchos chicos son menos agresivos que la chica media.[3] Esto también explica por qué tu adolescente podría no encajar en todos los estereotipos de género que se difunden. Y significa que, si describo una conducta de género que no se aplica a tu hijo o si este no se identifica con el género tradicional binario masculino/femenino, debes ignorar el hecho de que he planteado un «problema de chicos» o un «problema de chicas» y centrarte en el problema en sí.

En tercer lugar, nunca debemos asumir que las diferencias psicológicas de género son totalmente innatas. Aunque en la infancia empiezan a surgir diferencias claras en cuanto al modo en que los niños y las niñas manejan las emociones, esos patrones de género son, en su gran mayoría, el resultado de la socialización. De manera consciente o inconsciente, enseñamos a las niñas una forma de responder a las emociones y a los niños otra. Esas diferencias pueden arraigarse, pero no son inevitables.

En cuarto lugar, los adolescentes de hoy tienen una perspectiva de género distinta a la de los adolescentes de generaciones pasadas. Resulta menos probable que contemplen el género en términos de categorías masculinas/femeninas rígidas o que se sientan obligados a cumplir los roles de género tradicionales. Para ellos, las diferencias psicológicas de género están menos arraigadas que para sus padres y sus abuelos. Aunque la mayor parte de este capítulo trata sobre las categorías de género tradicionales, también tendremos en cuenta las experiencias emocionales de los adolescentes que no encajan en ninguna de ellas.

Por tanto, si las generalizaciones sobre las diferencias de género son limitadas en tantos aspectos, ¿por qué deberíamos tenerlas en cuenta?

Existen dos buenas razones. Una es que sí observamos disparidades reales y mensurables en el comportamiento de los chicos y las chicas en torno a sus emociones. Esas diferencias a escala poblacional conforman las experiencias cotidianas de nuestros adolescentes y el mundo en el que deben desenvolverse. La otra razón es que cualquier reflexión sobre las diferencias emocionales de género es, ante todo, una consideración sobre la procedencia de esas diferencias, y sobre dónde y cómo podemos abordarlas para proporcionar a nuestros adolescentes una vida emocional más plena y saludable.

Así, con este planteamiento en mente, pasemos a analizar las diferencias emocionales de género en su justa medida.

LAS NORMAS DE GÉNERO EMPIEZAN PRONTO

Identificarse como mujer o como hombre conlleva la entrega de un paquete de expectativas sobre las emociones. En cuanto los padres conocen el sexo de su bebé, muchos empiezan a formarse una imagen de su futuro hijo en su imaginación. Podrían asumir que su hija será sensible y temperamental, y que su hijo será resuelto y fuerte.[4] Esas suposiciones influyen en nuestras reacciones a las expresiones emocionales de nuestros hijos y, a su vez, determinan la forma en que los niños aprenden a comunicar sus sentimientos.

Lo cierto es que los niños tienden a ser más temperamentales que las niñas al nacer. En general, son más quisquillosos, lloran más y resulta más difícil calmarlos.[5] Sin embargo, cuando llegan a la escuela, los niños no se muestran tan abiertamente emocionales como las niñas. En comparación con estas, son menos propensos a mostrar sus sentimientos, tanto positivos como negativos.

Sonríen menos y muestran niveles de felicidad más bajos que las niñas.[6] También resulta menos probable que expresen la tristeza o la ansiedad abiertamente. La reducción del repertorio emocional de los chicos se produce rápidamente. Un estudio notable descubrió que, entre la etapa preescolar y el final del primer curso, las expresiones de tristeza y ansiedad de los niños se reducen en un 50%, mientras que las de las niñas se mantienen estables.[7] De hecho, entre los niños en edad escolar solo existen dos sentimientos que ellos manifiestan con más frecuencia que ellas: la ira y el placer obtenido a costa de los demás.[8]

¿Cómo acaban nuestros hijos e hijas en dos campos emocionales distintos? En muchos casos hay que agradecérselo a los padres. Lo queramos o no, desde el primer día ayudamos sutilmente a los niños a adoptar los guiones emocionales de género establecidos por nuestra cultura. Lo hacemos, en parte, reaccionando a las expresiones de emoción que coinciden con los estereotipos de género e ignorando las que se desvían. Nuestros hijos pequeños quieren nuestra atención más que cualquier otra cosa, y rápidamente aprenden a recurrir más a los comportamientos que consiguen que les prestemos atención y menos a los que nos desconectan. Los estudios demuestran que los padres se sienten más cómodos si sus hijas expresan miedo y sus hijos ira que al revés.[9] Y resulta más probable que los padres desvíen su atención cuando sus hijos se sienten tristes y ansiosos, y cuando sus hijas se enfadan.[10]

Además de moldear el comportamiento con nuestra forma de reaccionar a las emociones de los niños, también utilizamos la instrucción directa. Los padres tienden a animar a sus hijos a limitar el llanto «innecesario»,[11] a controlar sus sentimientos y a no mostrar miedo. En cambio, cuando nuestras hijas están tristes o asustadas,[12] tendemos a hablar con ellas de lo que les pasa y de las posibles soluciones. Del mismo modo, resulta más probable que los padres insten a sus hijos a afrontar la angustia mediante la distracción[13] (a «no pensar en ello» o a «centrarse en otra cosa») y que ayuden a sus hijas a sentirse mejor animándolas a compartir lo que piensan.[14]

Cuando ese código emocional de género arraiga, tiene poderosas implicaciones en la forma en que los jóvenes gestionan sus sentimientos conforme pasa el tiempo. Como descubrí en mi consulta, Zach amortiguó su malestar por la pregunta de Mara perdiéndose en un juego en línea, y me resultó fácil imaginarme a Mara acudiendo a sus amigas para hablar de su desconcertante interacción con Zach.

DIFERENCIAS DE GÉNERO EN EMPATÍA Y AGRESIVIDAD

Las diferencias de género no solo influyen en la forma en que los jóvenes afrontan sus propios sentimientos, sino también en sus reacciones a las emociones de los demás. Los estudios demuestran sistemáticamente que las adolescentes manifiestan más empatía que los adolescentes.[15] A las chicas se les da mejor imaginar los puntos de vista de otras personas y descifrar con precisión los sentimientos que se esconden tras sus expresiones faciales.[16] También tienden a esforzarse más que los chicos por ayudar cuando perciben que otra persona lo necesita.[17] De nuevo, muchos chicos son más empáticos que la chica adolescente media, y muchas chicas adolescentes son menos empáticas que el adolescente medio, pero ellas, de media, demuestran más empatía que ellos. Existen varias explicaciones al respecto.

Los estudios con animales sugieren que podría existir una razón evolutiva por la que las hembras de una especie son más fuertes en el campo de la empatía.[18] Desde el punto de vista de la propagación de los genes, resulta más probable que las hembras de una especie permanezcan cerca de casa cuidando de sus contribuciones al acervo genético, mientras que sus homólogos masculinos suelen salir a propagar sus genes.

Si esta teoría te parece una simplificación excesiva, créeme: estoy de acuerdo contigo. Las interpretaciones darwinistas del comportamiento humano moderno me ponen de los nervios porque en muchos casos no parecen más que justificaciones para que los hombres se acuesten con cualquiera. Dicho esto, incluyo aquí la explicación evolucionista de la brecha en la empatía porque mi deseo de ofrecer un informe imparcial de la ciencia psicológica supera (por poco) a mi deseo de prescindir de pruebas que me parecen un fastidio.

Afortunadamente, también existen otras explicaciones. Cuando nuestros hijos se portan mal, somos más propensos a corregir a nuestras hijas animándolas a que piensen cómo sus actos pueden afectar a los demás. En cambio, somos más dados a meter en cintura a nuestros hijos mediante amenazas verbales o castigos físicos.[19] Un estudio particularmente fascinante analizó el modo en que los padres utilizan las conversaciones relacionadas con la escuela para señalar hasta qué punto esperan (o no) que sus hijos piensen en los demás. Los investigadores grabaron los intercambios entre unas madres y sus hijos de guardería después de clase, y descubrieron que las primeras eran más propensas a preguntar a sus hijos sobre temas relacionados con el aprendizaje y a sus hijas sobre sus interacciones con los compañeros y los profesores.[20] Suponiendo que realmente existe una semilla evolutiva que ayude a explicar por qué las chicas son más empáticas que los chicos, la brecha en empatía que observamos en la adolescencia representa un buen ejemplo de cómo lo que podrían ser pequeñas diferencias innatas se magnifican con el tiempo debido a las fuerzas culturales. Dicho de otro modo, no hay razón para esperar que nuestros hijos sean menos empáticos que nuestras hijas. La socialización es, casi con toda seguridad, una fuerza más potente que la genética a la hora de educar a niños compasivos.

Algunos expertos también plantean que las mujeres desarrollarían mayores niveles de empatía porque los hombres tienen más estatus y poder que ellas en casi todas las culturas. Para algunas niñas y mujeres, prestar atención a las señales emocionales y ser capaces de interpretar a los demás puede ser clave para mantener su posición social e incluso, tal vez, su seguridad.[21] Esta hipótesis está respaldada por estudios,[22] como el que demuestra que a las mujeres se les da mejor detectar la ira que a los hombres.[23]

La premisa de que las chicas podrían desarrollar una mayor conciencia emocional en aras de la autoprotección subraya otra diferencia psicológica de género fundamental: los chicos son más agresivos que las chicas.

Mi trabajo me lleva a visitar muchos centros educativos, y hay pocas cosas que me gusten más que observar a los adolescentes interactuando entre ellos entre clase y clase. Cuando se reúnen en los pasillos durante los descansos, siempre surge un claro patrón de comportamiento de género. Las chicas tienden a ponerse al día con sus amigas caminando juntas o haciendo corrillos para hablar. Los chicos, en cambio, conectan a través del contacto físico. Sobre todo cuando visito colegios solo de chicos, me llama la atención cómo los alumnos se acercan y chocan despreocupadamente unos con otros, y se agarran de los hombros y de las mochilas de sus amigos.

Esta diferencia observable se ve confirmada por estudios de investigación que documentan que, en preescolar, los niños son mucho más propensos que las niñas a participar en juegos bruscos.[24] Los hombres siguen siendo más agresivos físicamente[25] que las niñas a lo largo de su vida, y alcanzan su nivel máximo en torno a los quince años.[26] Dado que los chicos de quince años son los más propensos a pelearse con sus amigos o a liarse a puñetazos con sus adversarios, cabría suponer que el aumento de los niveles de testosterona explica esa disposición a pelearse. Aunque esta explicación parece lógica, una revisión sistemática de veintisiete estudios de investigación sobre el tema no encontró un vínculo claro entre los niveles de testosterona y la agresividad física en los adolescentes varones.[27] Curiosamente, un estudio sí halló una relación entre los niveles de testosterona de los chicos adolescentes y la asunción de riesgos,[28] pero no entre su testosterona y la asunción de riesgos agresivos.

Si la testosterona no es la principal culpable, otros factores deben ser los responsables de que nuestros hijos tiendan a ser mucho más agresivos físicamente que nuestras hijas. Desde el primer día, los niños son más activos físicamente que las niñas,[29] lo que puede llevar a algunos padres a aceptar que el carácter físico de sus hijos conducirá inevitablemente a una mayor agresividad. Con esa suposición, podrían permitir (sin darse cuenta) que los chicos traspasen más límites físicos. Dicho esto, los estudios demuestran que los adultos que no quieren criar a hijos belicosos no están obligados a hacerlo. Los niños muy empáticos[30] (probablemente como resultado de la educación que reciben en casa) y con una estrecha supervisión de sus padres tienden a ser los menos agresivos. Del mismo modo que los padres pueden educar a los niños para que sean tan empáticos como las niñas, también pueden influir en su agresividad.

Asimismo, podemos enfocar esta cuestión de otra manera. En lugar de preguntarnos por qué los chicos son tan agresivos físicamente, podríamos preguntarnos por qué las chicas no lo son más. De nuevo, la socialización desempeña un papel importante. Es más probable que los padres desalienten de forma activa el enfado o el comportamiento físicamente agresivo en sus hijas que en sus hijos.[31] Y los altos niveles de empatía de las chicas también importan. Cabe pensar que a ellas también les gustaría empujar, dar puñetazos o pellizcar a sus compañeros, pero se frenan porque son más conscientes del impacto dañino de ese comportamiento.

Aunque los chicos superan a las chicas en agresividad física, se asume que ellas compensan la diferencia mediante la agresividad relacional (término utilizado para describir tácticas crueles, pero indirectas, como difundir rumores o excluir o manipular a los demás). Sin embargo, esa suposición resulta ser un bulo. Los estudios demuestran una y otra vez que chicos y chicas están empatados en el uso de la agresividad relacional. Ellos no solo son más agresivos físicamente que ellas, sino que, además, tienen las mismas probabilidades que sus compañeras de ser crueles de maneras no físicas.[32]

Puede parecer contradictorio que los chicos utilicen la misma agresividad indirecta que las chicas, sobre todo cuando una expresión como «chicas malas» campa a sus anchas y no tiene un claro equivalente masculino. Y parece que oímos hablar más de chicas que hieren los sentimientos de sus compañeros hablando mal de ellos y excluyéndolos que de chicos haciendo lo mismo.

Así, ¿cómo se explica la percepción de que las chicas recurren más a la agresión relacional que los chicos? Veámoslo a través de la idea de que «los chicos desvían el tema y las chicas discuten». Imaginemos cómo reaccionarían dos alumnos de sexto curso (los llamaremos Devon y Avery) si se los excluyese deliberadamente en el colegio. Si Devon descubre que no es bienvenido en la mesa donde come habitualmente (tal vez porque un compañero de clase desconsiderado ha puesto en circulación el rumor de que Devon es «asqueroso»), es muy probable que afronte esa dolorosa situación «intentando no pensar en ello», como suelen hacer los chicos cuando se sienten incómodos. Quizá busque otro sitio para sentarse o puede que renuncie a comer y se vaya a la biblioteca para perderse en un libro. Aunque resulta indudable que Devon se siente fatal, puede que se guarde sus sentimientos y que no cuente nada ni siquiera en casa. Allí podría buscar nuevas formas de distraerse hasta que se le pase el disgusto. Del mismo modo, los chicos de su clase que se sientan incómodos con el cruel rumor podrían gestionar su malestar cambiando de tema cuando surja o haciendo una broma despectiva al respecto.

Avery, por su parte, podría reaccionar a la misma situación de manera muy distinta. Tal vez encontraría a una compañera de clase compasiva con la que hablar libremente, quizá con lágrimas en los ojos, sobre el hecho de verse excluida de la mesa de siempre. La compañera, que a esas alturas probablemente se sentiría disgustada por lo sucedido, podría gestionar su malestar preguntando a otras chicas qué está pasando, lo que provocaría un revuelo en torno al rumor malintencionado y su impacto en Avery. Ya en casa, la joven podría hablar con sus padres, o tal vez con una hermana mayor cariñosa, sobre su mal día. Sus compañeras de clase, por su parte, podrían procesar la situación comentándola entre ellas o compartiéndola en casa con sus padres.

En resumen, el mismo suceso desagradable puede caer con un ruido sordo entre los chicos y crear una inmensa reacción en cadena entre las chicas. Desde este punto de vista, resulta sencillo ver cómo los compañeros de clase y los adultos pueden ser mucho más conscientes de la agresión relacional que se produce entre las chicas, aunque en realidad ellas no son más crueles en este sentido.

LAS CHICAS Y LA IRA

¿Qué ocurre con las chicas y la ira, que puede parecer la prima hermana de la agresividad? Como saben todos los padres y las madres de una chica, las niñas se enfadan. Antes de la adolescencia, los chicos expresan más ira y agresividad física que las chicas. En la adolescencia, sin embargo, ellas expresan más rabia que ellos,[33] aunque siguen estando por detrás en agresividad física.

Las chicas también superan a los chicos en la frecuencia con la que muestran desprecio.[34] A los padres de chicas probablemente no les sorprenda oír esto. Las adolescentes suelen sentirse muy cómodas expresando su desdén, y lo hacen verbalmente (utilizando los términos despectivos del momento, como «básico» o «irrelevante» para tachar a alguien de poco original o poco digno de consideración) o regalándonos una expresión facial fulminante. La capacidad de burla de nuestras hijas puede ser impresionante, aunque es probable que a los padres nos resulte más fácil admirarla cuando no va dirigida a nosotros.

Sin embargo, las investigaciones demuestran que las chicas y las mujeres son conscientes de que tienen más probabilidades de sufrir consecuencias negativas que los chicos y los hombres si dejan asomar su ira.[35] Con el fin de averiguar en qué condiciones expresan su ira las mujeres jóvenes, un ingenioso estudio solicitó la participación de estudiantes universitarios de ambos sexos en dos experimentos que supuestamente no guardaban ninguna relación. En el primero se pidió a los participantes que escribiesen una redacción sobre su opinión acerca de la pena de muerte. Se les indicó que sus redacciones serían corregidas por otro participante en la investigación y que se concederían premios en metálico a las mejores redacciones. El estudio se manipuló para provocar la ira de la mitad de los participantes dándoles una nota baja y diciéndoles (en las supuestas palabras del que corregía) que sus redacciones eran «ingenuas» e «inmaduras», independientemente de lo que hubiesen escrito en realidad.

Con la mitad de los participantes en la investigación ya furiosos, los investigadores presentaron el segundo estudio. Supuestamente trataba sobre las preferencias gustativas. Ofrecieron nachos y salsa picante a los participantes y les pidieron que decidiesen cuánta salsa tendría que consumir su compañero en este nuevo estudio. En un giro inesperado (totalmente inventado por los investigadores), a los participantes se les comunicó que «por cuestiones de azar» su compañero en este segundo experimento resultaba ser la misma persona que había corregido su redacción en el primer experimento. Los investigadores añadieron un giro más antes de entregar la salsa picante: a la mitad de los participantes les dijeron que conocerían a su compañero al final del experimento, y a la otra mitad, que no.

¿Qué descubrió el estudio? Tanto los hombres como las mujeres participantes declararon sentir niveles similares de ira. Además, en comparación con las personas que sacaron buenas notas en sus redacciones, los participantes que sacaron malas notas fueron muy exigentes con la salsa picante (la medida de la expresión de la ira del estudio). Tal vez lo más interesante es que los tipos enfadados del estudio dieron la misma dosis de salsa picante a sus compañeros de investigación independientemente de si pensaban que pronto se conocerían. Por el contrario, las jóvenes enfadadas dieron menos salsa picante cuando les dijeron que tendrían que conocer a sus compañeros de investigación, y más cantidad (igual a la de los chicos) cuando se les comunicó que no conocerían a su compañero de investigación.

Al final, los participantes no tuvieron que conocer a su compañero de investigación, porque, como acabaron explicando los investigadores, ese compañero nunca existió. La inteligente metodología del estudio demostró algo importante: las chicas y las mujeres saben que es probable que paguen un precio social más alto por enfadarse y reservan su ira para situaciones en las que pueden expresarla sin peligro.

Sin duda, los riesgos de expresar la ira son incluso mayores para las chicas sometidas a las presiones añadidas del racismo. Cuando las chicas negras se enfadan, suelen recibir una respuesta disciplinaria desproporcionadamente dura. En comparación con las niñas blancas, tienen más probabilidades de ser castigadas en la escuela por «replicar» o por ser «poco refinadas», y de ser frenadas por actuar de formas que se consideran «irrespetuosas».[36]

EL GÉNERO Y LA ADULTIZACIÓN DE LOS ADOLESCENTES NEGROS

La respuesta especialmente punitiva a la ira de las chicas negras no es el único ejemplo de racismo que condiciona la vida emocional de los adolescentes negros. Las encuestas (que casi siempre se basan en participantes predominantemente blancos) demuestran que los niños y adolescentes negros están sujetos a la adultización; es decir, se les considera mayores de lo que realmente son. En comparación con sus homólogas blancas de la misma edad, se cree que las chicas negras necesitan menos protección, cuidados, consuelo o apoyo,[37] y a los chicos negros se les considera menos dotados de inocencia infantil y más merecedores de culpa.[38]

La adultización conlleva una amplificación racista de los estereotipos de género. Numerosos estudios demuestran que, en comparación con sus homólogos blancos, las chicas negras son percibidas como más sexuales[39] y los chicos negros como más peligrosos.

¿Qué significa esto para el día a día de las adolescentes negras? En muchos institutos tienen más probabilidades de sufrir acoso sexual que las chicas blancas.[40] Además, las investigaciones demuestran que el personal escolar tiende a ignorar o minimizar sus denuncias de acoso.[41] Los estudios sobre la vida escolar de las niñas negras revelan, como era de esperar y por desgracia, que se sienten inseguras física y emocionalmente[42] ante sus compañeros varones, e invisibles para las personas adultas de las que cabría esperar que intervinieran para protegerlas, y que, también, pueden llegar a responsabilizarlas de los problemas.[43]

En cuanto a los chicos negros, la adultización y los estereotipos de género exacerbados que la acompañan implican que la inmensa mayoría los observa con hostilidad.[44] En un estudio que demostró claramente este punto,[45] los investigadores mostraron una serie de vídeos a un grupo de universitarios predominantemente blancos. En las imágenes, niños actores en edad de cursar primaria mostraban comportamientos que podrían interpretarse como agresivos: por ejemplo, pisar los deberes de otro niño al pasar corriendo, huir con un videojuego ajeno o tirar el trabajo de un compañero mientras todos estaban ordenando la clase. La mitad de los jóvenes actores eran negros y la otra mitad, blancos. Después de ver los vídeos, los participantes en la investigación calificaron el nivel de hostilidad de los comportamientos. Los niños negros fueron etiquetados de más agresivos que los blancos en todos los vídeos a pesar de mostrar exactamente las mismas conductas. El estereotipo de que los niños negros son hostiles o agresivos gana fuerza a medida que van cumpliendo años. Otras investigaciones han descubierto que cada año adicional de edad percibida (que para los niños negros ya tiende a ser más alta que su edad real)[46] aumenta las probabilidades de que los niños negros,[47] pero no los blancos, sean considerados hostiles.

En el caso de los adolescentes negros, esto significa que se les exige una mayor disciplina en la escuela.[48] Además, las autoridades policiales los someten de forma desproporcionada a perfiles raciales,[49] arrestos, detenciones, persecuciones[50] y fuerza letal.[51]

También significa que numerosas familias negras pasan por el repugnante rito de iniciación[52] de tener «la charla» con sus hijos (y, a menudo, con sus hijas) mucho antes de que se conviertan en adolescentes. En un esfuerzo por preparar proactivamente a sus hijos para los encuentros con la policía u otros adultos en posiciones de autoridad, «la charla» detalla los mayores riesgos a los que se enfrentan los adolescentes negros incluso cuando realizan actividades cotidianas, como conducir o caminar por la calle con un grupo de amigos. Se centra en aconsejar a los jóvenes[53] sobre el modo de mantener su seguridad en las interacciones con la policía y otras figuras de autoridad: por ejemplo, manteniendo las manos a la vista y la calma, siendo educados y respondiendo a todas las preguntas que les hagan.

La lista de bibliografía recomendada al final de este libro incluye textos que pueden ser de especial ayuda para los adultos que educan o cuidan a adolescentes negros. Como persona blanca que educa a adolescentes blancos, no puedo comprender las complejidades emocionales de la participación en conversaciones como «la charla». Sin embargo, como psicóloga sí puedo lamentar la grave y excepcional carga que soportan los adolescentes negros en su desarrollo hacia la edad adulta.

DIFERENCIAS DE GÉNERO EN PSICOPATOLOGÍA

Repasemos lo que hemos establecido hasta ahora. Desde el primer día, los niños se socializan por dos caminos psicológicos distintos. A las niñas les permitimos expresar tristeza y miedo, tendemos a disuadirlas de que muestren su ira y cultivamos su capacidad para hablar de los sentimientos cuando están disgustadas.[54] A los chicos les enseñamos a reprimir los sentimientos de vulnerabilidad, esperamos que sean agresivos y, cuando están angustiados, los animamos a recurrir a la distracción o a buscar otras formas de sobrellevar la situación.

Este encasillamiento emocional subyace y ayuda a explicar las marcadas diferencias de género en los trastornos psicológicos que observamos entre adolescentes. Cuando sus dificultades emocionales llegan a ser tan intensas o dominantes que justifican la intervención profesional, surgen dos categorías diagnósticas claramente diferenciadas por género.

Las chicas tienen muchas más probabilidades que los chicos de ser diagnosticadas de lo que llamamos *trastornos de interiorización*, es decir, ansiedad y depresión. Los chicos tienen muchas más probabilidades que las chicas de ser diagnosticados de *trastornos de exteriorización*,[55] como el trastorno negativista desafiante o el trastorno de conducta (el primero describe un comportamiento de enfado persistente; el segundo, delincuencia crónica). Dicho de otro modo, ante el dolor emocional, las chicas tienden a replegarse sobre sí mismas y a sentirse ansiosas, bloqueadas o tristes, mientras que los chicos tienden a atacar y a meterse en problemas.

Una forma de entender esta división consiste en considerarla como el resultado extremo de las normas de género para la expresión emocional. Dado que esperamos y aceptamos que las chicas sientan tristeza y ansiedad, esas emociones se convierten a menudo en los modos de expresión de su angustia psicológica, incluida la ira si no hay una forma segura de expresarla. ¿Cómo ocurre esto? El mecanismo de defensa que consiste en volver una emoción inaceptable contra uno mismo[56] explica esta dinámica. Por ejemplo, a una chica que cree que uno de sus padres, un profesor o un compañero de clase es horrible podría preocuparle que la exposición de ese sentimiento le suponga un coste demasiado alto. En su lugar, podría desviarlo hacia la creencia deprimente o preocupante de que, de hecho, ella es la persona horrible.

En cuanto a los chicos, esperamos que sean más agresivos que las chicas, por lo que la ira se convierte en el modo «aceptable» de aliviar sus sentimientos dolorosos. Un chico que está muy triste o muy ansioso necesita una salida para su angustia, y si no siente que tiene permiso para manifestar que está sufriendo, es muy probable que descargue sus emociones no deseadas portándose mal. Observé esta dolorosa dinámica cuando trabajé a tiempo completo, a mis veintitantos años, en la unidad de chicos adolescentes de una residencia psiquiátrica. Todos los chicos a mi cargo venían de situaciones familiares extremadamente difíciles y desestructuradas, lo que explicaba en gran medida por qué sufrían problemas emocionales tan graves como para requerir tratamiento hospitalario. Aunque se mostraban físicamente agresivos con bastante frecuencia, casi estaba garantizado que lo harían justo después de una visita planificada de uno de sus padres o tutores. Antes y durante las visitas, los chicos se portaban especialmente bien porque, según me parecía, siempre tenían la esperanza de que la visita sería más cálida, más amable, más cariñosa o menos caótica de lo que solía acabar siendo. Después de la visita, los chicos se sentían muy tristes y decepcionados, pero en lugar de llorar (cosa que habría sido del todo apropiada), tendían a descargar su sufrimiento hostigando a los otros residentes y buscando pelea.

Si te preocupa que tu hijo pueda estar sufriendo depresión o ansiedad, consulta a un profesional de la salud para que te oriente. Si incumple constantemente las normas, discute sin parar o hace daño a animales, personas o propiedades, no asumas que el castigo es la mejor o la única opción. Una de las reglas fundamentales de la psicología es que los adolescentes actúan mal cuando se sienten mal. Se muestran desafiantes cuando sienten dolor, y en esas situaciones merecen nuestra compasión y el acceso a intervenciones terapéuticas.

AYUDAR A LAS CHICAS A CONTROLAR LA IRA

Los extremos de los trastornos de interiorización y exteriorización representan los extremos de dos caminos que no queremos que nuestros adolescentes recorran. Las chicas y los chicos deberían ser capaces de expresar toda la gama de emociones; nuestro deseo es que experimenten los sentimientos adecuados en el momento adecuado (independientemente de las normas de género) y que aprendan a gestionar esas emociones de manera eficaz.

En el caso de nuestros hijos o hijas, eso significará en gran medida ayudarlos a sentirse cómodos expresando tristeza, miedo, preocupación y otras emociones que puedan hacer que se sientan vulnerables. Para nuestras hijas, consistirá en ayudarlas a saber qué hacer con su ira.

Lo más probable es que tengas muchas oportunidades de ayudar a tu hija a controlar su mal genio, porque será en casa donde más lo exprese. Aunque su mal humor pueda alterar la tranquilidad de tu hogar, consuélate sabiendo que ella se siente segura expresando su enfado en casa. Y cuando tu hija esté enfadada sin dejar de ser «civilizada», habla con ella sobre lo que le pasa (aunque seas tú con quien está enfadada). Existen dos motivos para hacerlo así: en primer lugar, si queremos que se tome en serio sus propias emociones, tenemos que hacer lo mismo. En segundo lugar, la intención es reforzar su derecho a expresar su ira prestándole nuestra atención.

También puede ocurrir que tu hija sea encantadora con los demás, pero que en casa se muestre especialmente hostil. Amigos míos con hijos varones se sorprenden cuando los padres de chicas explican lo que estas llegan a decir en casa cuando se enfadan. Los chicos, comentan, simplemente se enfadan. Las chicas, en ocasiones, dicen cosas con la intención de hacer daño.

Cuando un adolescente dice algo cruel o mezquino, es hora de enseñar una lección. ¿Cuál? Que su ira no es el problema, sino la forma en que la demuestra. Cuando tu hijo vaya demasiado lejos, puedes, por ejemplo, responderle con calma: «No creo que hayas querido decir eso así. ¿Lo intentas otra vez?»; «Puede que estés enfadado, pero no puedes hablarme así»; «Puede que tengas razón, pero tienes que encontrar una forma civilizada de expresar eso», o «Yo no te hablo de esa manera. Podrías no hablarme tú así tampoco». Los adolescentes suelen darse cuenta de que se han pasado de la raya en cuanto escuchan sus propias palabras en voz alta. Una reorientación calmada y firme puede hacer que las cosas vuelvan a su cauce rápidamente y evitar que la situación empeore.

Cuando las chicas negras se mantienen firmes porque están enfadadas, o simplemente para defenderse, debemos tomarnos en serio el hecho de que suelen ser víctimas de un sesgo racial punitivo. De hecho, las investigaciones revelan que, en las escuelas públicas de primaria, las niñas negras tienen seis veces más probabilidades de ser suspendidas que las blancas, aunque desafíen las expectativas de conducta en la misma proporción.[57] Cualquier pregunta sobre si la ira de una niña negra se expresa de forma adecuada tiene que estar en un segundo plano: antes hay que preguntarse si se le están imponiendo normas más estrictas que a sus compañeras blancas.

Por último, no dejes de maravillarte ante la habilidad de los adolescentes de cualquier raza para dar salida a la necesidad de expresar su ira sin meterse en problemas. Recuerdo el caso de una niña de doce años, inteligente y decidida, a la que atendí en mi consulta. Tras describir con todo lujo de detalles a su condescendiente y dictatorial profesor de sociales, me dijo:

—Cuando no puedo más, me meto las manos en los bolsillos y le hago una peineta.

AYUDAR A LOS CHICOS A HABLAR DE SUS SENTIMIENTOS

Cuando la pandemia de la COVID-19 puso la vida de todo el mundo patas arriba, tuve que suspender los viajes para dar charlas en centros educativos sobre temas relacionados con la salud mental de los jóvenes y el desarrollo de los adolescentes. Los educadores eran muy conscientes de lo dolorosos que resultaron para su alumnado el aislamiento, el estrés y la ansiedad (y, en algunos casos, el trauma y el duelo) provocados por la pandemia. Para ofrecerles apoyo, varios centros de secundaria y bachillerato me invitaron a reunirme con grupos de sus alumnos a través de Zoom.

No tardé mucho en dar con un enfoque que funcionó bien y me abrió toda una nueva perspectiva sobre la vida emocional de los adolescentes.[58] Empezaba mis reuniones con los estudiantes (en ocasiones, doscientos o trescientos a la vez) con una sesión de veinte minutos en la que explicaba el estrés y la ansiedad desde el punto de vista de la ciencia psicológica. Les detallaba estrategias para amortiguar sus preocupaciones y sus miedos, y les describía medidas para proteger su salud mental mientras pasaban por unas condiciones extraordinariamente difíciles. Después de tratar esos temas centrales y, quizá lo más importante, de transmitirles mi empatía con lo que estaban viviendo, los invitaba a utilizar el chat para «preguntarme lo que quisieran».

Antes de aquellas reuniones trabajaba con cada centro para configurar el chat de manera que solo yo pudiese leer los mensajes de los alumnos. Cuando llegaba el momento de las preguntas, les explicaba que las leería en voz alta antes de responderlas, pero sin decir quién las planteaba. Aquella rutina dio lugar a conversaciones muy interesantes. Los chats se llenaban rápidamente de preguntas concretas sobre temas personales. Yo las respondía una por una y hacía todo lo posible por corresponder a la confianza de cada alumno ofreciéndole respuestas directas y (eso esperaba) útiles. Casi de inmediato surgió un patrón claro. Las chicas participaban activamente en el chat, pero a menudo tenía la impresión de que planteaban preguntas que también discutían con otras personas. Preguntaban cómo equilibrar las exigencias del instituto con otras obligaciones, cuál era mi opinión sobre los fármacos psiquiátricos, cuál era la mejor manera de apoyar a un amigo frágil, etc. Los chicos, en cambio, aprovechaban la ocasión para desahogarse.

Llenaban el chat de temas que parecían no compartir con nadie más. «¿Cómo puedes saber si le gustas a una chica?», «Creo que podría ser gay y tengo miedo de decírselo a alguien» o «Mis padres se pelean continuamente y yo lloro hasta quedarme dormido por las noches y no sé qué hacer». En algunas ocasiones, algunos incluso comentaron en el chat: «Deberíamos hacer encuentros como este más a menudo, también después de la pandemia. ¡Yo nunca haría preguntas como esta delante de mis compañeros!».

La seguridad del espacio en Zoom reveló lo que muchos padres saben: que los chicos tienen sentimientos profundos y el deseo de establecer conexiones íntimas con los demás. Y, de hecho, a pesar de las presiones culturales para ser tipos duros, los chicos encuentran formas de compartir sus emociones más íntimas. Algunos se sienten cómodos expresando sus preocupaciones,[59] su tristeza y sus miedos en casa, o con compañeros o compañeras afines con los que entablan amistades estrechas y sólidas. Otros buscan relaciones románticas porque anhelan la conexión emocional al menos tanto como la intimidad física.[60]

Dado que los chicos sí quieren hablar de su mundo interior, ¿cómo podemos crear las condiciones que fomenten su capacidad y su voluntad de compartir lo que realmente les preocupa? Tenemos que integrarlo en su día a día. Por ejemplo, he aquí una estrategia trillada, pero eficaz: considera la posibilidad de compartir lo bueno y lo malo del día en cada cena familiar. Cada miembro de la familia describe lo mejor y lo peor que le ha pasado ese día, con la opción de «pasar» de vez en cuando si ese día el adolescente no está de humor. Este sencillo enfoque normaliza la idea de que todo el mundo se encuentra con situaciones que lo dejan asustado, frustrado, triste y ansioso. También te permite mostrarle a tu hijo cómo hablar abiertamente de cosas difíciles haciéndolo tú mismo. Cuando a los adolescentes les dé mucha vergüenza hablar, podemos seguir adelante y recordarles que se trata de un juego al tiempo que les hacemos saber que esperamos su participación de todos modos.

Es importante incorporar la conversación sobre temas dolorosos a las rutinas de la vida familiar porque sabemos que lo que se modela en casa marca una diferencia real. Un estudio de investigación descubrió que los chicos latinos tienen más probabilidades que sus compañeros blancos, negros o chinoestadounidenses de sentirse cómodos con la intimidad emocional hasta bien entrada la adolescencia.[61] La mayoría de los chicos latinos que participaron en el estudio eran inmigrantes de primera o segunda generación procedentes de Puerto Rico o de la República Dominicana que, según la hipótesis del investigador, podrían haber disfrutado de la protección de pertenecer a culturas que valoran la expresión emocional y la interdependencia en hombres y mujeres por igual.

Si realmente queremos que los chicos se sientan cómodos hablando de sus sentimientos, los hombres de sus vidas no deberían dejar el trabajo emocional a las mujeres. Como cabría esperar, los estudios demuestran que las madres son más propensas que los padres a hablar con sus hijos de su vida interior,[62] un hallazgo que tiene sentido si pensamos que socializamos a las niñas y a las mujeres para que dominen el lenguaje de las emociones. Los niños esperan que, cuando plantean un problema personal a su padre, este les sugerirá posibles soluciones,[63] y si se lo plantean a su madre, ella los animará a hablar de cómo se sienten. Por desgracia, esto solo refuerza la idea de que hablar de sentimientos es un acto inherentemente femenino.

Para contrarrestar esta idea preconcebida, los hombres adultos deben insistir en preguntar a los chicos qué les pasa y entablar conversaciones significativas sobre las emociones. En lugar de ofrecer soluciones a sus problemas, deberían tratar el acto de compartir experiencias dolorosas con una persona de confianza como una solución en sí misma. Y lo es. Al normalizar el acto de hablar de los sentimientos, los hombres ayudan a los chicos a verse a sí mismos como personas polifacéticas y con matices, y les transmiten el mensaje de que hablar de las emociones forma parte de lo que los chicos y los hombres deben hacer.

Además de modelar y fomentar la expresión de sentimientos incómodos, los adultos debemos estar atentos a la angustia expresada de la manera equivocada. Los chicos que creen estar obligados a ser duros emocionalmente nos harán saber de vez en cuando que están sufriendo dolor emocional quejándose de dolores de cabeza o de estómago. Otras veces expresarán sus sentimientos de malestar mostrándose físicamente agitados o agresivos con sus compañeros o sus hermanos.

Si sospechas que lo que estás viendo se debe a sentimientos incómodos, asegúrate de ello. Pregunta en tono compasivo: «¿Crees que te duele el estómago porque estás nervioso por algo?» o «No es propio de ti chinchar así a tu hermano. ¿Qué te pasa?». Intenta entablar una conversación sobre el hecho de que el mal comportamiento podría deberse a que tu hijo necesita desahogarse.

Si realmente queremos que los chicos expresen tristeza, miedo, aprensión o cualquier otra emoción que les haga sentirse expuestos, necesitan ver que los hombres adultos de sus vidas (su padre o cualquier otro hombre al que respeten) hacen lo mismo. Una de mis queridas amigas tiene tres hijos adolescentes y una gran familia que se reúne a menudo. El padre de mi amiga, el patriarca de la familia, siempre llora abiertamente en las celebraciones familiares. Cuando sus hijos bromean cariñosamente «Mira, el abuelo está llorando», mi amiga replica entusiasmada: «¡Sí, está llorando! ¡Y vosotros también deberíais llorar!».

CÓMO REFUERZAN LOS COMPAÑEROS LAS NORMAS DE GÉNERO (Y QUÉ HACER AL RESPECTO)

Llegar a la adolescencia significa pasar cada vez más tiempo con el grupo de amigos, y especialmente hacia el final de la secundaria y principios del bachillerato, con amigos del mismo sexo.[64] Es bien sabido que la divergencia de género en la expresión emocional se intensifica durante la adolescencia: las chicas son más dadas a hablar de sus sentimientos, mientras que los chicos tienden más a gestionar el dolor emocional cerrándose en banda y dependiendo solo de sí mismos. En gran parte, esto se debe al hecho de pasar más tiempo con compañeros del mismo sexo que imponen (y amplifican) las normas de género para gestionar las emociones.

Entre las chicas, esa tendencia puede adoptar la forma de pasar demasiado tiempo hablando de sentimientos. Por supuesto, hay mucho que decir sobre el hecho de que las chicas tienden a sentirse cómodas acudiendo a sus amigas en busca de apoyo. Y aunque hablar de sentimientos dolorosos puede proporcionar el alivio necesario, también puede derivar en rumiación, sobre todo en el caso de las chicas.[65] Eso es un problema. Definimos la *rumiación* como el pensamiento constante, repetitivo e infructuoso sobre un tema doloroso. Es el equivalente psicológico de hurgar en una herida.

Un sólido corpus de investigaciones demuestra que nuestras hijas son más propensas a rumiar[66] que nuestros hijos y a tener amigas dispuestas a participar con ellas en lo que llamamos *corumiación*: el análisis grupal meticuloso y bienintencionado de una herida emocional. Tal vez lo más preocupante sea que se ha descubierto que el pensamiento rumiativo contribuye a la aparición de trastornos del estado de ánimo y de ansiedad en los adolescentes.[67] Cuando los jóvenes afrontan las dificultades obsesionándose, aumentan sus probabilidades de desarrollar depresión y ansiedad.

Del mismo modo que mortificarse constantemente por sentimientos incómodos puede empeorar las cosas, negarse a reconocer la vulnerabilidad emocional también causa problemas. Por desgracia para nuestros hijos, los chicos se imponen entre ellos un código emocional de género que se resume con facilidad en una sola regla: no mostrar debilidad. En primero o segundo de primaria, algunos niños empiezan a tachar a sus compañeros de «llorones» si se muestran abiertamente angustiados o dejan entrever que se sienten heridos.

Poco después, los chicos empiezan a aspirar a una versión muy limitada de la masculinidad que evita todo lo que pueda considerarse femenino. Los chicos de secundaria y bachillerato son muy conscientes de que es muy probable que la expresión de dolor emocional o físico será recibida con acusaciones de actuar «como una chica» o con insultos sexistas y homófobos como «maricón» o «loca». Los estudios sobre la forma en que los adolescentes varones se relacionan entre ellos pintan un panorama de interacciones centradas en la provocación, las burlas y los empujones, que refuerzan una versión de la masculinidad cavernícola que no deja espacio para la vulnerabilidad emocional.[68]

Tal vez la diferencia más acusada en las normas emocionales de género para chicos y chicas sea la que se produce en torno al acto universal de llorar. Las niñas suelen sentir que pueden llorar cuando lo necesiten, y lo harán sin problemas en compañía de amigos, padres, hermanos y adultos de confianza en la escuela. Para los niños, llorar se convierte muy pronto en un tabú. Aunque es posible que los niños de preescolar no puedan evitar llorar en el colegio, algunos adolescentes me han contado que recuerdan haber sentido mucha vergüenza por llorar incluso entonces. A finales de primaria, la mayoría de los niños ya saben cómo reprimir el impulso de llorar y ocultar su lado más tierno. En la adolescencia, a veces se permite llorar a los chicos, pero solo en las condiciones más estrictas. Como me explicó un alumno de último curso de secundaria, los chicos solo pueden llorar en situaciones «realmente importantes» y grupales: por ejemplo, los jugadores de un equipo que acaban de perder un partido de fin de temporada o por la muerte de un compañero de clase.

Así, los adolescentes pueden empujar a sus compañeros a extremos poco saludables en la gestión de las emociones hablando demasiado o muy poco de sus sentimientos. Deberíamos estar atentos a esto en nuestras propias interacciones con nuestros hijos adolescentes y en lo que podamos captar de sus relaciones con sus amigos. En caso necesario, podemos trabajar en casa para compensar esos estilos de gestión emocional perjudiciales.

Con respecto a la rumiación, no tienes de qué preocuparte si tu hijo adolescente se siente mejor después de expresar con palabras sentimientos dolorosos. Si, en cambio, tienes la sensación de que seguir hablando de un problema (ya sea contigo o con sus compañeros) solo parece agravar la herida emocional, es hora de intervenir. Cuando los adolescentes empiezan a hacer girar sus ruedas psicológicas, los adultos podemos ser de gran ayuda si los animamos a tomar otro rumbo. Podría ser con una conversación que empiece así: «Me alegro de que hables de lo que te preocupa, porque eso te ayuda a sentirte mejor. Pero vamos a pensar en otras opciones. Porque a veces hablar de un problema funciona y otras veces parece que te hace sentir peor».

Los adolescentes suelen ser tremendamente solidarios entre sí. Eso es maravilloso y admirable, pero esto también puede llevar a que se queden despiertos hasta altas horas de la noche, sacrificando sus propios deberes y su descanso, para hablar o mensajearse con un amigo que está sufriendo. Si sabes o empiezas a sospechar que eso está ocurriendo en tu casa, harás bien en intervenir. Empieza por reconocer lo mucho que respetas la generosa entrega de tu hijo adolescente, pero enséñale esta norma: los amigos no dejan que los amigos corumien. Pide a tu hijo adolescente que tenga en cuenta que estar siempre dispuesto a hablar de los problemas de su amigo podría contribuir a mantener vivo el problema o impedir que el amigo lo deje atrás o busque ayuda profesional.

Si, como ocurre en ocasiones, el amigo ya tiene un terapeuta, pero sigue apoyándose mucho en tu hijo para pedirle consejo, dile algo así: «Está bien que apoyes a tu amigo mientras trabaja en su depresión, pero si te sientes impotente o superado, pregúntale si le está contando a su terapeuta todo lo que te cuenta a ti». Por mucho que los adolescentes quieran estar disponibles los unos para los otros, también entienden que establecer unos límites adecuados es una parte importante del cuidado de un amigo que está sufriendo.

Mientras que las chicas pueden necesitar ayuda para establecer límites con las amigas que comparten demasiado, los chicos suelen tener el problema contrario. Los adultos deben abordar el hecho de que los chicos se animan entre ellos a adoptar la independencia emocional y el estoicismo como rasgos definitorios de su incipiente masculinidad. Una amiga mía, madre de un niño de quinto curso, encontró un buen punto de partida para tener esa conversación cuando su hijo mencionó que uno de sus compañeros había roto a llorar en el recreo. Mi amiga empezó preguntándole a su hijo, atento y empático, qué opinaba de la situación (se sintió fatal por el niño), y a continuación profundizó preguntándole por qué se sentía tan mal por su compañero.

Resultó que a su hijo le preocupaba más que su compañero hubiese pasado «vergüenza» por llorar que el motivo de las lágrimas. Sin esperar ninguna respuesta, ella aprovechó la oportunidad para decirle que sentía mucho que a los chicos no se les permita mostrar sus sentimientos de dolor en el colegio, porque tienen tanto derecho como las chicas a expresarlo y a recibir apoyo. En realidad, decirles a nuestros hijos que los chicos no deben avergonzarse de mostrar miedo, tristeza, dolor o ansiedad delante de sus compañeros no les va a ayudar a sentirse cómodos para lanzarse a hacerlo. Son muy conscientes de los riesgos de actuar «como una chica» y es comprensible que se muestren reacios a bajar la guardia. No obstante, no está de más recordar que el problema no es exponer la vulnerabilidad, sino las normas que prohíben hacerlo.

Mantén los oídos bien abiertos para detectar si tu hijo comenta (aunque sea de broma) que un chico es un «nenaza», un «niño de mamá» o cualquier otro insulto por el estilo. O busca casos en programas de televisión o películas en los que los chicos o los hombres se ridiculicen entre ellos por expresar emociones «débiles». Cuando te encuentres con este tipo de ejemplos, di algo así: «Creo que ya lo sabes, pero voy a decirlo de todos modos: está mal burlarse de un chico por el hecho de que muestre su disgusto. No debes hacerlo nunca. Y si ves que alguien le hace pasar un mal rato a un chico dolido, tienes que ser comprensivo con ese chico que está sufriendo o decirle al otro que pare, o puedes hacer ambas cosas».

Si pruebas esto en casa, no te sorprendas si tu hijo adolescente responde encogiéndose de hombros o poniendo los ojos en blanco. Ningún adolescente que se precie responderá a un comentario de este tipo con un «Me alegro mucho de que hayas sacado el tema y te agradezco mucho tus sugerencias». No supone un problema siempre que recordemos que nuestro objetivo no es acabar con las sandeces machistas en general, sino asegurarnos de que nuestros hijos recuerden nuestras palabras cuando presencien algún tipo de actuación machista o piensen siquiera en participar en ellas. Los adolescentes pueden dar muestras de indiferencia ante nuestros consejos y aun así asimilar lo que les decimos. Como madre de dos adolescentes, me parece que funciona mejor para todos los implicados si recibo su encogerse de hombros o sus ojos en blanco como una forma no verbal de decir «Te he oído».

LAS RAÍCES DEL ACOSO

Cuando llegan a la adolescencia, nuestros hijos e hijas tienden a ocupar dos mundos emocionales muy distintos. Las chicas tienen que sentirse plenas. Los chicos tienen que ser duros. En la adolescencia, las chicas circulan por una autopista emocional amplia, mientras que nuestros hijos adolescentes se limitan a un carril cada vez más estrecho. A medida que los chicos avanzan hacia la madurez, se enfrentan a continuas presiones para ocultar cualquier emoción que pueda ser clasificada como femenina o «débil», y algunos empiezan a demostrar su hombría menospreciando a las chicas y a las mujeres. A pesar de las numerosas ventajas sociales que conlleva el hecho de ser varón, resulta sencillo pasar por alto que los chicos se sienten acorralados por las expectativas de género en torno a las emociones. Si bien nuestras hijas lo tienen mejor que nuestros hijos en lo que se refiere a la libre expresión de sus sentimientos, tanto ellos como ellas pagan un precio por el hecho de que nuestros hijos varones crezcan en una cultura que los deja desorientados cuando se sienten heridos o inseguros.

Hace varios años di unas charlas en un centro privado mixto de Pensilvania. Entre mi reunión de la tarde con el profesorado y mi presentación de última hora para los padres, cené temprano con un profesor de secundaria, el director de la escuela y el bibliotecario. La conversación acabó girando en torno a un incidente reciente que, comprensiblemente, había preocupado a muchos alumnos y adultos del centro. El bibliotecario había descubierto que un grupo de chicos del instituto estaban distribuyendo un documento digital en el que clasificaban a sus compañeras de clase según «puterío», «buenorrismo» y «follabilidad».

El director comentó que, además de castigar a los participantes, estaba buscando un buen programa contra el acoso para añadirlo al plan de estudios del instituto.

—Lo que hicieron fue totalmente inaceptable —señaló—, pero ni a ellos ni a la mayoría de sus compañeros les pareció para tanto.

Estaba ansioso por encontrar el modo de cambiar las normas en torno al comportamiento misógino, pero se dio cuenta de que tal vez era imposible evitar futuros incidentes como aquel. De todos modos, añadió:

—Tenemos que encontrar la manera de desafiar esa cultura escolar que parece sentirse cómoda con comportamientos increíblemente degradantes.

Le dije que no podía estar más de acuerdo, pero que pensaba que el instituto era demasiado tarde para empezar a abordar el problema.

—Los niños ya acosan a las niñas en sexto curso —comenté—, si no antes.

El profesor asintió con la cabeza.

– Si se quiere prevenir este tipo de comportamiento degradante, hay que abordarlo a partir de quinto curso como muy tarde. Y, sinceramente, tenemos que ayudar a los padres a empezar todavía antes. Mientras los chicos no sepan cómo manejar el sentimiento de inseguridad, empezarán a degradar a las chicas a los once años o antes.

Cuando los chicos preadolescentes empiezan a maltratar a las chicas, casi siempre culpamos de su comportamiento a los contenidos sexistas de las películas, la televisión, los videojuegos o los medios en línea que consumen. Esas influencias pueden ser un factor, pero existe otro motivo que tendemos a pasar por alto: en secundaria, los chicos se ven superados de manera repentina y muy evidente por sus compañeras de clase. Ese desarrollo brusco (y alarmante para algunos chicos) puede explicarse por el hecho de que nuestras hijas llegan a la pubertad alrededor de dos años antes que nuestros hijos.[69] La ventaja en el desarrollo de las niñas tiene importantes implicaciones físicas y cognitivas.

De los once a los trece años, la niña media es más alta que el niño medio.[70] A esas edades, muchas chicas corren tan rápido y saltan tan alto como los chicos de su clase.[71] Los niños suelen lanzar más lejos y con más fuerza que sus compañeras (probablemente debido a la práctica), pero si un chico de sexto, séptimo u octavo curso reta a una chica a una carrera, es muy probable que pierda. Para los chicos que empiezan a definir la masculinidad en términos de ser grandes, fuertes y, sobre todo, mejores que las chicas, la acción en el recreo puede resultar humillante.

Lo que ocurre en el aula puede empeorar las cosas todavía más. La pubertad también supone experimentar «un estirón» en el desarrollo cerebral[72] que sitúa a las chicas de secundaria unos dos años por delante de los chicos en su funcionamiento intelectual y cognitivo. Las chicas sacan mejores notas que los chicos,[73] como viene ocurriendo desde primaria, y su nueva capacidad mental les permite pensar de forma cada vez más sofisticada.[74] A menos que a un chico preadolescente le toque la lotería del desarrollo y llegue a la pubertad antes de tiempo, no cuesta imaginar lo difícil que le puede resultar sentirse bien consigo mismo en la escuela. Un niño de séptimo me dijo: «Para los chicos no hay nada peor en el mundo que una chica te gane».

Así, los chicos de secundaria se encuentran atrapados en una tormenta emocional perfecta. Reciben palizas de chicas a diestro y siniestro; muchos adoptan una noción de masculinidad que hace que perder contra una chica resulte especialmente humillante, y no se sienten seguros expresando sentimientos de vulnerabilidad. No todos los chicos lo llevan bien. Por desgracia, el subgrupo de chicos que sienten que sus formidables compañeras de clase les hacen parecer «débiles» intentarán manejar la situación humillándolas.[75]

Es cierto que las chicas pueden ser crueles entre ellas en secundaria, pero los estudios demuestran que los chicos son sus principales antagonistas. En sexto curso, los niños son los más propensos a burlarse, asustar o hacer todo lo posible por molestar a las chicas de su clase.[76] En séptimo, si no antes,[77] los chicos empiezan a darle un toque sexual a su acoso, por lo general con bromas, comentarios o gestos obscenos[78] y, en ocasiones, agarrando físicamente a sus compañeras.[79] Cuando eso ocurre, algunos adultos se centran en la naturaleza sexual de ese comportamiento y pasan por alto el acoso por considerarlo una forma torpe o equivocada de flirteo. Eso es un error. El acoso sexual es una cuestión de poder a cualquier edad. Los chicos que tratan a las chicas de forma degradante están abusando de su poder cultural para intentar quedar por encima y aliviar sus propias inseguridades. De hecho, las investigaciones demuestran que cuando los chicos acosan a las chicas, lo más habitual es que sean los menos populares de la clase los que maltratan a las chicas más populares.[80]

Es una situación terrible para todos los implicados. No es bueno que un chico intente mantener su autoestima menospreciando a las chicas. Peor todavía es que descubra que realmente se siente más poderoso cuando humilla a las chicas. Ahí se sientan las bases para que el joven busque su autoestima a través de un comportamiento agresivo y sexista. En resumen, se dispone a tomar el último camino que querríamos que tomasen nuestros hijos.

Y, por supuesto, para las chicas no es bueno recibir los malos tratos de sus compañeros. Como cabría esperar, las chicas experimentan una angustia psicológica considerable como consecuencia del acoso sexual,[81] y es probable que ese acoso contribuya al alarmante y comprobado descenso de la autoestima entre las adolescentes.[82]

LOS ADOLESCENTES Y LA AUTOESTIMA

Así, ¿cómo ayudamos a nuestros preadolescentes y adolescentes a sentirse bien consigo mismos durante la secundaria? No queremos que nuestros hijos atormenten a las chicas porque se sienten inseguros, ni que nuestras hijas pierdan la confianza en sí mismas por culpa del acoso de los chicos. ¿La mejor opción? Ayudar a todos los adolescentes a desarrollar una autoestima sólida.

La idea de cultivar la autoestima en los niños tiene un pasado accidentado. Se asoció con dar premios a todo el mundo por todo y con cubrir a los niños de afirmaciones vacías. No hablo de eso. El verdadero sentido de la autoestima no viene de decirles a nuestros hijos que son especiales o importantes. Los adolescentes se sienten bien consigo mismos por sus logros bien merecidos y sus contribuciones significativas.

Algunos preadolescentes y adolescentes destacan en sus estudios, en el deporte, en alguna disciplina artística, en actividades extraescolares o en sus trabajos. Sin embargo, no todos brillan en entornos convencionales, e incluso los que lo hacen tendrán días en los que las cosas no vayan bien. En consecuencia, todos los jóvenes deberían contar con formas de sentirse bien consigo mismos que sean capaces de controlar.

Una manera fiable de desarrollar la autoestima consiste en ayudar a los demás. Los preadolescentes y los adolescentes pueden hacerlo cuidando a sus hermanos pequeños o a sus mascotas, llevando a cabo tareas que supongan una contribución real a la buena marcha del hogar o participando en un voluntariado, entre otras muchas cosas. La autoestima de los jóvenes puede ser frágil. Cuando un deportista estrella hace un mal partido o cuando un buen estudiante suspende un examen, es fácil que se sientan fatal. Pero cuando nuestros hijos se convierten en personas útiles, ocurren dos cosas buenas a la vez. En primer lugar, su atención se desvía hacia fuera y dejan de preocuparse por sus propios problemas y defectos. En segundo lugar, toman conciencia de todo lo que pueden ofrecer. Como se suele decir, es difícil estar triste y ser útil al mismo tiempo.

Además de ser útiles, los preadolescentes y los adolescentes también se benefician cuando tienen tiempo para actividades significativas e importantes para ellos y que no se hacen por una nota, para recibir elogios o para sus solicitudes para la universidad. He visto a adolescentes entregados en serio a tejer, hacer malabares, cocinar y aprender bailes tradicionales. Conozco a una violinista adolescente que tocaba con una orquesta juvenil local, pero de lo que más orgullosa se sentía era de su capacidad para aprender a tocar canciones pop por su cuenta y solo para sí misma. Los jóvenes parecen desarrollar una forma especialmente sólida de autoestima cuando perfeccionan una habilidad o un oficio que deciden desarrollar por sí mismos y no, como ocurre a menudo, porque se les dice o se espera que lo hagan.

Sin embargo, habrá ocasiones en las que nuestros hijos no se sientan a gusto en comparación con sus compañeros o deseen que sus habilidades se desarrollen con más rapidez. En esos momentos puede ser muy útil recordarles que llegar a ser bueno en algo requiere tiempo, y que el esfuerzo y la constancia les ayudarán a alcanzar sus metas.

Para proteger la autoestima en secundaria, debemos trabajar para ayudar a nuestros hijos a tener fuentes fiables de autoestima ya en los últimos cursos de primaria. Cuando los chicos se sienten bien con lo útiles que son y disfrutan cultivando sus intereses y habilidades, les resulta más fácil superar el intervalo en el que les costará seguir el ritmo de las chicas en la escuela. Las chicas, por su parte, necesitan fuentes fiables de autoestima para cuando lleguen a la pubertad y se enfrenten a toda una serie de nuevos retos. Además de sufrir el acoso de los chicos en la escuela, las chicas no pueden evitar tomar conciencia de las presiones culturales más amplias relacionadas con su aspecto y su atractivo. Las chicas que hacen contribuciones significativas y desarrollan sus habilidades cuentan con formas fiables de sentirse bien consigo mismas a medida que avanzan hacia la adolescencia, etapa en la que se encontrarán inevitablemente con comentarios que sugieren que sus envoltorios son mucho más importantes que su contenido.

En cuanto al acoso, no pierdas de vista cómo define tu hijo la masculinidad y habla con él en términos concretos sobre lo que significa ser varonil. Déjale claro que los «hombres de verdad» no tienen necesidad de burlarse, presionar, degradar o humillar a los demás. Por el contrario, se enorgullecen de ser educados, respetuosos, considerados y rápidos en defender a cualquiera que esté siendo maltratado. Deberíamos tener una conversación sobre el acoso sexual en sexto curso o antes con todos los adolescentes, chicos y chicas. Considera la posibilidad de decir algo así: «Odio decir esto, pero dentro de poco algunos chicos empezarán a hacer que otros chicos se sientan mal con sus cuerpos, o les harán sentir incómodos diciéndoles cosas sexuales. Si te ocurre a ti o a un amigo, dímelo. Ese comportamiento es totalmente inaceptable y estoy aquí para ayudar». Cuando los adolescentes compartan noticias de acoso, piensa cuál es la mejor manera de alertar al centro educativo y haz que se cumpla la expectativa de que el acoso sexual se tratará como el comportamiento de abuso que es.

MÁS ALLÁ DEL BINARISMO DE GÉNERO TRADICIONAL

En los últimos diez años se ha producido un cambio radical en la expresión y la aceptación de las identidades de género no tradicionales entre los adolescentes. En muchas comunidades ya no es raro que haya adolescentes que se identifiquen como personas de género fluido, no binarias, sin género o transgénero (un grupo de identidades de género que, en el momento de escribir estas líneas, se conoce como *género expansivo*).[83] Es posible que muchos adultos estén intentando ponerse al día con este gran salto cultural, pero los jóvenes tienden a acoger el cambio de visión de las normas de género tradicionales como algo normal y que llega con retraso.

Si eres padre o madre de un adolescente que cuestiona o expande su género, sea cual sea tu opinión sobre su condición de género no tradicional, tu primera tarea consiste en proteger su salud mental y física. A pesar de la creciente aceptación, los adolescentes que no encajan en las categorías de género tradicionales todavía se encuentran en una situación difícil. Pueden sentir la necesidad de sacrificar su verdad para ajustarse a las normas de género arraigadas o pueden mostrarse tal como son y enfrentarse al cuestionamiento, la estigmatización, la discriminación, la hostilidad e incluso el riesgo de violencia física que en ocasiones acompañan a esa autenticidad. Otra posibilidad es que experimenten un prolongado estado de incertidumbre y tengan que hacer malabares con sus propias preguntas y las de los demás sobre su identidad. Dada la situación a la que se enfrentan, no es raro que estos adolescentes sufran y, como resultado, presentan tasas más elevadas de consumo de sustancias, depresión, ansiedad y pensamientos y conductas suicidas que sus compañeros de género convencional.[84]

Si un adolescente necesita apoyo profesional, como es comprensible en el caso de muchos adolescentes que expresan una identidad de género no tradicional, los padres pueden colaborar poniéndolos en contacto con profesionales experimentados y sensibles. Si los adolescentes manifiestan interés por intervenciones biológicas (como tomar medicamentos para suprimir la pubertad, someterse a un tratamiento hormonal mixto o a procedimientos quirúrgicos de reafirmación del género), las familias no tienen por qué sopesar esas complejas decisiones en soledad. Muchas comunidades disponen de clínicas universitarias con departamentos especializados en la atención a adolescentes de género expansivo. Esos departamentos cuentan con equipos multidisciplinares formados por profesionales de la medicina y de la salud mental y por especialistas en cuestiones de género que velan por la seguridad y el bienestar de los adolescentes al tiempo que aplican métodos de atención basados en la investigación. Los padres y madres no deben dudar en recurrir a la experiencia y los conocimientos de estos profesionales si surgen preguntas difíciles.

Tu segunda tarea consiste en proteger la relación con tu hijo adolescente. Lo mejor es tratarlo como el conductor de su propio coche de género, y verte a ti mismo como copiloto cariñoso que le acompaña en el viaje. Los adolescentes pueden saber o no hacia dónde se dirigen en última instancia en lo que respecta al género, y los padres no podemos saber ni controlar dónde acabarán. Sí tenemos mucho que decir sobre cómo se sienten consigo mismos y su relación con nosotros durante el viaje.

Así pues, ¿cómo se mantiene una relación sana con un adolescente que cuestiona o expande su género? Para empezar, no confundiendo la identidad de género con la orientación sexual. La gente a veces mezcla erróneamente la expresión de una identidad de género no tradicional con declararse gay o lesbiana, bisexual o pansexual (atraído por todos los géneros). Lo cierto es que la identidad de género y la orientación sexual son independientes. Dicho de otro modo, el género que las personas sienten que son no tiene nada que ver con quién les resulta sexualmente atractivo. Cuando los adolescentes expresen una identidad de género no tradicional, recuerda que están compartiendo información sobre quiénes son, no sobre quién les atrae para tener una relación.

Además, no les digas que solo están «pasando por una fase». En realidad, la identidad de género tiende a evolucionar con el tiempo para todo el mundo. Una mujer o un hombre de mediana edad probablemente no le dé el mismo significado a ser femenino o masculino que cuando era más joven. Pero cómo, cuándo o si la identidad de género evoluciona es algo muy personal que no se puede saber desde fuera. Decir a los adolescentes que superarán sus identidades de cuestionamiento o expansión del género será recibido casi con toda seguridad como algo invalidante, hiriente y señal de rechazo.

Lo ideal es que los padres respondan con empatía, sin reacciones bruscas, a la noticia de la identidad de género no tradicional de su adolescente. Por ejemplo, podrían decir: «Me alegro mucho de que sientas que puedes contármelo». Si, por el contrario, te pilla desprevenido, decir «Lo que estás compartiendo es muy importante. Probablemente no te sorprenda que necesite algo de tiempo para asimilarlo» es mejor que soltar algo como: «¿A qué viene eso?». Del mismo modo, responder «Me importas mucho y me preocupa que los demás te hagan daño» es mejor que decir, por ejemplo: «¿Qué va a pensar la gente?». Y asegurarle que le quieres, diciendo «Te queremos a ti, no a tu género», es mejor que exclamar: «¡Pero si siempre has sido mi hijo!». Los padres que tienen una reacción instintiva o que se dan cuenta *a posteriori* de que han dicho algo de lo que se arrepienten pueden y deben intentar enmendarlo. He aquí una sugerencia para empezar: «Ahora me doy cuenta de que respondí de una manera que debió de herirte. Necesitaba tiempo para pensar en lo que dijiste; había mucho que asimilar. Lo siento y te pido perdón».

Esto no significa que las madres y los padres no tengan sus propias dudas, preocupaciones, miedos y recelos sobre la identidad de género no tradicional de su adolescente. Puede que se sientan ansiosos por el futuro y la seguridad de su hijo, que se inquieten por no saber lo que le espera en ese camino con el género y que se pregunten qué ha «causado» la identidad no tradicional de su hijo adolescente. Algunos padres lamentan la pérdida de las convenciones de género largamente esperadas (como acompañar a su hija al altar en su boda), y también pueden enfrentarse al hecho de tener que reconciliar su amor por su hijo con sus propias suposiciones previas o con sus creencias religiosas o culturales.[85]

Si la identidad de género de tu hijo pone a prueba vuestra relación, busca el asesoramiento de un terapeuta familiar que ayude a proteger la importantísima salud mental de tu hijo y su relación contigo. Las investigaciones demuestran que los adolescentes que sienten que sus padres apoyan y afirman su identidad de género no tradicional tienen una salud mental mucho mejor que los que no se sienten apoyados o perciben rechazo en casa.[86] Los padres también pueden buscar apoyo profesional para ellos mismos, ya que a los que disponen de un lugar donde procesar sus propios sentimientos sobre la identidad de género no tradicional de su hijo o hija adolescente les resulta más fácil mantener el vínculo con ellos en casa.

Para los adolescentes, las normas de género de la sociedad pueden ser un obstáculo importante para contactar con sus propias emociones o gestionar sus sentimientos de forma eficaz. Como padres, debemos oponernos a las expectativas culturales que pretenden limitar lo que «se supone» que nuestros hijos e hijas deben sentir y lo que pueden expresar. Nuestro objetivo, por supuesto, consiste en ayudarlos a abrazar toda la gama de sus experiencias emocionales (y, dado que son adolescentes, esos estados de ánimo son complejos). Vamos a centrarnos, por tanto, en entender la agitación emocional característica de la adolescencia.

Capítulo 3

UN CAMBIO RADICAL: CÓMO LA ADOLESCENCIA DA UN NUEVO GIRO EMOCIONAL A LA VIDA COTIDIANA

Un día de enero, entre semana, quedé con mi amiga Valerie para comer en nuestro restaurante favorito. Es un lugar con grandes ventanales, un personal amable y un *wrap* de pollo al curri que siempre da en el clavo. Nos estábamos quitando nuestros pesados abrigos de invierno cuando Valerie soltó:

—Estuve a punto de escribirte en vacaciones, pero no quería molestarte en Navidad. Las cosas se pusieron muy intensas en casa.

—Bueno, ya sabes que para ti siempre estoy... Pero ¿qué pasó? —pregunté—. ¿Estáis todos bien?

—Sí, ahora parece que está todo bien. Aunque, sinceramente... Nat ha sido un «desastre total» durante todas las vacaciones.

Nat (Natalie) es la hija de Valerie. Acababa de cumplir trece años. Conocía a Nat desde que estaba en preescolar, y siempre me había parecido de esas niñas con un mundo interior muy intenso. Era dulce, introvertida y maravillosamente creativa, una gran artista que imaginaba criaturas fantásticas y les daba vida con detallados dibujos a color. Dado lo que sabía de Nat, no esperaba oír a su madre describiéndola como un «desastre total».

—Empezó el día de Navidad —dijo Valerie—. Después de abrir los regalos en casa, fuimos a casa de mis padres, donde intercambiamos regalos con ellos y la familia de mi hermana.

Valerie me explicó que los abuelos de Nat solían regalarle ropa por Navidad, y que ella misma les aconsejaba sobre lo que la niña podría querer.

—Le regalaron una sudadera muy bonita y una chaqueta tejana, pero enseguida me di cuenta de que estaba muy muy muy decepcionada. Nat mantuvo la compostura, pero se vino abajo en cuanto subimos al coche.

Valerie me contó que empezó a llorar de camino a casa y continuó llorando de manera intermitente durante el resto del día.

—No le gustó la ropa que le regalaron, pero ese no era el verdadero problema. El problema era que estaba enfadada consigo misma por no apreciar los regalos. Además, ¡se disgustó consigo misma por estar tan enfadada! Sinceramente, fue horrible. Nada de lo que hiciésemos o dijésemos parecía ayudar, y Nat estaba tan extrañada como nosotros por su crisis. En un momento dado, se quedó doblada sollozando en el salón, repitiendo que no entendía por qué estaba tan destrozada o por qué era incapaz de calmarse.

—¿Cuánto duró? —pregunté afectuosamente.

—Se calmó a la hora de cenar, y las cosas fueron bastante normales durante una semana.

—¿Y luego qué pasó?

—Teníamos planeado quitar el árbol y los adornos de Navidad el último domingo de vacaciones, como hacemos siempre. Ponemos música navideña, todo el mundo participa y siempre es un momento muy agradable. Sin venir a cuento, Nat volvió a derrumbarse. Empezó a llorar, y en esa ocasión el problema era que no quería que se acabara la Navidad. Lo más duro (y por eso estuve a punto de llamarte) fue que no paraba de decir que se sentía «como una loca». Sabía que despedir la Navidad no era para tanto, pero no podía dejar de llorar.

—Me siento fatal por ella —dije—. Es horrible derrumbarse así, y es todavía peor para los chavales cuando no entienden lo que está pasando. Esto es lo que te puedo decir, y es algo que tal vez quieras compartir con Nat: su crisis navideña fue el resultado de una nueva etapa en la que el cerebro está un poco torpe.

UN CEREBRO EN PLENA CONSTRUCCIÓN

Los psicólogos dividen el desarrollo del niño y el adolescente en tres grandes etapas. La primera etapa, la primera infancia, abarca desde el nacimiento hasta los cinco años y se caracteriza por una gran intensidad emocional, como bien saben quienes tienen hijos. Los bebés lloran, los niños pequeños tienen rabietas y los preescolares siempre están listos para una lucha de poder. A la primera infancia le sigue una etapa que llamamos de *latencia*, que va de los seis a los diez años. En esta fase, las emociones sobrecargadas están en hibernación, como indica el nombre de la etapa. Los niños en edad de latencia tienden a ser equilibrados, tranquilos y muy divertidos para los padres. En ocasiones se ponen muy nerviosos o se enfadan mucho, pero en general son capaces de gestionar sus sentimientos con bastante eficacia, ya sea solos o con nuestro apoyo. Y entonces, en torno a los diez u once años, cuando la latencia da paso a la adolescencia, las potentes emociones que habían permanecido en silencio vuelven de repente a escena con toda su fuerza.

«Un momento —estarás pensando—, ¿de verdad estás diciendo que la adolescencia empieza a los once años?». De hecho, la palabra *adolescente* en inglés, *teenager*, sugiere que no deberíamos esperar un comportamiento adolescente hasta los trece años. Así, muchos padres se sorprenden cuando su hijo de quinto o sexto de repente deja de abrazarlos, busca más intimidad y se enfada cuando le llaman «cosita bonita» o cualquier otra expresión cariñosa hasta entonces aceptable. No obstante, los psicólogos sitúan el comienzo de la adolescencia a los diez u once años porque para entonces la pubertad ya está en marcha para muchos niños y niñas. E incluso antes de que se manifiesten los signos físicos externos de la pubertad, el cerebro adolescente empieza a experimentar una importante renovación fisiológica.[1]

Si la adolescencia comienza a los diez u once años, tal vez te preguntes cuándo termina. La respuesta depende del aspecto de la adolescencia que midamos. Si nos centramos en el momento en que los jóvenes suelen ser más independientes y autosuficientes, probablemente marcaríamos el final de la adolescencia en torno a los diecinueve años, como indica la Organización Mundial de la Salud.[2] Pero si nos enfocamos en el desarrollo cerebral, diríamos que a los veinticuatro años, porque es entonces cuando los cambios neurológicos que comienzan en la adolescencia se completan definitivamente.[3]

De hecho, si pudiéramos hacer un recorrido por el interior del cerebro de un adolescente, nos encontraríamos con un enorme proyecto de recableado en marcha. Transformar un cerebro infantil en uno adulto implica añadir una enorme cantidad de neuronas, las células altamente especializadas que transmiten información por todo el cerebro y el cuerpo. Aunque el cerebro genera nuevas neuronas a cualquier edad, los adolescentes las forman a un ritmo cuatro o cinco veces superior al de los adultos.[4] Al mismo tiempo que el cerebro adolescente forma nuevas neuronas, también elimina las que apenas utiliza (un proceso conocido como *poda*) a un ritmo que no tiene parangón en ningún otro momento de la vida.[5]

Imaginar que las neuronas son como cables que reciben y envían información nos ayuda a entender otro proceso de mejora que también tiene lugar en el cerebro durante la adolescencia: el aumento de la mielinización. Como los coloridos revestimientos de plástico que aíslan los cables eléctricos, la mielina es una sustancia grasa que rodea cada una de las neuronas. La llamada *vaina de mielina*, al aislar las neuronas, acelera la transmisión de los impulsos eléctricos que estas utilizan para comunicarse entre ellas.[6]

Al final de la adolescencia, el cerebro ha sido revisado y mejorado. Los procesos combinados de adición y poda de neuronas y la mejora de las vainas de mielina hacen que el cerebro adolescente sea más rápido, potente y eficaz que nunca.

Sin embargo, progenitores y adolescentes deben saber que esa importante renovación neurológica no se produce de manera uniforme en todo el cerebro.[7] Primero se dirige a las regiones inferiores, las antiguas desde el punto de vista de la evolución, y solo después aborda las superiores, más sofisticadas.

Una de las primeras zonas que se renueva es el sistema límbico. Situado en las profundidades del cerebro, alberga la amígdala, una estructura encargada de evaluar la información entrante y generar emociones. Más tarde, el proyecto de renovación pasa a la región prefrontal del cerebro, responsable de la planificación, la toma de decisiones y el mantenimiento del sentido de la perspectiva. Aunque gran parte de la maduración cerebral llega a su fin durante la adolescencia, puede ocurrir que esta fase final de la transformación no se complete hasta los veinticuatro años, como ya he mencionado.[8]

Cuando describí el cerebro de Nat como «torpe», intentaba transmitir la naturaleza irregular del desarrollo neurológico normal. A los trece años, los centros emocionales de su cerebro acaban de renovarse y, por tanto, son capaces de aplastar los centros de mantenimiento de la perspectiva (que resultan débiles en comparación), a los que todavía les faltan años para alcanzar la plena madurez. Así, el desarrollo neurológico desigual que tiene lugar en adolescentes jóvenes como Nat crea condiciones que pueden convertirlos fácilmente en «desastres» emocionales.

Tras explicarle a Valerie esos cambios en el cerebro adolescente, la tranquilicé:

—La buena noticia —le dije— es que la potencia de las emociones de Nat se calmará pronto.

—¿En serio? Es que acaba de entrar en la adolescencia. ¿Cómo sé que sus crisis no empeorarán a partir de ahora?

—Puedo decirte, por las investigaciones y por mi propia experiencia clínica, que la intensidad emocional alcanza su punto álgido en torno a los trece o catorce años, y a partir de ahí va disminuyendo poco a poco.[9]

—Es un gran alivio oírte decir eso —me dijo Valerie—. Nos pasamos las vacaciones pensando que eso era lo que nos esperaba si los cambios de humor de Nat acababan de empezar. Es bueno oír que su emocionalidad podría estar ya en su nivel máximo.

Valerie reflexionó un momento antes de añadir:

—Pero si su cerebro no estará desarrollado por completo hasta los veinticuatro años, ¿actuará como una adolescente durante once años más? No puede ser.

—Cierto, en realidad no es así. La gente suele madurar extraordinariamente mucho antes de llegar a la edad adulta. Las regiones sofisticadas de su cerebro se están desarrollando, solo que van un poco por detrás de los centros emocionales antiguos.

Le comenté a Valerie que siempre me molesta que la gente menosprecie a los adolescentes de entrada diciendo que sus cerebros no están desarrollados por completo. Si bien esto es cierto en el sentido más técnico, resulta imposible echar un vistazo a algunas de las obras de arte, programas informáticos, piezas de música o trabajos de inglés de nivel avanzado producidos por estudiantes de secundaria y sugerir que no son el producto de personas con un cerebro muy desarrollado.

—De hecho —continué—, a los quince años, Nat será capaz de razonar tan bien como tú o como yo, siempre que no esté nerviosa. El único problema es que la parte prefrontal de su cerebro probablemente no alcanzará su plena capacidad hasta que sea una joven adulta. Hasta entonces, su capacidad para mantener la perspectiva puede verse afectada si tiene una reacción emocional muy fuerte.

—Es bueno saberlo —dijo Valerie, aliviada—, y Nat también se alegrará de oírlo. Estaba bastante asustada por sus crisis y estoy segura de que se sentirá mucho mejor cuando tenga una manera de dar sentido a lo que le está pasando. También se alegrará de saber que sus emociones no estarán tan fuera de control durante mucho tiempo.

—Sí —añadí—, las cosas deberían calmarse. Pero ahora que es adolescente, las dos estáis entrando en un paisaje emocional totalmente nuevo.

POR QUÉ TU HIJO ADOLESCENTE ODIA CÓMO MASTICAS

Hace unos años recibí un mensaje en el buzón de voz de mi consulta de una madre llamada Rachel. Parecía estar al límite.

«He intentado que mi hija Anna acepte ir a terapia —explicaba—, pero se niega en redondo. Así que me pregunto si mi marido y yo podemos concertar una cita con usted, porque desde que Anna empezó octavo, la vida en casa es horrible. No sabemos qué hacer, pero tenemos que hacer algo».

Siempre estoy encantada de reunirme con los padres, y casi siempre resulta mucho más productivo reunirse con adultos que quieren ayuda que con una adolescente que ha decidido que no la quiere. Llamé a Rachel y concertamos una cita a la hora de comer que les fuese bien a ella y a su marido.

Rachel, una mujer de unos cuarenta y cinco años cuyo pelo oscuro tenía un bonito mechón gris en la parte delantera, abrió la conversación.

—Conseguí tu contacto a través del orientador del colegio de Anna, y creo que lo primero que debes saber es que se extrañó de que estuviese buscando ayuda. Cuando le expliqué que Anna estaba siendo increíblemente desagradable en casa, bromeó diciendo que no estaba seguro de que estuviésemos hablando de la misma chica. Dijo que en el colegio era estupenda (amable, atenta, divertida) y que sus profesores suelen decir que ojalá tuvieran diez niños más en clase como ella.

—Es útil saberlo —comenté—. ¿Y qué pasa en casa?

Mark, el marido de Rachel, intervino:

—Es cierto que es una buena chica. Pero es bastante fría y grosera con nosotros.

Mientras hablaba, Rachel sacudió ligeramente la cabeza en un gesto que parecía una mezcla de frustración y desesperación. Mark se ajustó las gafas antes de añadir:

—En realidad, Rachel se lleva la peor parte. Anna no la paga conmigo tanto como con su madre.

Ella asintió, totalmente de acuerdo.

—¿Podríais darme un ejemplo de lo que está pasando? —pregunté.

—Claro —respondió Rachel. Después de reflexionar un momento, dijo—: Vale, aquí va uno. Puede parecer poca cosa, pero a mí me sentó fatal. Estaba trabajando en el salón con el ordenador mientras Anna esperaba a una amiga. Primero, me preguntó si iba a quedarme en el salón o si pensaba irme a trabajar arriba. Le dije que no tenía intención de moverme de allí. Entonces me dijo que quería que me cambiase de ropa antes de que llegase su amiga porque lo que llevaba era «cutre». No me lo podía creer, se comportaba como una niñata malcriada.

—¿Qué hiciste? —le pregunté.

Rachel me explicó que se negó a cambiarse de ropa o a irse arriba, y que Anna tomó represalias haciéndole el vacío durante el resto del día.

—Aquí va otro ejemplo —dijo a continuación—. Anna empezó a ver *The Great British Baking Show* hace unas semanas y ahora le ha dado por la repostería. A mí se me da bastante bien y es algo que solíamos hacer juntas cuando era pequeña. El otro día la vi comprobando la fecha de caducidad del bicarbonato, así que empecé a explicarle el proceso químico por el que se estropea. Inmediatamente adoptó una actitud arisca y dijo, casi gritando: «¡Por Dios, mamá, para!». Luego salió de la cocina hecha una furia como si yo hubiese hecho algo horrible.

—Ya veo —dije con empatía—. ¿Qué habéis hecho al respecto hasta ahora?

Respondió Mark:

—Los dos le hemos dicho que su comportamiento está totalmente fuera de lugar, pero no ha servido de nada. Y nos hemos enfadado con ella, pero entonces se encierra en su habitación. Al final, cuando sale, actúa como si no hubiera pasado nada. También hay muchas veces en las que se comporta como la niña que recordamos, la que nos quiere y disfruta estando con nosotros. Pero es como si viviésemos con el doctor Jekyll y míster Hyde. Nunca sabemos quién va a salir de su habitación.

—El otro día me harté tanto de ella —añadió Rachel— que le dije que tenía que ir a terapia para averiguar cuál era su problema. Obviamente, no sirvió de nada. Así que aquí estamos.

Mientras escuchaba la descripción que Rachel y Mark hacían de la vida en casa con Anna, tuve claro que su hija había entrado de lleno en la fase de desarrollo que los psicólogos denominamos *separación-individuación*.[10] Aunque este término tan árido resulta técnicamente adecuado, siempre me ha parecido que subestima enormemente el impacto de tener una adolescente en el punto álgido de ese proceso en particular. Si tuviese que cambiar el nombre de esta fase para captar cómo se desarrolla en la vida familiar, puede que eligiera algo como «Cuando los padres dan mucha vergüenza» o «Esos meses en los que tu adolescente no soporta cómo masticas».

Lo llamemos como lo llamemos, este capítulo normal del desarrollo adolescente puede ser muy desagradable para los adultos implicados, sobre todo porque casi siempre llega inmediatamente después de la relación tan bonita entre padres e hijos en la edad de latencia. La mala noticia es que esta fase complicada es un aspecto casi ineludible de la adolescencia. La noticia algo mejor es que entender qué hay detrás de un comportamiento como el de Anna facilita saber cómo reaccionar.

Para empezar con el factor de la separación de la ecuación separación-individuación, construir una identidad distinta a la de los padres es una parte necesaria del desarrollo saludable de los adolescentes. De manera repentina y como toca, Anna desea diferenciarse de su madre y de su padre como la mayoría de los jóvenes de su edad. Quiere establecer, por así decirlo, su propia «marca». Anna puede tener ideas sobre el tipo de marca que quiere crear, pero su identidad continúa estrechamente ligada a la de sus padres debido a su juventud. Por eso le molesta que la marca de sus padres no encaje con la que ella imagina para sí misma. Para Anna, a sus trece años, el hecho de que su madre lleve una ropa «cutre» en presencia de sus amigas puede parecerle un motivo de crisis. Este es también el motivo por el que los adolescentes se horrorizan de repente ante rasgos paternos (nuestro humor malo, nuestros pasos de baile exagerados) con los que poco antes disfrutaban (o al menos no les molestaban).

Además, está el aspecto de la individuación. Cuando los adolescentes empiezan a definir sus marcas personales, les importa mucho que sean totalmente distintas de las nuestras. El hijo de un amigo mío se negó a jugar a lanzarse la pelota con su padre durante la mayor parte de sus catorce años. El padre es un atleta brillante y, a esa edad, su hijo estaba poniendo todo su empeño en organizar su identidad en torno al hecho de ser miembro del equipo de béisbol del instituto. Durante un tiempo, el chaval fue incapaz de sentir que el béisbol era «lo suyo» si seguía practicando con su padre. Y por eso a Anna le sentó tan mal que Rachel, una experta repostera, intentase apoyar la identidad emergente de su hija como persona a la que le gusta la repostería.

Juntas, la separación y la individuación, constituyen una situación sin salida para los padres. Mientras nuestros hijos adolescentes intentan separarse más, sienten rechazo hacia esos rasgos nuestros que no encajan con su marca emergente. Y, al mismo tiempo, sus esfuerzos por establecer su propia marca los llevan a molestarse cuando uno de nuestros rasgos sí encaja con su nueva identidad. ¿La suma de esta ecuación? Todo lo que hacemos les molesta.

Después de explicarles todo esto a Rachel y Mark, añadí:

—Así que, aunque el comportamiento de Anna sea bastante desagradable, y ya veremos qué se puede hacer al respecto, su manera de actuar también es típica de su edad. En otras palabras, todo es mucho menos personal de lo que parece.

—Pero entonces ¿por qué es mucho más desagradable conmigo que con su padre? —preguntó Rachel.

—Creo que para las niñas puede ser más difícil sentirse separadas de sus madres. En muchos casos se sienten más próximas a sus madres o más parecidas a ellas, y por eso tienen que rechazarlas con más fuerza.

—Claro... Creo que en parte esto es tan difícil porque hasta ahora nos llevábamos muy bien —comentó Rachel con tristeza.

—¿Y qué se supone que debemos hacer? —preguntó Mark—. No me parece bien que se comporte así.

—Es comprensible —respondí—, y no es bueno que Anna crea que puede salirse con la suya y tratar mal a cualquiera, incluidos vosotros. Mi consejo sería que cuando se muestre desagradable, intentéis involucraros lo menos posible.

Hice una pausa antes de preguntar:

—¿Qué pasaría si, en lugar de responder a su comportamiento grosero, le ofrecierais tres posibles opciones de interacción con vosotros? Podríais decirle que puede ser amable, o puede contaros lo que le pasa sin perder la compostura, o puede haceros saber que necesita un poco de espacio. Podríais añadir que cualquier otra posibilidad está fuera de lugar.

—Podemos intentarlo —señaló Rachel—. Pero ¿y si ya he metido la pata? El otro día, Anna se fue enfadada a su habitación por una tontería, ni siquiera recuerdo qué fue. Me disgusté tanto que le grité «¡Estoy hasta las narices!» desde el otro lado de la puerta, y después me sentí fatal por haberle gritado.

—Lo entiendo —dije—, y no eres ni mucho menos la primera madre que pierde los papeles con un adolescente. Mi regla general es que cuando los padres actúan de una manera de la que después se arrepienten, lo mejor que pueden hacer es reconocerlo y pedir perdón. Sé que suena cursi, pero podéis aprovecharlo como una oportunidad para dar ejemplo a Anna de cómo hacer las cosas bien cuando se sienta mal por su comportamiento.

—Estaría muy bien que nos dijera que se arrepiente —comentó Mark—. Mientras tanto, ¿qué se supone que debemos hacer cuando hace como si no hubiese pasado nada y se muestra amable con nosotros poco después de haberse comportado como una impresentable? ¿Debemos pasarlo por alto?

—Es una decisión difícil. Por un lado, a lo mejor queréis repasar su comportamiento y pedirle que se disculpe. Por otro, hay muchos argumentos a favor de disfrutar de ella (y hacer que ella disfrute de vosotros) cuando es agradable. Podéis probar las dos cosas. La clave está en no guardar rencor. El estado de ánimo de los adolescentes cambia tan rápidamente que es fácil enfadarse con ellos por algo que ya han olvidado. Cuanto más podamos estar con nuestros adolescentes en el momento presente, con independencia de cómo se encuentren, mejor.

A medida que nos acercábamos al final de la sesión, tranquilicé a Rachel y Mark diciéndoles que el tiempo estaba de su parte. Los adolescentes se esfuerzan por cultivar su marca personal emergente, y casi siempre lo hacen volcándose en las cosas que les importan. Se toman en serio determinadas asignaturas en el instituto, sus deportes, sus talentos artísticos, la participación en clubes y otras actividades, o la búsqueda de formas de ganar dinero.

A medida que amplían sus propios intereses y habilidades, su identidad independiente se va perfilando y completando, y desarrollan un sentido saludable de diferenciación de sus padres. En ese proceso, cada vez les damos menos vergüenza y se inclinan más a ver nuestras rarezas como un problema de nuestra marca, no de la suya. Y cuando han tenido tiempo de establecer un verdadero sentido de propiedad sobre su identidad emergente (cuando consolidan un sentido de sí mismos como repostera aficionada, jugador de béisbol prometedor o cualquier otra cosa), pueden volver a compartir esos intereses con nosotros sin sentir que invadimos la identidad de marca que tanto les ha costado desarrollar.

En resumidas cuentas, la etapa de los trece y los catorce años puede ser especialmente difícil tanto para los adolescentes como para sus padres. Es duro para todos cuando los cerebros torpes de los adolescentes provocan un pico de emocionalidad justo en el momento en que se pone en marcha el proceso de separación-individuación. Y aunque los adolescentes suelen ganar en control emocional a medida que cumplen años y superan el sentimiento de sentirse ofendidos personalmente por la idiosincrasia de sus padres, eso no significa que en casa reine la paz.

AUMENTO DE LAS FRICCIONES Y CÓMO AFRONTARLO

Cuando nuestros hijos son pequeños, casi siempre nos admiran. Sin embargo, a medida que entran en la adolescencia, y con la ayuda de su nuevo poder neurológico, empiezan a darse cuenta de nuestros defectos. Además, el impulso normal de los adolescentes a separarse de nosotros los obliga a contemplarnos desde una perspectiva nueva y alejada. Si antes nos aceptaban sin cuestionar nada, ahora nos critican. Eso pasó en mi casa. Hace tiempo establecí unas normas domésticas en las que creo, pero que no siempre cumplo (por ejemplo, no llevar el móvil a la mesa). Tampoco me gusta recurrir a la culpa para salirme con la mía. Sin embargo, hasta que mis hijas fueron adolescentes no empezaron a comentar que soy «una hipócrita integral» o, cuando soltaba un comentario pasivo-agresivo, a replicar en tono de guasa: «Saca las maletas, ¡nos vamos de viaje de culpabilidad!».

Como adolescentes que son, me tienen calada. A veces me pregunto: ¿realmente necesitan enumerar mis imperfecciones? ¿En voz alta algunas veces, y en ocasiones enfadadas? Como madre, me cuesta aceptar esas críticas; como psicóloga, las entiendo. Y este es el motivo: los adolescentes toman plena conciencia de nuestras imperfecciones justo cuando empiezan a prepararse para irse de casa. De manera consciente o inconsciente, se dan cuenta de que no nos queda mucho tiempo para ser mejores padres mientras estén bajo nuestro techo.

Eso es un gran problema para ellos. Aunque disfruten de un excelente apoyo de otros adultos ajenos a la familia, son muy conscientes de que somos los únicos padres que tendrán. Lo ideal sería que, con el tiempo, nuestros hijos hicieran lo que hace la mayoría de la gente: asumir que no hay padres perfectos y encontrar la manera de aceptar nuestros defectos. Sin embargo, mientras vivan en casa, ¿por qué no van a intentar mejorar las cartas que les han tocado en lo que respecta a los padres?

Hace años atendí al hijo adolescente de un empresario exitoso y dominante. El chico y su padre estaban constantemente en desacuerdo porque este enfocaba la crianza con el mismo estilo directivo controlador que utilizaba en el trabajo. El hijo, como era de esperar, no veía con buenos ojos que su padre intentase microgestionar sus estudios, y le decía enfadado que se retirase y confiase en que tenía el control de su trabajo. Y así era. El padre, por su parte, pensaba que su hijo era tonto por rechazar su sensata orientación. Yo estaba de acuerdo con el chaval, pero esa no era la cuestión.

—Creo que te peleas con tu padre —observé— porque esperas que, si le señalas lo que hace mal, cambiará.

—Sí, probablemente sea cierto —reconoció.

—Sin embargo, hasta ahora no te ha funcionado. Estas son las opciones que veo: puedes seguir peleándote con él con la esperanza de que cambie, podemos invitarle a una sesión con nosotros y yo me encargo de intentarlo, o podemos tratar de encontrar la manera de vivir con su estilo mandón hasta que te gradúes.

El chico eligió la tercera opción. Nuestra terapia se centró en ayudarle a no tomarse de manera tan personal la microgestión de su padre (que, de hecho, trataba a todos sus hijos de forma similar) y a ver que su comportamiento procedía de un lugar de amor, aunque a él le molestase. Con el tiempo, mi paciente renunció a la esperanza de que su padre lo tratase con más respeto y reconociese que era un estudiante organizado y competente. El hecho de abandonar ese deseo le ayudó a disfrutar más de los mejores aspectos de la relación con su padre, como el interés que compartían por la pesca. El chico continuó chocando con su padre de tanto en tanto, pero solo cuando le resultaba más fácil soportar lo que sabía que iba a ser una pelea infructuosa que ceder.

Un consejo como profesional: cuando tu hijo adolescente señale tus defectos, intenta mantener la mente abierta. Según mi experiencia, las descripciones que los adolescentes hacen de los adultos suelen ser bastante acertadas. Si somos capaces de tolerar sus comentarios, nuestros adolescentes pueden incluso ayudarnos a crecer. Si te preguntas si las críticas de tu hijo adolescente son ciertas, pide una segunda opinión a un amigo o un compañero amable y lúcido. Puede que tu hijo te esté diciendo algo en lo que te convendría trabajar, aunque no te lo haga saber de la forma más amable.

Todavía estoy intentando mejorar en lo que respecta a la hipocresía y la actitud pasivo-agresiva, pero puedo decir que ser madre, sobre todo de adolescentes, es lo mejor que le ha pasado a mi personalidad. Por ejemplo (y gracias a los comentarios de mis hijas), me he relajado mucho en lo que respecta a mis preocupaciones insignificantes sobre el orden en casa. Y, como yo, es posible que hayas notado que nuestros hijos adolescentes tienden a ir muchos pasos por delante de nosotros en temas relacionados con la justicia social y la inclusión, y se apresuran a señalar nuestros puntos ciegos o nuestra estrechez de miras. Nuestros adolescentes quieren que seamos la mejor versión posible de nosotros mismos, un deseo que deberíamos compartir con ellos.

Existe otra razón por la que ser adolescente contribuye a que se produzcan más fricciones en casa. En su deseo, propio de su edad, de ser más independientes, desafían nuestra autoridad. Los adolescentes querrán hacer cosas que nos resistimos a permitir, como ir a casa de un amigo donde sabemos por experiencia que la diversión casi siempre acaba en descontrol. O se negarán a hacer cosas que queremos que hagan, como no dejar la ropa en el suelo de su habitación. Resulta desagradable discutir con un adolescente, pero siempre me preocupa más que no haya roces entre padres e hijos. Si todo el mundo hace lo que le corresponde, los adolescentes pedirán más libertad y flexibilidad de la que sus padres están dispuestos a darles, y los padres responderán con una negativa a algunas peticiones y aplicando unas normas razonables. Si te encuentras viviendo en ese estado de tensión, anímate. Casi siempre significa que todo va exactamente como debería.

En ocasiones, padres y adolescentes se estancan en el conflicto. Una adolescente puede estar segura de que es capaz de arreglárselas sola en casa de un amigo donde los encuentros suelen acabar en descontrol, mientras que sus padres pueden estar igualmente seguros de que dejarlos ir allí es una pésima idea. O un adolescente puede pensar que no es asunto de sus padres si decide dejar su ropa en el suelo de su habitación, pero sus padres (que seguramente habrán pagado la ropa y también el alquiler o la hipoteca) podrían no estar de acuerdo. Por mucho que prefiramos no enzarzarnos en un enfrentamiento con nuestros hijos adolescentes, este tipo de disputas son inevitables y debemos considerarlas como valiosas oportunidades para enseñarles a manejar los conflictos. De hecho, los estudios demuestran que aprender a tener desacuerdos sanos en casa contribuye al bienestar general del adolescente y mejora su forma de relacionarse con los demás.[11]

Nuestro objetivo no es evitar los conflictos, sino tener conflictos constructivos siempre que sea posible. Y el sello distintivo de un conflicto constructivo es que cada parte intenta ver la situación desde la perspectiva de la otra.[12] Por lo general, es posible evitar un callejón sin salida si una adolescente intenta imaginar por qué su madre no quiere que esté en una casa donde suele haber cierto descontrol, y si la madre trata de imaginar por qué su hija cree que eso no será un problema para ella.

Es importante destacar que la capacidad de deducir lo que podría estar pensando otra persona mejora de manera drástica en la adolescencia.[13] La capacidad de ponerse mentalmente en el lugar de otra persona se desarrolla como resultado del importante proyecto de renovación que experimenta el cerebro adolescente.[14]

Debido a que llegan antes a la pubertad, las chicas suelen ir por delante de los chicos en el desarrollo de esta capacidad. Para nuestras hijas, la toma de perspectiva aumenta de forma significativa en torno a los trece años, mientras que para nuestros hijos tiende a mejorar alrededor de los quince.[15]

Si chocas con tu hijo adolescente, comprueba si es capaz de aplicar sus crecientes capacidades cognitivas para suavizar el enfrentamiento. Considera la posibilidad de decir algo así: «Vamos a hacer esto. Voy a intentar describir la situación desde tu punto de vista. Cuando termine, me dirás qué me estoy perdiendo y en qué me estoy equivocando». Esfuérzate al máximo para expresar cómo crees que ve la situación tu hijo adolescente y después muéstrate abierto a recibir sus comentarios sobre lo que has omitido o en qué te has equivocado. Como podrás imaginar, para un adolescente tiene un gran impacto escuchar a su padre o a su madre decir: «Me pregunto si crees que te has ganado nuestra confianza y que debemos contar con que tomarás buenas decisiones, aunque estés en una casa donde las cosas se descontrolan» o «Sabemos lo ocupado que estás; ¿crees que no es para tanto que tu habitación esté desordenada si tenemos en cuenta que todo lo demás lo llevas bien?».

A continuación, pídele a tu hijo adolescente que haga lo mismo contigo. Si te muestras sincero y abierto cuando te toque a ti, es probable que él te devuelva el favor. El adolescente podría decir algo así: «Sé que lo único que te preocupa es mi seguridad, y por eso te da miedo que esté en una casa donde los chavales pierden un poco el norte» o «Cuando mi ropa está esparcida por el suelo, supongo que parece que no aprecio el hecho de que me compréis cosas bonitas». Ese ejercicio de expresar un punto de vista opuesto (con las propias palabras) tiene algo que casi siempre provoca un sentimiento de compasión. Dedicar tiempo a pensar y exponer las posturas de nuestros hijos adolescentes nos ayuda a crear empatía hacia sus puntos de vista, y si ellos hacen lo mismo con nosotros, aprenderán a sentir empatía por nuestra forma de ver las cosas. Apreciar el punto de vista de la otra persona, además, desvía la atención de quienes están en desacuerdo para centrarla en el problema que hay que resolver. El ejercicio de describir la postura del otro no resuelve todas las disputas por arte de magia, pero casi siempre facilita la resolución.

COMPORTAMIENTOS TEMERARIOS Y CÓMO MANTENER A SALVO A LOS ADOLESCENTES

Si te resulta estresante tener un hijo adolescente, lo que estás experimentando coincide con un estudio que demuestra que educar a adolescentes es más exigente emocionalmente que cuidar de niños menores de cinco años.[16] Si pensamos en lo que hemos visto en este capítulo hasta ahora, es fácil entender por qué. Vivir con jóvenes cuyos cerebros torpes les hacen propensos a las crisis, cuyo afán por establecer su propia marca hace que les moleste hasta cómo respiramos y cuyo deseo de mejorarnos o de ser más independientes los lleva a criticar nuestros defectos y a enfurecerse ante nuestras normas puede ser emocionalmente agotador. Pero eso es solo una parte. Además de todo eso, a los padres les preocupa que sus hijos adolescentes corran riesgos peligrosos.

No es una preocupación irracional. Gracias al gran proyecto de renovación que se está llevando a cabo en su cerebro, los adolescentes (más que los niños o los adultos) se sienten atraídos por las experiencias novedosas y emocionantes.[17] La adolescencia implica un aumento de la disponibilidad de dopamina, una sustancia química natural asociada a las sensaciones positivas que hace que esas experiencias novedosas y emocionantes sean especialmente placenteras y atractivas para los adolescentes.[18] Mientras que el deseo de emociones fuertes aumenta de forma rápida en los adolescentes, su capacidad para reprimir los impulsos se desarrolla de manera más lenta. El repunte en los comportamientos temerarios entre adolescentes se explica en parte por el hecho de que, desde el punto de vista neurológico, en esta etapa pueden ser todo gas y nada de frenos.[19]

No es de extrañar que la crianza de los adolescentes sea tan estresante.

A pesar de las realidades neurológicas del cerebro adolescente, los padres podemos hacer mucho para mantenerlos alejados del peligro. Volviendo al tema de la cognición fría y caliente que vimos en el capítulo 1, aprovecha el pensamiento racional que prevalece en los adolescentes en las condiciones «frías» para elaborar con ellos estrategias sobre cómo afrontarán los riesgos que puedan surgir en las situaciones social y emocionalmente «calientes». Por ejemplo, si tu hija adolescente menciona durante la cena que tiene pensado ir a un concierto con amigos, aprovecha ese momento para que resuma las situaciones complicadas que podrían surgir y sus planes para afrontarlas.

También es importante reconocer que, en lo que respecta al comportamiento temerario, las fuerzas que actúan sobre los adolescentes desde fuera influyen más que lo que ocurre dentro de su cerebro. Las investigaciones que comparan a adolescentes de todo el mundo han descubierto que la asunción de riesgos, como experimentar con el alcohol, varía mucho, a pesar de que todos los adolescentes comparten la misma neurología propensa al riesgo.[20] Gran parte de esa variación se debe a las normas locales y a los tipos de riesgos a su alcance.[21] La conclusión, en mi opinión, es la siguiente: aunque no tengamos mucho control sobre las convenciones de nuestra comunidad, garantizar que los adolescentes se hallen sometidos a un nivel adecuado de supervisión y limitar su capacidad de hacer cosas peligrosas supondrá una diferencia considerable para su seguridad.[22]

Los estudios también demuestran que a los adolescentes les beneficia que seamos muy exigentes con su comportamiento. Cuando los padres dan por sentado que sus hijos se portarán mal, estos tienden a cumplir esas expectativas.[23] Por el contrario, los padres que hablan abiertamente con sus hijos adolescentes[24] sobre los riesgos a los que pueden enfrentarse y que establecen y hacen cumplir unas pautas de comportamiento razonables[25] tienen adolescentes menos propensos a conducir de forma temeraria, beber en exceso, probar drogas ilegales o mantener relaciones sexuales sin protección.[26] En consecuencia, los adultos debemos hacer saber a nuestros hijos adolescentes que tenemos fe en ellos y que siempre estaremos disponibles para hablar de los peligros que puedan encontrarse. Además, los padres deben tener normas o expectativas claras sobre el comportamiento de sus hijos cuando conduzcan, tengan acceso al alcohol o a las drogas o se planteen mantener relaciones sexuales. Esas conversaciones suelen ir mejor cuando no se centran tanto en lo que queremos nosotros para nuestros hijos adolescentes como en las prioridades que tienen ellos para sí mismos (por ejemplo, destacar en sus estudios o en sus actividades extraescolares, o simplemente mantener abiertas las puertas del futuro con un expediente escolar y legal limpio).

Al mismo tiempo, debemos hacer planes de contingencia con nuestros adolescentes ante la posibilidad de que se vean inmersos en una situación descontrolada. A algunos adultos les puede preocupar que decir «No quiero que bebas en las fiestas» y a la vez «Si te metes en un lío con la bebida, estoy aquí para ayudarte» transmita un mensaje contradictorio, pero no creo que eso sea un problema. Por su naturaleza, los adolescentes pueden encontrarse en situaciones inesperadamente peligrosas. Ellos son conscientes de eso, y es más probable que consigamos mantener abiertas las líneas de comunicación si dejamos claro que nosotros también somos conscientes. «Tengo la esperanza de que no bebas —podrías decir—, pero soy realista y sé que todos cometemos errores. Nada importa más que tu seguridad. La manera más fácil de mantenerse seguro es mantenerse sobrio, pero si las cosas no van así, yo soy tu plan de seguridad».

No me cansaré de argumentar a favor de centrar cualquier conversación sobre el comportamiento temerario en el tema de la seguridad. Por supuesto, tenemos buenas razones para hablar con los adolescentes sobre lo que creemos que es moralmente correcto y los problemas en los que podrían meterse con la ley. Sin embargo, puede que nuestros adolescentes no compartan nuestra postura moral o que consideren que las leyes que regulan las drogas o el consumo de alcohol no tienen sentido, y que además piensen que es poco probable que los pillen. Y aunque supervisar a los adolescentes puede mantenerlos a salvo, sería imposible (e inapropiado para su desarrollo) tratar de vigilarlos en todo momento. Centrarse directamente en la seguridad mantiene el énfasis donde corresponde. Queremos a nuestros adolescentes y nos preocupamos por su comportamiento temerario no porque esté «mal», sino porque es peligroso. Para recalcar este punto, piensa en la posibilidad de decir algo así: «Si te encuentras en una situación peligrosa, lo último que quiero es que te preocupe que te puedan pillar. Quiero que te preocupes por si podrías sufrir algún daño». A partir de ahí, deja claro que nunca, bajo ninguna circunstancia, harás que tu hijo adolescente se arrepienta de haberte pedido ayuda.

Por último, los adultos deben tener en cuenta que los adolescentes están preparados neurológicamente para buscar emociones, y conviene darles algunas oportunidades (bien elegidas) de satisfacer sus necesidades de sobrepasar los límites. El *skitching* de mi adolescencia era una mala idea, pero los días que pasé esquiando con mis amigos del instituto fueron ideales para mi desarrollo. Cuando cumplí dieciséis años, me compré un coche de novecientos dólares con el dinero que ganaba limpiando mesas. Los sábados por la mañana temprano, aquel Volkswagen Rabbit diésel blanco y yo hacíamos la ronda para recoger a mis amigos. Comprábamos los forfaits con descuento en el supermercado local y emprendíamos el viaje de hora y media hasta nuestra montaña favorita. Mientras conducía en condiciones casi siempre difíciles, cantábamos alegremente las inapropiadas letras de nuestras cintas grabadas favoritas. Nos pasábamos el día buscando pistas por encima de nuestro nivel, descansando solo durante los remontes, cuando aprovechábamos para comernos los bocadillos que llevábamos guardados en los anoraks. Al final del día estábamos físicamente agotados, pero nuestra necesidad de correr riesgos, desafiar los límites y buscar emociones quedaba plenamente satisfecha.

Los adolescentes están hechos para buscar experiencias nuevas y emocionantes. Deja que lo hagan. Algunos se desplazan a zonas desconocidas de la ciudad para ir de compras con sus amigos, otros practican movimientos cada vez más arriesgados con el monopatín o se inician en la acampada, el senderismo, la escalada, los deportes acuáticos o cosas por el estilo. No puedo asegurarte que el hecho de permitirles que practiquen actividades que podrían crispar los nervios de los adultos vaya a evitar que cometan errores espantosos. Lo que sí puedo asegurarte es que la mayoría de los adolescentes necesitan satisfacer su apetito de emociones, y lo harán de una forma u otra. No podemos cambiar el deseo de nuestros hijos e hijas adolescentes de correr riesgos, pero podemos trabajar para mantener abiertas las líneas de comunicación sobre los comportamientos arriesgados que podemos y no podemos tolerar.

EMPIEZA LA VIDA EN LÍNEA

Los adolescentes sienten una atracción innata por todo lo que ofrece la tecnología digital porque les proporciona una nueva forma de conectar con sus iguales, sentirse independientes y, si les apetece, darse una vuelta por el lado salvaje. Dados los numerosos titulares alarmantes[27] (e incluso las audiencias en el Congreso)[28] que sugieren que la actividad digital puede perjudicar a los adolescentes, resulta comprensible que los padres se preocupen por las implicaciones del tiempo en línea para la salud emocional de sus hijos. ¿Qué sabemos al respecto? La verdad es que el panorama no está claro. Algunos estudios sugieren una relación entre el aumento del uso del teléfono móvil y los problemas de salud mental entre los adolescentes,[29] pero otras investigaciones no respaldan esta conclusión general.[30] Y algunos estudios indican que, en realidad, la tecnología digital puede contribuir al bienestar general en la adolescencia.[31]

Esta confusión se debe a que gran parte de la investigación sobre adolescentes y la tecnología digital es correlacional; es decir, puede establecer una relación entre el uso de la tecnología y el estado de ánimo de las personas durante la adolescencia, pero no demostrar que una de esas variables sea la causa de la otra. Una correlación entre el uso del móvil y la depresión en adolescentes podría significar que, en esta etapa de la vida, quienes pasan mucho tiempo con el móvil tienen más probabilidades de deprimirse, o que quienes se deprimen empiezan a dedicar mucho tiempo al móvil, o que un tercer factor (por ejemplo, una pandemia mundial) provoca que los adolescentes dediquen más tiempo al móvil y se depriman más.

No obstante, tenemos razones para pensar que, para la mayoría de los adolescentes, el tiempo que pasan conectados puede ser bueno, pero también malo. Utilizan los mensajes de texto y las plataformas de las redes sociales para establecer conexiones significativas, cultivar amistades y disfrutar de un entretenimiento inofensivo, pero también es cierto que muchos consideran que la tecnología digital invita a perder el tiempo y fomenta comportamientos poco amables, la comparación social y la exposición a contenidos preocupantes. Según mi experiencia, los adolescentes admiten que tienen sentimientos encontrados sobre el lugar que ocupa la tecnología digital en sus vidas. Hace poco, una chica adolescente me dijo: «Me encanta mi teléfono. Y también lo odio».

Así, ¿cómo podemos ayudarlos a minimizar los aspectos negativos de su vida en línea? Sabemos que enviar mensajes de texto, compartir contenidos y comentar las publicaciones de otras personas parece estimular el bienestar de los adolescentes,[32] pero que desplazarse sin sentido por la pantalla probablemente fomenta su malestar emocional. Hablando de esto con un grupo mixto de estudiantes de secundaria, les comenté que, para mí, conectarme a internet es como jugar a una máquina tragaperras. A veces encuentro algo interesante o divertido. A veces encuentro una publicación o un titular que me molesta, y a menudo me desplazo sin parar buscando algo que no sé muy bien qué es, para acabar sintiéndome frustrada por el tiempo que he perdido. Los adolescentes con los que hablé me dijeron que sentían exactamente lo mismo. Nuestra experiencia compartida dio pie a una enriquecedora conversación sobre los motivos por los que decidimos conectarnos a internet y si siempre es la mejor manera de satisfacer nuestras necesidades de conectar, encontrar una distracción agradable u obtener información.

Aquella conversación fue bien, pero lo habitual es que los adolescentes se muestren inmediatamente escépticos cuando los adultos intentan opinar sobre sus actividades en internet. Y tienen razón: nadie a cargo de educar a un adolescente llegó a la mayoría de edad pegado a un dispositivo, y por muy adictos que seamos a nuestros propios teléfonos u ordenadores, no utilizamos la tecnología como lo hacen nuestros hijos adolescentes. Ellos, como todo el mundo, son reacios a aceptar consejos de alguien que tal vez no sepa de lo que está hablando. Se podría decir que reciben nuestros consejos sobre cómo gestionar su relación con la tecnología del mismo modo que nosotros recibiríamos sus consejos sobre cómo refinanciar nuestra hipoteca.

Tenlo en cuenta y haz muchas preguntas, aunque no todas a la vez («¡¡¡Demasiadas preguntas!!!» es la queja número uno que oigo de mis propias hijas adolescentes). Poco a poco, intenta averiguar qué es lo que más le gusta a tu hijo de internet y qué le resulta molesto, frustrante o inquietante. Pregúntale qué ha hecho, si es que ha hecho algo, para que el tiempo que pasa en internet sea más positivo. Y si tú eres un ávido usuario de la tecnología, explícale abiertamente cómo te has enfrentado a los mismos retos.

¿De qué otra forma puedes minimizar los peligros del mundo virtual? Ayuda a tu hijo a comprender la naturaleza algorítmica de los contenidos en línea. Los adolescentes no siempre reconocen que su experiencia en la red está muy condicionada por lo que han buscado o les ha «gustado». En cuanto buscamos información sobre un tema específico o participamos en publicaciones relacionadas con un tema concreto, los algoritmos que hay detrás de las plataformas empiezan a inundar nuestros *feeds* con contenidos similares para mantener un férreo control sobre nuestra atención. Eso puede estar bien para un adolescente que busque trucos de manualidades, noticias deportivas, vídeos de bailes populares o memes divertidos. En cambio, puede ser un gran problema si un adolescente siente curiosidad por la supremacía blanca, las teorías de la conspiración o las dietas de moda. No solo se trata de que los adolescentes caigan en ocasiones en pozos digitales espeluznantes o peligrosos, el problema es que los medios en línea están diseñados para *arrastrar* a sus usuarios a esos pozos.

Habla abiertamente con tu hijo adolescente sobre el hecho de que las plataformas digitales están diseñadas para manipularnos. Los adolescentes son conscientes de ello, ya que al describir las redes sociales dicen que tienen muchas «caras» para referirse a la realidad y que los algoritmos ofrecen contenidos diferentes a los diferentes usuarios. Los adolescentes, por naturaleza, valoran su autonomía y no les gusta que los adultos traten de controlarlos.[33] Utiliza su necesidad de sentirse autónomo en tu beneficio y, también, en el suyo. Comenta que «las plataformas en línea tienen un objetivo: mantenerte enganchado el mayor tiempo posible. Recopilan datos sobre lo que te interesa y deciden lo que ves, tanto si es conveniente para ti como si no».

¿Hasta qué punto debes vigilar lo que tu hijo adolescente consume en internet? Tú eres la persona que mejor lo conoce. Si confías en que los algoritmos no lograrán apoderarse de él, sigue tu instinto hasta que tengas una razón para dejar de hacerlo. Si te preocupa que pueda verse arrastrado a un pozo problemático, elabora un plan de supervisión. Una posible opción consistiría en tener acceso a sus redes o pedir a un hermano o primo mayor de confianza que se encargue de ello. Si tu hijo se resiste, pídele sugerencias (y mantén una actitud abierta al respecto) para ayudarle a mantenerse en el lado correcto de los contenidos en línea.

MANTENER LA TECNOLOGÍA EN EL LUGAR QUE LE CORRESPONDE

Una relación sana con la tecnología no depende solo del uso que le den los adolescentes y de lo que miren. También depende del espacio que ocupe en sus vidas. He aquí algunas normas básicas que pueden suponer una diferencia sustancial: cuando los adolescentes acceden por primera vez a los dispositivos digitales, hay que ir despacio. La mayoría de los preadolescentes necesitan poco más que la posibilidad de enviar mensajes de texto para comunicarse con sus amigos. Si decides permitirles que utilicen redes sociales, plantéate hacerlo solo con el derecho a vigilar de cerca su actividad, al menos al principio, y a limitar el tiempo que están conectados. No dudes en empezar con normas rígidas. En general, los preadolescentes y los adolescentes tienen tantas ganas de embarcarse en su vida virtual que aceptarán parámetros estrictos solo para poder empezar. También puedes establecer límites sobre cuándo y dónde se podrán utilizar los dispositivos, y tendrás que respetar tú también esos mismos parámetros. Mantener las comidas, los trayectos cortos en coche y las actividades familiares libres de tecnología puede ser un buen punto de partida.

También creo firmemente que la tecnología digital no debe estar en ningún dormitorio, sobre todo por la noche. Aunque algunos adolescentes necesitan hacer los deberes en su habitación, cuando llegue la hora de dormir conviene que dejen cargando sus portátiles, teléfonos y demás dispositivos en otra estancia. Entiendo que puede parecer un enfoque draconiano para regular el uso de los dispositivos, pero sigue leyendo. En primer lugar, las encuestas a gran escala demuestran claramente que tener tecnología en el dormitorio por la noche perjudica el sueño, un recurso ya de por sí escaso para la mayoría de los adolescentes.[34] En segundo lugar, el uso de dispositivos a puerta cerrada a cualquier hora del día o de la noche me parece una invitación a los problemas. Es cierto que los adolescentes pueden meterse en aguas digitales peligrosas mientras están sentados en la cocina o en el salón, pero en general resulta menos probable si podemos pasar por delante en cualquier momento. Además, es demasiado fácil que cometan errores tontos o destructivos cuando se quedan despiertos hasta tarde y sus frenos neurológicos están cansados. ¿Por qué permitir unas condiciones en las que tu hijo podría cometer un error impulsivo, pero de efecto prolongado, a la una de la madrugada?

Tenemos, además, la nada desdeñable cuestión de la pornografía. Hace unos años me invitaron a dar una charla para padres en una escuela parroquial católica de mi comunidad. Sabía que mi presentación incluiría orientaciones para hablar de sexo, de modo que antes de dar mi charla me puse en contacto con el párroco. Como invitada suya, quería asegurarme de que se sentiría cómodo con mi enfoque directo de un tema natural, pero comprensiblemente delicado. Después de explicarle la información que ofrezco a los adultos para que aconsejen a los jóvenes sobre sexo y amor, me contestó:

—Ah, sí, por favor, di todo eso. Además, necesito que hables de la pornografía.

Al percibir mi sorpresa, me explicó:

—Vienen a confesarse muchos alumnos del instituto, y no te creerías cuántos me cuentan que ven porno en internet hasta muy tarde. Se sienten fatal, pero no pueden parar.

Lo entendí muy bien. La pornografía en línea es tan accesible que el 93 % de los chicos y el 62 % de las chicas se encuentran expuestos a ella a los diecisiete años.[35] Y si no estás familiarizado con la pornografía disponible en los medios digitales, tienes que saber que en su mayoría es cruda y explícita,[36] y que casi siempre gira en torno a la violencia y la degradación. El porno resulta excitante, incluso cuando es oscuro y perturbador, así que no me costó imaginar que las chicas y los chicos del confesionario se sintiesen fatal por verlo, pero incapaces de resistirse. Por supuesto, mantener la tecnología fuera de las habitaciones de los adolescentes no resolverá el problema de la pornografía, pero limitar el acceso a la tecnología durante la noche sí puede ayudar a evitar que sientan que no tienen el control ante contenidos que pueden hacerles sentir muy incómodos. Limitar el acceso a la pornografía también puede proteger su disfrute de la intimidad física en la vida real (que, según demuestran las investigaciones, puede verse mermado por ver porno).[37]

RELACIONES ROMÁNTICAS Y NO ROMÁNTICAS ENTRE IGUALES

La llegada de la adolescencia trae consigo la posibilidad de una vida amorosa, y muchos jóvenes se sienten nerviosos cuando tratan de imaginar cómo encontrarán su camino en lo que puede parecer un territorio nuevo y extraño. En este punto, los padres pueden ayudar a calmar esos nervios y, sobre todo, introducir la idea de cómo son las relaciones románticas sanas. Presta atención para detectar el momento en que tu hijo adolescente ponga el tema del amor sobre la mesa: por ejemplo, haciéndote una pregunta directa sobre salir con alguien, aunque lo más probable es que quiera ver una comedia romántica sensiblera o mencione que un amigo tiene «novia oficial». Aprovecha esos momentos para insistir en que las relaciones románticas más sanas son las que cimientan la intimidad amorosa sobre una amistad auténtica. Este enfoque devuelve a los adolescentes a un terreno conocido y les ayuda a iniciar su vida amorosa de la mejor manera posible.

Para profundizar en esas conversaciones, puedes hablar en términos concretos de lo que constituye una buena relación, ya sea de amistad o romántica. Las relaciones sanas son equitativas, amables y agradables; las relaciones malsanas son desequilibradas, duras o estresantes. Sobre todo, las relaciones sanas nos hacen sentir bien. Son cálidas y motivadoras, y sacan a relucir los mejores aspectos de nuestra personalidad. Por el contrario, las relaciones dañinas nos hacen sentir ansiosos o incómodos, o sacan a la superficie los rasgos que menos nos gustan de nosotros mismos.

Los paralelismos entre las relaciones amorosas sanas y las amistades sanas pueden parecer obvios una vez expresados, pero los adolescentes necesitan que los adultos se los indiquen.

En la primavera de su penúltimo año de universidad volví a tener noticias de Tom, mi paciente oboísta que eligió una universidad cerca de casa. Me envió un mensaje para preguntarme si podíamos concertar una cita virtual. Hacía un par de años que no sabía nada de él; en concreto, desde que, durante su segundo año universitario, vi a su madre en el supermercado y me contó lo bien que le iba. Tom y yo encontramos un momento para hablar por teléfono. Me dijo que seguía estando muy contento en la facultad, pero que le preocupaba la relación con una joven de su universidad.

—No sé cómo interpretar esto ni qué hacer —me explicó—. La mayor parte del tiempo es muy divertida y comprensiva, pero muchas veces no da señales durante varios días.

Tom me contó que se habían conocido a través de amigos comunes y que llevaban unos meses saliendo y enrollándose.

—Parece que las cosas van bien, pero entonces desaparece y yo me pregunto qué he hecho mal.

—¿Se lo has preguntado a ella?

—Sí —respondió—. Cuando le mando un mensaje y no me contesta, le pregunto si va todo bien. Entonces me dice que está enfadada conmigo, pero no me explica por qué.

—¿Y qué haces? —le pregunté.

—La dejo en paz hasta que ella aparece y quiere que estudiemos juntos. Actúa como si nada y no quiere hablar de lo ocurrido.

—¿Le has hecho saber que eso te supone un problema?

—Sí —contestó Tom—. Me pasé un buen rato escribiéndole un mensaje diciendo que me gustaba, y que quería poder hablar cuando las cosas no fuesen bien entre nosotros. Ella hizo como que nunca lo recibió y siguió como si nada.

—¿Quieres continuar con esa relación? ¿Te hace sentir bien?

—Más o menos. Cuando las cosas van bien, me gusta de verdad. Pero cuando no puedo entender lo que está pasando, me siento superincómodo.

—Vamos a plantearlo de esta manera —le dije—. ¿Qué harías si una amiga se comportase así?

—Me molestaría. Probablemente, no le daría mucha importancia, pero tampoco intentaría mantener la amistad. Saldría con otras personas.

—Creo que deberías aplicar ese mismo criterio en este caso. Las relaciones son relaciones, y no deberías aguantar nada de alguien con quien sales que no aguantarías de un amigo.

—Lo entiendo —dijo Tom—, pero también entiendo que a veces es complicado cuando formas parte de una pareja.

—Eso es cierto: en cualquier relación estrecha surgen conflictos. Pero hay conflictos buenos y conflictos malos. Los buenos ocurren cuando la gente es capaz de hablar del problema de manera abierta y respetuosa. Los malos tienen lugar cuando se culpa, se ataca, se evita o se discute el problema con otras personas en lugar de abordarlo dentro de la relación. Es fácil llevarse bien cuando las cosas van bien. La verdadera medida de una amistad o un romance es lo que ocurre cuando las cosas se ponen difíciles. Parece que has hecho un buen trabajo presionando para encontrar una forma sana de abordar el problema, pero no parece que esa chica esté a la altura.

—Sí, es verdad. Entonces, ¿qué crees que debería hacer?

—Es tu decisión —le dije—, pero cuando se trata de las relaciones que elegimos, de quién somos amigos y con quién salimos, estoy a favor de poner el listón alto por parte de los dos. Tengo la sensación de que tú no tratarías a nadie de esta manera, de modo que no creo que quieras estar en una relación en la que te traten así.

Tom y yo volvimos a contactar a la semana siguiente y me contó que había vuelto a hacer el esfuerzo de hablar con su novia sobre el hecho de que fuese tan veleta con él.

–No conseguí nada –me dijo–. Estábamos hablando por teléfono y ella no paraba de decir que no quería hablar de eso, y entonces intentó cambiar de tema.

–¿Y qué hiciste?

–En ese momento no hice nada, pero estaba muy frustrado, así que le envié un mensaje diciendo que, si no podíamos hablar de nuestros problemas, probablemente no deberíamos seguir saliendo. No he vuelto a saber nada de ella.

–¿Habéis roto? –le pregunté.

–Creo que sí. Y no me gusta cómo han acabado las cosas. Ojalá no hubiese sido por mensaje.

–¿Cuándo volverás a verla?

Tom hizo una pausa antes de responder:

–Unos amigos van a dar una fiesta pronto, puede que la vea allí.

–Si no vuelves a saber de ella antes, a lo mejor puedes decirle algo cuando la veas; por ejemplo, que te gustaría que las cosas hubieran terminado de otra manera y que le pides disculpas por haber enviado un mensaje que probablemente deberías haberte guardado para una conversación.

–Podría. Pero sería muy incómodo.

–Sí, probablemente será así –le dije–, pero puede que estés mejor contigo mismo si te disculpas por haber hecho algo que no te hace sentir bien.

Tom se mostró de acuerdo y concertamos una cita para un par de semanas después. Fue entonces cuando me contó que había visto a su exnovia en la fiesta y que habían hablado un poco.

—Le dije que me sentía mal por no haber aclarado las cosas. Y ella me dijo que también se sentía mal. Creo que ahora estamos bien los dos y me alegro de que se haya acabado y de no estar preocupándome continuamente como antes. Me ayuda recordarme a mí mismo que no mantendría una amistad que me hiciera sentir tan incómodo, así que no debería intentar aferrarme a una novia que sí lo hace.

Sugerir a los adolescentes que los romances sanos son amistades sanas más intimidad física puede parecerles pintoresco o incluso anticuado. Tú mantente firme. Cada vez que los adolescentes me dicen que ahora están de moda los rollos de una noche o los amigos con derecho a roce, les respondo con algunos puntos clave.

En primer lugar, les hago saber que, a pesar de lo que digan los medios, la cultura del sexo casual no es la norma. Los datos de las encuestas revelan que la mayoría de los adolescentes no tienen relaciones sexuales informales[38] y que la mayoría preferirían tener sexo en el contexto de una relación significativa,[39] no de un rollo pasajero. En segundo lugar, les transmito que entiendo que la combinación de intimidad emocional y física en una misma relación puede ser extremadamente intensa. Reconozco que la gente puede ser reacia a ponerse en una situación tan vulnerable y que intentar separar la intimidad emocional de la física puede parecer una solución. Lo cierto es que casi nunca lo es. Los acuerdos de «amigos con derecho a roce» no suelen funcionar como la gente espera, ya que muy pocos somos capaces de liarnos o tener sexo con alguien sin que haya sentimientos por medio. Por último, resulta muchísimo más fácil comunicar quién quiere hacer qué físicamente (y evitar una interacción no consentida) cuando la intimidad sexual se produce en el contexto de una relación de cariño y conexión. Sí, puede que insistan en que estas ideas son anticuadas, pero también sé que les reconforta pensar que el romanticismo no ha muerto y que lo que ya saben sobre las amistades sólidas se puede extender a una buena relación amorosa.

En la práctica, los adolescentes presentan una gran diversidad en lo que respecta a su vida amorosa. Algunos acaban manteniendo relaciones muy intensas, tan íntimas como cualquier matrimonio. Otros salen de vez en cuando, pero no se implican en nada serio. Algunos terminan el instituto sin llegar a flirtear con nadie. ¿Cómo se habla de una vida amorosa sana con un adolescente que, por la razón que sea, no ha llegado a ese punto? Una vez más, hay que centrarse en la calidad de sus amistades.

Según un revelador estudio, lo que ocurre en las relaciones no románticas de los adolescentes, y no sus experiencias amorosas en la adolescencia, es lo que sienta las bases para una vida amorosa feliz en la edad adulta. Los investigadores siguieron a un grupo de jóvenes de trece a treinta años para determinar qué factores predecían una vida amorosa gratificante en la edad adulta. Descubrieron que la felicidad amorosa adulta no estaba vinculada a la actividad romántica adolescente, sino a las habilidades que los adolescentes desarrollaban en el terreno de la amistad. ¿Quién acabó teniendo una vida amorosa sana de adulto? En general, los que a los trece años esperaban recibir un buen trato por parte de sus amigos y eran capaces de defenderse de manera respetuosa cuando era necesario. Y los que, a los quince y dieciséis años, eran capaces de entablar amistades estrechas y llevarse bien con sus compañeros. Y los que, a los diecisiete y dieciocho años, eran capaces de mantener amistades estrechas durante un período de dos años. Observar esos puntos de referencia te ayudará a saber si tu hijo adolescente está desarrollando las habilidades necesarias para mantener relaciones amorosas sanas en el futuro.

No existe una versión típica de la vida amorosa adolescente, y las cosas pueden ser todavía más complicadas para los adolescentes que no son heterosexuales o que tienen una perspectiva de género amplia. Puede que tengan que ocultar cómo se sienten si pertenecen a familias o comunidades que probablemente no apoyen sus decisiones en lo que respecta al amor. O puede que necesiten más tiempo para ver con claridad qué quieren, dado que su vida amorosa no encaja con el guion dominante. Y aunque algunos adolescentes tienen modelos adultos de relaciones sentimentales LGBTQ+ gratificantes y enriquecedoras, no siempre es así, en cuyo caso se ven obligados a buscarse la vida por su cuenta.

Independientemente de cómo se identifiquen los adolescentes, tener fuertes conexiones con sus iguales es bueno para ellos a corto plazo y les ayuda a practicar el tipo de intimidad emocional que los llevará a tener una vida amorosa satisfactoria. Si parece que a tu hijo le cuesta hacer amigos y mantenerlos, es importante que averigües qué se lo impide. Si lo necesitas, pide consejo a un orientador del instituto o a un profesional de la salud mental.

POR QUÉ A LOS ADOLESCENTES NO LES GUSTA EL INSTITUTO

Antes de la adolescencia, a los niños en general les gusta el colegio; sin embargo, creo que no me equivoco al afirmar que, si cada hogar tuviese que crear un gráfico circular titulado «Cosas de las que se queja nuestro hijo adolescente», la mayor porción en la mayoría de las casas se la llevaría el instituto.[40] Sin duda, hay muchas cosas del instituto que sí les gustan, como estar con sus amigos, determinadas asignaturas y pasar tiempo con profesores y entrenadores entregados que se preocupan de verdad por ellos y no tratan de ocultarlo. Pero lo cierto es que el instituto, por su propia naturaleza, a menudo se les atraviesa. En un momento en que empiezan a tomarse en serio su autonomía, a los adolescentes les enfurece tener que someterse a la autoridad de los adultos durante todo el día. Y justo cuando se esfuerzan por desarrollar una identidad propia y bien definida, se los mete en clases que rara vez se ajustan a lo que ellos consideran su «marca». Por si fuera poco, ansían ser independientes, pero siempre tienen montones de deberes que les impiden pasar las tardes y los fines de semana como les gustaría.

¿Cómo podemos ayudar (los adultos) a los adolescentes a gestionar el desajuste entre su impulso normal de autonomía, identidad e independencia y lo que les exige el instituto? Creo que somos más útiles cuando tenemos en cuenta que enviar a nuestros hijos adolescentes al instituto es como enviarlos a un bufet en el que se les exige que prueben todo lo que hay. Como adultos, ya sabemos lo que nos gusta y lo que no, y elegimos en función de esos gustos. En mi caso, consumo alegremente psicología todo el día y no he probado un bocado de física desde que tenía diecisiete años. Los adolescentes, sin embargo, deben consumir todo lo que hay en el menú. Es imposible que les guste todo, y no debemos esperar lo contrario. Creo que la metáfora del instituto como bufet obligatorio aporta la neutralidad necesaria al complejo tema de la motivación académica, así que voy a arriesgarme a abordar esta cuestión.

Empezaré diciendo que, en mi opinión, está perfectamente bien exigirles que profundicen en todo, en parte porque pueden descubrir aspectos del instituto que, gracias a una enseñanza inspirada o a la maduración de sus intereses, acaben gustándoles mucho más de lo que esperaban. Y por eso debemos animarlos a que estén abiertos a la posibilidad de disfrutar con una asignatura que no querían elegir o una experiencia en la que no pensaban participar. Aun así, los estudiantes tendrán sus preferencias, y cuando las reconocemos y hablamos abiertamente de ellas, nos situamos en una posición más ventajosa para ayudarlos a mantener la motivación en el instituto.

Pensemos en una situación habitual: el adolescente al que no le gusta nada una asignatura y, como resultado, su rendimiento es muy bajo. Aunque el instinto nos tiente a decirle que «cambie de actitud», creo que suele ser más útil empezar con una conversación práctica sobre la naturaleza del instituto. «Lo entiendo —podrías decir—. Ahora mismo te sientes con el inglés como yo me siento con la remolacha. Solo la como cuando tengo que hacerlo, lo cual, como adulto que soy, es casi nunca». A partir de ahí, puedes recordarle a tu hijo que, aunque él no soporte esa asignatura, los institutos y las universidades selectivos, los comités de becas y los futuros empleadores suelen interesarse por las notas de los estudiantes al menos tanto como por sus pasiones. «Nadie dice que te tenga que gustar el inglés —podrías añadir—, pero tenemos que encontrar una solución para que la asignatura te resulte suficientemente aceptable y puedas sacar una nota decente».

No quiero disminuir el valor inherente de un requisito escolar ni la satisfacción que pueda aportar, pero a veces los adolescentes necesitan nuestra ayuda para salir del estancamiento. En algunos casos, el simple hecho de ofrecer este tipo de validación puede ser suficiente para solucionar el problema. Para otros que necesitan más, plantear su bajo rendimiento como una cuestión de gusto, en contraposición a un defecto de carácter, puede conducir a conversaciones productivas sobre lo que podría ayudarles a estar más abiertos a lo que se les sirve. ¿Les gustaría, por ejemplo, probar a trabajar con un compañero de estudios o buscar vídeos en internet sobre lo que están aprendiendo? Si sospechas de la existencia de un obstáculo importante (por ejemplo, la necesidad de reforzar contenidos perdidos o una evaluación para descartar un trastorno del aprendizaje), trabaja con los profesores o los orientadores de tu hijo adolescente en la búsqueda de una solución que aborde el problema sin avergonzarle.

Si a tu hijo no le molesta, también puedes comentarle que los gustos cambian con el tiempo. Yo no soportaba el cilantro en el instituto, pero ahora me gusta; entonces me interesaba muy poco la historia, pero ahora leo algo de historia todas las noches antes de acostarme. «Por ahora –puedes decir–, vamos a ver cómo puedes conseguir lo que necesitas de esa asignatura. Pero en el futuro espero que mantengas la mente abierta sobre el inglés. Puede que te llegue a gustar o que encuentres un profesor que lo plantee de una forma con la que disfrutes de verdad».

¿Y qué ocurre con el adolescente al que no le gusta nada de lo que hay en el menú del instituto? También pasa. El instituto se centra en una gama muy reducida de temas y habilidades, y no es nada raro que un estudiante tenga que lidiar con una educación convencional y, sin embargo, esté preparado para prosperar en una carrera que no tiene nada que ver con la enseñanza tradicional. Si este es el caso de tu hijo adolescente, haz estas tres cosas:

En primer lugar, apoya sus intereses. ¿Le resultan indiferentes las clases, pero disfruta mucho trabajando con las manos? Busca un programa escolar o extraescolar que le ayude a desarrollar esas habilidades. ¿Aprende lo justo de las asignaturas estándares, pero produce música en su tiempo libre? Búscale clases, trabajos u otras oportunidades para alimentar ese interés.

En segundo lugar, haz lo que haga falta para empatizar con el hecho de que no es divertido pasarse días, noches y fines de semana consumiendo alimentos poco apetecibles. Aprecia el esfuerzo que hace en los estudios y reconoce que puede no resultarle fácil o natural.

En tercer lugar, pide ayuda a un orientador escolar o a un profesional de la salud mental para descartar una depresión o un trastorno por consumo de sustancias. Los adolescentes sanos tienden a cultivar intereses sólidos, aunque no sean académicos. Si no es el caso, tendrás que abordar la posibilidad de un problema de salud mental más amplio.

También debemos prestar atención a los adolescentes muy concienciados que se sienten obligados a devorar hasta el último pedazo de lo que se les sirve. Por supuesto, no hay nada de malo en que los estudiantes participen con entusiasmo en todo lo que el instituto les ofrece. Sin embargo, el aprendizaje puede llegar a ser innecesariamente estresante para los adolescentes que sienten la necesidad de destacar en todas las tareas de todas las asignaturas. Para combatir el perfeccionismo innecesario, recurre de nuevo a la metáfora del bufet: «Nadie espera que te gusten todas las asignaturas, ni que te gusten todas las clases por igual. Si te encantan las matemáticas y quieres tomar un poco más, hazlo. Pero si los estudios sociales no son lo tuyo, creo que deberías consumir solo lo necesario, ya sea para obtener una nota lo bastante alta o un dominio lo bastante profundo, sin dejar de proteger tu tiempo y tu energía para otras cosas, como dormir y divertirte».

Como padres, debemos estar preparados para adaptarnos al nuevo giro emocional que la adolescencia imprime a la vida cotidiana. Si reflexionamos sobre lo que hemos visto en este capítulo, realmente hay una cantidad extraordinaria de cambios cuando nuestros hijos se convierten en adolescentes. Andan por ahí con un enorme y desestabilizador proyecto de renovación en marcha dentro de su cráneo. De repente, sienten el impulso de separarse de nosotros y desarrollar su propia marca. Al mismo tiempo, tienen que aceptar nuestros defectos personales y las normas de casa. Además, tienen que averiguar cómo gestionar las nuevas fuentes de excitación y riesgo, desde las fiestas, el alcohol, las drogas y los coches hasta las redes sociales, el sexo y el amor. Por si fuera poco, el instituto plantea nuevos desafíos.

Incluso cuando las emociones implicadas en el desarrollo normal de la adolescencia son desagradables, no deseadas o problemáticas, puede que sean las que tengan más sentido en ese momento. Lo que realmente importa es que los adolescentes aprendan a gestionar con eficacia sus sentimientos alterados. Veamos a continuación cómo podemos ayudarlos a conseguirlo.

Capítulo 4

LA GESTIÓN DE LAS EMOCIONES. PRIMERA PARTE: AYUDAR A LOS ADOLESCENTES A EXPRESAR SUS SENTIMIENTOS

Un jueves por la tarde de un mes de marzo abrí la puerta de la sala de espera para llamar a Jada, de dieciséis años. Jada acababa de sacarse el carnet de conducir y ahora venía sola a nuestras sesiones. Con las llaves del coche como único complemento, se levantó lentamente de la silla para seguirme hasta mi despacho. Por la forma en que se movía me di cuenta de que estaba agobiada por algo.

Habíamos empezado a vernos en noviembre, cuando sus padres comenzaron a preocuparse ante la posibilidad de que estuviese deprimida. Jada tenía problemas para dormir, siempre parecía desanimada y le costaba mucho concentrarse en los estudios. Nunca llegó a cumplir todos los criterios de la depresión clínica, pero establecimos una fuerte conexión y nuestro trabajo sacó a la luz las preocupaciones que tenía sobre cómo encajar en el instituto y cómo se comparaba con su impresionante hermana mayor. Cuando cogimos el ritmo de las sesiones semanales, su estado de ánimo mejoró considerablemente. Dado que varios miembros de su familia habían sido diagnosticados con depresión, los padres de Jada apoyaron sin dudar nuestras reuniones periódicas, a pesar de que su hija se sentía, en general, bastante bien.

Aquel jueves en particular, sin embargo, Jada se dejó caer sin ganas en el sofá. Esperé en silencio mientras ella tiraba de sus largas trenzas sobre un hombro, jugueteó con su collar y se pasó las manos por los vaqueros ajustados y rasgados.

—Hoy ha sido un día horrible —empezó—. He ido al *casting* para el musical de primavera y he hecho la prueba para el papel principal, pero me he quedado atascada en el estribillo.

Luego, durante el rato de descanso, se encontró a su profesora de teatro, que era quien dirigía el *casting*, y le pidió que hablasen en privado.

—Me ha dicho que le gusta mucho cómo canto y que entiende que el papel que me han dado no era el que yo quería, pero me ha recordado que habrá dos musicales más antes de graduarme y que tengo mucho tiempo para crecer como intérprete.

Asentí en actitud tranquilizadora y, a continuación, le pregunté cómo reaccionó a lo que le dijo su profesora.

—La verdad es que me he puesto a llorar cuando me lo ha dicho. Ha sido muy amable y me ha traído agua. Pero he tenido que recomponerme porque después tenía un examen.

Jada me explicó que cuando terminó el examen, pidió permiso para ir al baño.

—Me metí en un retrete y lloré un poco más, pero luego tuve que recomponerme otra vez para ir a mi última clase.

Recibí la descripción del día de Jada con una mezcla de compasión y admiración. Por un lado, odiaba imaginármela sentada sola llorando en un retrete. Por otro lado, su relato de la tarde (en la que alternó el llanto con «recobrar la compostura») captaba perfectamente lo que significa tener los sentimientos adecuados en el momento adecuado y gestionarlos con eficacia. Sí, las emociones intensas y no deseadas son desagradables, pero forman parte de la vida y, cuando nos golpean, a los psicólogos solo nos preocupa una cosa: ¿en qué medida se gestionan bien esos sentimientos?

Volviendo a la premisa central de este libro: la salud mental no consiste en sentirse bien. La angustia es inherente al ser humano y, desde luego, es inherente al adolescente que se enfrenta a los retos y las decepciones que forman parte del crecimiento. Cuando nuestros adolescentes se disgustan, nuestro objetivo debe consistir en ayudarlos a gestionar adecuadamente sus emociones. El término que utilizamos los psicólogos para referirnos a la gestión ideal de los sentimientos es *regulación de las emociones*.[1] El corpus de investigación que respalda este concepto es enorme, pero podríamos organizarlo bajo dos epígrafes básicos: (1) obtener alivio de las emociones desestabilizadoras encontrando maneras sanas de expresarlas, y (2) cuando sea necesario, tomarse un descanso de las emociones no deseadas utilizando tácticas sanas para refrenarlas.

Está fuera de nuestro alcance evitar o desterrar rápidamente el dolor psicológico de nuestros adolescentes, y ni siquiera debería ser nuestro objetivo. Sin embargo, podemos y debemos ayudarlos a desarrollar formas de regular sus emociones que les ofrezcan alivio y no sean dañinas. Jada lo hizo muy bien recurriendo tanto a la expresión como al control emocional para manejar su decepción por no haber conseguido el papel que quería. Lloró en presencia de una profesora afectuosa (expresión sana), después pulsó el botón de pausa de su tristeza para hacer un examen (control sano). Buscó un lugar privado donde llorar un poco más (expresión sana), recuperó la compostura para terminar la última clase (control sano) y aprovechó la sesión conmigo para hablar de su decepción y su frustración (expresión sana). Lo que podría parecer una tarde dura para cualquier otra persona es una clase magistral de regulación emocional para quienes nos ganamos la vida ayudando a jóvenes a gestionar sus sentimientos.

Expresión y control, control y expresión. La mayoría de las veces, los adolescentes encuentran el equilibrio necesario por sí mismos, como hizo Jada. Pero no siempre ocurre así. En ocasiones, les cuesta encontrar salidas adecuadas para sus emociones, y a veces esas emociones arrasan con todo y necesitan ser controladas. En cualquiera de estos casos, existe una clara necesidad (y, por suerte, mucho espacio) de que los adultos intervengan y ayuden.

Entiendo que esta puede ser una forma nueva y desconocida de abordar el modo de ayudar a los adolescentes a enfrentarse a sentimientos incómodos, pero recuerda esto: como padres, no podemos evitar el dolor emocional de nuestros hijos. Lo que debemos hacer es ayudarlos a gestionar el malestar cuando aparezca. Adoptar un enfoque de gestión, no de eliminación, de los sentimientos no deseados consigue exactamente lo que los padres de adolescentes deberían perseguir. Reforzamos los vínculos con nuestros hijos cuando nos damos cuenta y admiramos el impresionante trabajo que ya están haciendo para regular sus emociones. Además, los equipamos para una vida emocional independiente ayudándolos a aprender a regular sus sentimientos de manera eficaz. Y también los preparamos para una vida emocional plena, para que no vivan con miedo a los sentimientos intensos.

Piensa que este capítulo y el siguiente representan el manual de regulación emocional en dos volúmenes complementarios. El volumen 1 (este capítulo) te guiará para ayudar a los adolescentes a expresar sus emociones con el fin de hacerlas más llevaderas. El volumen 2 (el siguiente capítulo) será el manual de estrategia para ayudarlos a tomarse un descanso de sus sentimientos cuando sea necesario, a fin de «recomponerse», en palabras de Jada, cuando llegue el momento.

¿Por qué va antes el manual de expresión emocional? Porque encontrar una salida adecuada para los sentimientos casi siempre proporciona a nuestros adolescentes todo el alivio psicológico que necesitan. Así que vamos a ello.

HABLAR DE LOS SENTIMIENTOS FUNCIONA

Damos por sentado que expresar los sentimientos con palabras proporciona alivio emocional. La sabiduría convencional y la experiencia personal nos dicen que «sacarnos algo de encima», «desahogarnos» o «hablar de lo que de verdad nos pasa» nos ayuda a sentirnos mejor. Sin embargo, si lo pensamos bien, deberíamos asombrarnos de que el simple hecho de describir un estado psicológico incómodo haga que ese estado sea más llevadero. Aunque toda mi carrera como psicóloga clínica se basa en el supuesto de que encontrar palabras para las emociones alivia el sufrimiento, la magia de este fenómeno nunca ha dejado de sorprenderme.

Bueno, no es exactamente magia, y existen varias teorías sobre el motivo por el que expresar los sentimientos con palabras reduce el malestar psicológico. Una de ellas es que solo podemos comprender las emociones, y por tanto aliviarlas, cuando las trasladamos del reino de la experiencia abstracta al reino del lenguaje y el pensamiento. Otra afirma que hablar de sentimientos dolorosos reduce la sensación de aislamiento al permitirnos informar a otras personas de nuestras realidades internas, por lo demás invisibles. Puede que sigamos hundidos en la miseria después de contársela a alguien, pero en general es mejor no estar completamente solos con nuestra angustia.[2] A decir verdad, los psicólogos no hemos llegado a un acuerdo general sobre el motivo exacto por el que nos sentimos mejor cuando explicamos que nos sentimos mal. Dejando a un lado las teorías divergentes, sabemos que hablar de los sentimientos funciona. Más allá de las abundantes pruebas de la eficacia de la terapia conversacional, podemos medir los beneficios de verbalizar las emociones incluso a nivel fisiológico.[3]

En un estudio, los participantes observaron fotografías perturbadoras de catástrofes naturales, accidentes truculentos o personas sufriendo de manera evidente.[4] A continuación, a algunos de ellos se les pidió que hablasen sobre sus reacciones emocionales ante las imágenes, mientras que a otros se les dijo que se limitasen a describir lo que veían en las fotografías. Mientras los sujetos compartían sus sentimientos personales o exponían hechos objetivos, unos electrodos medían su activación emocional a través de la actividad eléctrica de su piel. Los datos de los electrodos demostraron que hablar de los sentimientos provocados por las imágenes tenía un efecto calmante, pero describir los hechos objetivos que mostraban, no.

Otro estudio utilizó un enfoque similar para analizar lo que ocurre en el cerebro cuando expresamos lo que sentimos. Los investigadores pidieron de nuevo a los voluntarios que viesen imágenes angustiosas y, en este estudio, indicaron a algunos participantes que permanecieran en silencio y a otros que describiesen lo que sentían al mirar las imágenes.[5] Mientras tanto, se monitorizó el cerebro de los participantes en la investigación mediante tomografía por emisión de positrones, una tecnología que permite observar la actividad neurológica en tiempo real. Una vez más, el acto de hablar de los sentimientos ejerció un efecto calmante (en esa ocasión, sobre la actividad de la amígdala y otras partes del cerebro relacionadas con la activación emocional), mientras que permanecer en silencio no causó dicho efecto.

Así pues, la sabiduría tradicional sobre los beneficios de hablar de los sentimientos está confirmada científicamente, y eso nos lleva a un punto práctico en la crianza de los adolescentes: cuando nos enfrentamos a adolescentes que nos cuentan lo preocupados que se sienten, debemos recordar que las descripciones de su dolor emocional (que pueden ser vívidas y alarmantes) no aumentan su angustia emocional, sino que por lo general la reducen. Resulta fundamental recordar que en el momento en que los adolescentes nos cuentan que se sienten ansiosos, o enfadados, o tristes, o cualquier otra emoción que decidan expresar con palabras, ya están utilizando una estrategia eficaz para ayudarse a sí mismos a afrontarla. Como psicóloga, lo sé perfectamente. Como madre, en cambio, lo olvido a menudo. Cuando se acerca la hora de acostarse y una de mis hijas quiere hablar de algo que le ha estado preocupando todo el día, tiendo a pensar: «¡Oh, no! ¿De dónde sale esto ahora?», en lugar de reconocer que ella ya ha hecho el notable trabajo de percibir su malestar emocional, reflexionar sobre él, encontrar una descripción para ese sentimiento y, finalmente, explicármelo. Lo que casi siempre se me pasa en el momento es que ella ya ha llevado su balón emocional hasta la línea de meta contraria. En ese instante de crisis puedo cometer el error de centrarme en por qué corre tras ese balón y en cómo puedo hacer que lo deje cuanto antes. En cambio, cuando lo hago bien, me doy cuenta de la distancia que ha recorrido ella sola y de que me ha facilitado la tarea de ayudarla a marcar el gol del alivio.

ESCUCHAR, PERO ESCUCHAR DE VERDAD, ES IMPORTANTE

Así, cuando los adolescentes nos explican que sienten dolor psicológico, ¿cuál es nuestra mejor respuesta? Por lo general, basta con escuchar lo que tienen que decir. Es posible que parezca obvio y fácil sobre el papel, pero puede ser sorprendentemente difícil en la práctica. Odiamos ver sufrir a nuestros adolescentes y, de forma instintiva, intentamos aliviar su angustia tratando de ahuyentar del campo lo que sea que la haya causado. Una adolescente dice que no le gusta el horario de los turnos que le han asignado en el trabajo, y nosotros le decimos que debería hablar con su jefe. Un adolescente está enfadado porque un compañero de clase le ha robado su cita para el baile de fin de curso, y le hacemos una lista de otras compañeras a las que podría pedirles que fueran con él. Un adolescente se queja de que echa de menos a su mejor amigo, que está de campamento, y le decimos que cualquier día le llegará una carta.

Estas sugerencias no tienen nada de malo, pero no suelen salir bien (como probablemente habrás aprendido por experiencia propia). Y se debe a que centramos nuestra atención en el objetivo equivocado. En lugar de intentar borrar el problema que ha provocado el disgusto de nuestro hijo adolescente, deberíamos ver (al menos al principio) si el hecho de expresar los sentimientos con palabras proporciona todo el alivio que necesita. El mero hecho de hablar de los sentimientos reduce su intensidad, así que deja hablar a tu hijo. Antes de intervenir para tranquilizarlo, darle un consejo o recordarle que viviste una experiencia similar hace mil años, cuando eras adolescente, observa qué ocurre si te limitas a escuchar.

Debo añadir en este punto que resulta fácil pensar que estamos escuchando cuando en realidad no es así. En lugar de escuchar, lo que hacemos casi siempre es esperar a que nuestro adolescente termine de hablar para compartir una idea que nos ha venido a la cabeza poco después de que empezase a contarnos lo que le pasa. Eso no es escuchar, es tomar la palabra. Para escuchar *de verdad*, imagina que eres el editor de un periódico y que tu hijo es uno de tus reporteros leyéndote el borrador de un artículo sobre un profesor irritante o un compañero de clase que le preocupa, o cualquier otra noticia preocupante del día. Esta es tu tarea: en cuanto tu reportero acabe de leer el artículo, tienes que elaborar su titular. En otras palabras, debes reducir una historia larga y detallada a su esencia convincente. Esto requiere un verdadero esfuerzo, pero merece la pena intentarlo.

Aunque a menudo me equivoco en mi propia casa, he aquí un ejemplo de una ocasión en la que acerté: en marzo de 2020, cuando empezó la pandemia, mi hija mayor estaba cursando el último año de secundaria. Cuando se impuso la realidad del confinamiento, empezó a despotricar justificadamente sobre el instituto y en qué se había convertido. Se quejaba de que le habían quitado todo lo divertido (los clubes, los juegos, la posibilidad de estar con sus amigos), pero que no habían tocado las clases teóricas y el empollar para los exámenes del programa avanzado. La escuché como un editor y, cuando por fin se cansó, le dije:

–Parece que ahora en el instituto solo hay verduras y nada de postre.

Ella agradeció y aceptó el titular y, al menos de momento, se sintió mejor. Expresar su frustración con palabras y oírme utilizar las mías para resumir su experiencia fue suficiente para reducir su malestar hasta un nivel tolerable.

No te preocupes si no se te ocurre ningún titular, pero inténtalo. El acto en sí mismo de prestar este tipo de atención a la historia de tu reportero ya le hace bien. Es raro que cualquiera de nosotros ponga toda su concentración en escuchar lo que otra persona trata de comunicar. Tu hijo adolescente se dará cuenta, de manera consciente o no, de que estás realmente atento a lo que te está contando, y eso le reconfortará. Cuando nos implicamos al máximo y, al mismo tiempo, nos abstenemos de proponer soluciones, comunicamos sin palabras tres cosas esenciales: una, que comprendemos su dolor emocional y no nos alarmamos; dos, que ellos tampoco tienen por qué temer sus emociones dolorosas, y tres, que en lugar de intentar resolver sus problemas rápidamente y sin un plan claro, lanzándoles sugerencias a diestro y siniestro, les proporcionamos algo mejor: nuestra presencia atenta y constante.

LA EMPATÍA LLEGA MÁS LEJOS DE LO QUE PENSAMOS

De acuerdo, ¿has escuchado y has prestado atención, pero tu hijo adolescente no se siente mejor? Esta es tu próxima jugada: ofrecer empatía. El mero hecho de brindar nuestra compasión es una forma comprobada de ayudar a nuestros adolescentes y, sin embargo, se trata de un enfoque que tendemos a olvidar. Las investigaciones demuestran que los adolescentes con padres empáticos presentan niveles más bajos de inflamación sistémica (un marcador biológico del estrés emocional), pero tendemos a pasar por alto la empatía y optamos por tratar de tranquilizarlos.[6] Puede parecer demasiado simple limitarse a decir con cariño «Siento mucho oír eso», «Lo que explicas suena horrible» o «No me extraña que te sientas tan mal». Sin embargo, no debemos dar por sentado que algo tan sencillo debe ser ineficaz, sobre todo si tenemos en cuenta que intentamos animar a nuestros adolescentes a que consideren que hablar de los sentimientos es una forma indispensable de regular sus emociones.

Cuando nuestros hijos consiguen expresar sus altibajos, queremos que nuestra respuesta recompense y refuerce ese comportamiento. Escuchar con atención y ofrecer empatía a continuación les demuestra que están haciendo lo correcto cuando buscan alivio y encuentran un oyente cariñoso (¡que seríamos nosotros!) con el que pueden compartir lo que les preocupa.

La próxima vez que tu hijo adolescente se sienta abatido, responde con empatía. Pero no te limites a eso: ofrécele tus palabras de empatía con la plena convicción de que tu compasión por sí sola puede proporcionarle suficiente alivio psicológico. Hace poco me encontré con una madre de mi vecindario que me contó que se había tomado en serio la utilidad de la empatía después de escucharme en una charla sobre la compasión como solución en sí misma.

—La otra noche, mi hija de doce años estaba destrozada porque la habían colocado en una clase de matemáticas de un nivel inferior al de todos sus amigos —me dijo—. Después de que se desahogara un rato, le dije: «Entiendo por qué te sientes tan mal.

Lo que estás explicando dejaría fatal a cualquiera». Solo con eso, bajó los hombros y se relajó. El siguiente paso —prosiguió mi amiga medio en broma— es conseguir que mi marido deje de decirle que estará bien o que puede hacer amigos en su nueva clase de matemáticas.

Aunque sepamos que la empatía puede llegar muy lejos, no siempre resulta sencillo dar con una respuesta cariñosa para todo lo que nos cuentan los adolescentes. Uno de esos momentos se produce cuando estamos al final de una larga jornada y lo que nuestro hijo quiere compartir es una letanía de quejas. Cuando me apresuro a llevar la cena a la mesa y a acabar todo lo que tengo pendiente para poder relajarme antes de acostarme, me doy cuenta de que mi cansancio está por las nubes y mi empatía bajo mínimos. Justo al final del día, cuando una de mis hijas empieza a quejarse de lo que le ha pasado en el instituto, puede ser todo un reto sacar lo mejor de mí como madre. En esos momentos, esto es lo que me ayuda a salir airosa: recuerdo el episodio que viví hace muchos años en un auditorio de Nueva Jersey, cuando estaba terminando una charla sobre el estrés y la ansiedad con un grupo de alumnos de secundaria.

—Antes de acabar —dije—, tengo una pregunta para vosotros. Dado que esta noche voy a dar una charla sobre este tema a vuestros padres, ¿queréis que les transmita algo cuando esté con ellos?

Se alzaron varias manos, entre ellas la de una chica de unos quince años con un gesto tan serio en el rostro que me di cuenta de inmediato de que tenía algo urgente que decir.

Cuando la señalé, se levantó y formuló su petición:

—Por favor, diles que cuando me queje de mi día en el instituto, lo único que quiero que me respondan es: «¡Dios mío, eso es un asco!».

Muchos de sus compañeros asintieron con la cabeza y algunos incluso aplaudieron.

La respuesta que quería aquella alumna de sus padres, excluyendo todas las demás, es ahora mi respuesta por defecto a las quejas de mis hijas al final del día. Os prometo que casi siempre proporciona la validación y el apoyo que los adolescentes necesitan para sentirse mejor.

Sin embargo, incluso teniendo a mi disposición esa respuesta tan efectiva y conociendo su largo historial de buenos resultados, a veces me las arreglo para meter la pata. No hace mucho, mi hija pequeña llegó a casa descontenta porque al día siguiente tenía varios exámenes. Cuando empecé a tranquilizarla diciéndole que podía hacerlo y a sugerirle soluciones para mantener la concentración durante todo el día, me miró con gesto burlón y dijo:

—¿No podrías quedarte con un simple «¡Eso es un asco!»?

AYUDAR A LOS ADOLESCENTES A CONCRETAR SUS SENTIMIENTOS

Cuanto más precisos sean los adolescentes en la expresión de sus sentimientos, mayores serán los beneficios que obtengan. La psicología denomina *granularidad emocional* a las distinciones sutiles entre los sentimientos individuales, y las investigaciones demuestran que la capacidad de describir las experiencias internas con precisión se asocia a una regulación emocional y a una salud mental general mejores.[7] La especificidad multiplica el poder de la verbalización de los sentimientos. Decir «Me siento desanimado» alivia más que decir «Estoy triste». Y comentar que «Me siento resentido por lo que ha pasado» disipa más angustia que «Estoy enfadado».

Aunque los adolescentes suelen rebosar de emociones, no siempre saben cómo nombrar lo que les pasa por dentro y a veces necesitan ayuda para dar con la descripción más adecuada. Aunque entiendo este punto desde que soy psicóloga, hace unos años adquirí una nueva perspectiva mientras leía *Orgullo y prejuicio*, de Jane Austen. Al principio del libro, me detuve en una línea que describía a la señora Bennet, la problemática madre de la heroína de la novela, Elizabeth, y de sus cuatro hermanas.[8] Decía: «Te encanta disgustarme. No tienes compasión de mis pobres nervios». La frase me hizo pensar en la frecuencia con la que los adolescentes acuden a mi consulta diciendo que se sienten ansiosos, pero a continuación pasan a describir una pelea frustrante con un amigo o, con más que un atisbo de emoción en la voz, un próximo partido decisivo en el que van a participar. Cuando los adolescentes dicen sentirse ansiosos, casi siempre parecen estar diciendo que se sienten agitados, que no se sienten tranquilos. La ansiedad es, sin duda, una forma de activación emocional (la que los psicólogos relacionamos con sentirse asustado o amenazado), pero también es solo una de las muchas emociones de la categoría «no tranquilo».

Los adolescentes de hoy utilizan mucho la palabra *ansiedad*. Cuando lo hacen en mi consulta, agudizo el oído en busca de una oportunidad para ayudarlos a mejorar su granularidad emocional. Con mi diccionario mental de sinónimos preparado, les pido que me cuenten más sobre lo que les pasa. Si un adolescente describe una situación que le ha llevado a sentirse asustado o amenazado, en mi cabeza acepto que el término *ansiedad* encaja y dirijo nuestro trabajo hacia la gestión de sus nervios. Sin embargo, cuando conozco más detalles de la historia, no es nada raro que mi respuesta sea del tipo «He oído que te sientes ansioso por la pelea con tu amigo, cosa que tiene sentido. Pero ¿crees que también podrías estar molesto o irritado?» o «No hay duda de que los grandes partidos pueden provocar ansiedad, pero me pregunto si también podrías sentir cierto temor o nerviosismo por lo que pueda pasar».

Lo que hago en mi consulta para mejorar la especificidad de cómo describen los adolescentes su mundo interior se puede hacer en casa. Cuando hablan de sentirse ansiosos (o molestos, o enfadados, o desanimados, o cualquier otra emoción vagamente definida), normalmente nos están brindando la oportunidad de ayudarlos a desarrollar su vocabulario emocional. Si tu hijo vierte una afirmación general, como «¡Todo es un asco!», intenta responderle amablemente con un «¿Y eso?» o «¿Qué pasa?». A continuación, presta atención a los detalles. Si explica que «El profesor de inglés nos ha puesto un montón de deberes», empatiza con el hecho de que pueda sentirse molesto, agobiado, desanimado o cualquier otro adjetivo que consideres más acertado. Si tu hija comparte que no está contenta por la cancelación de un evento que llevaba tiempo esperando, hazle saber que tiene todo el sentido del mundo que se sienta triste, pero que sería totalmente comprensible que también se sintiera decepcionada, defraudada, abatida o resentida.

Ofrecer a los adolescentes términos más sutiles y precisos para describir su mundo interior les ayuda en dos frentes: convierte el camino hacia el alivio emocional en una autopista a través de la verbalización y, además, es un profundo gesto de empatía. Centrar la atención en la descripción confusa de la agitación psicológica de un adolescente con términos exactos y precisos requiere una implicación emocional real y un alto nivel de sintonía psicológica, un grado de dedicación que la mayoría de los adolescentes consideran muy reconfortante.

CÓMO CONSEGUIR QUE LOS ADOLESCENTES SE ABRAN

Hasta el momento, en este capítulo hemos dado por sentado que los adolescentes son propensos a hablar de sus emociones. Sin embargo, esa es una suposición demasiado generalizada. ¿Qué hay de los que son extremadamente reservados, los que rara vez o nunca nos ofrecen un parte meteorológico interno, ni siquiera cuando vemos que se avecina una borrasca? ¿O qué ocurre con los adolescentes con dificultades lingüísticas o de aprendizaje que les dificultan la expresión de sus pensamientos y sus sentimientos con palabras? Muchos padres de adolescentes que tienden a guardarse sus sentimientos desearían saber más sobre lo que sus hijos piensan y sienten. Les encantaría tener la oportunidad de escucharlos, resumir en un titular lo que les cuentan, empatizar con ellos y ayudarlos a mejorar su vocabulario emocional. ¡En su mayoría incluso estarían encantados de escuchar quejas! En lugar de eso, sus conversaciones normalmente discurren más o menos así:

–¿Qué tal el instituto?

–Bien.

–¿Ha pasado algo interesante hoy?

–No.

¿Hay alguna forma de superar esta reticencia? No siempre es fácil conseguir que los adolescentes hablen de sus emociones más íntimas, pero existen algunas estrategias para incrementar las probabilidades de tener una conversación significativa. Lo primero que hay que recordar es que a los adolescentes, sobre todo a los más reservados, no les gusta nada que los pongan en un aprieto. Por tanto, tu prioridad número uno consiste en mantener a tu hijo alejado de la primera línea.

Una técnica consiste en evitar las preguntas directas. En lugar de preguntar «¿Qué te parece tu nueva entrenadora?», puedes tomar una vía indirecta: «¿Qué dice la gente de la nueva entrenadora? ¿Les gusta?». En lugar de «¿Te alegras de que los exámenes finales ahora sean antes de las vacaciones de Navidad?», prueba con «¿Qué se dice por ahí sobre el nuevo calendario de los exámenes finales?». Aunque sin duda preferiríamos saber qué sienten nuestros hijos ante una situación determinada, considera una victoria (sobre todo en el caso de los adolescentes que tienden a ser callados) entablar una conversación sobre cualquier tema emocional que estén dispuestos a comentar. Aunque nuestro objetivo último es ayudarlos a encontrar alivio emocional expresando sus propios sentimientos, conseguir que hablen de lo que sienten sus compañeros puede favorecer el inicio de la conversación.

También puedes poner las cartas de la conversación a tu favor guardándote las preguntas para momentos en los que tu hijo y tú no estéis cara a cara. Muchos padres descubren que tienen algunas de las conversaciones más espontáneas con sus hijos adolescentes cuando van juntos en el coche o de paseo. Para ellos puede ser mucho más fácil compartir su mundo interior cuando no tienen que mirarnos. Siempre que quiero sacar un tema delicado con alguna de mis hijas, espero a que estemos en el coche y a que falten unos tres minutos para llegar a casa. El efecto combinado de que las dos estemos mirando al frente y de que mi hija sepa que el tema no puede alargarse mucho nos da la oportunidad de mantener una conversación significativa, aunque breve, que de otro modo sería imposible.

Otra forma de evitar que los adolescentes se vean en el punto de mira consiste en tener en cuenta que la naturaleza abstracta de las emociones hace que les resulte muy difícil hablar de ellas. Hacerles preguntas sobre hechos y acontecimientos –por ejemplo, «¿Has tenido clase de arte hoy?»– es una cosa, pero preguntarles sobre las sutilezas de su mundo emocional es algo totalmente distinto. Puedes plantear una pregunta como «Pareces disgustado, ¿qué te pasa?» y estar listo al instante, con el guante abierto y alerta, para recibir la respuesta. Sin embargo, es posible que tu hijo necesite tiempo para procesar la pregunta antes de responder. En ello también puede influir el estilo de pensamiento del adolescente (cuánto le gusta hablar de sus pensamientos a medida que van tomando forma o cuánto le gusta elaborarlos por completo mentalmente antes de hablar). Además, está la cuestión de la velocidad de procesamiento (el ritmo al que cada uno piensa), que varía mucho de una persona a otra y que, por cierto, no guarda una relación estrecha con la inteligencia general.[9] Con todos esos factores en juego, puedes comprender lo improbable que resulta obtener una respuesta rápida y satisfactoria cuando se pregunta a un adolescente sobre una experiencia emocional difusa. Si hablas con uno que necesita tiempo para pensar en lo que siente, deja un poco de margen entre la pregunta y la respuesta. «Hace un par de días que pareces desanimado —podrías decirle a tu hijo un sábado por la mañana, y añadir—: Si quieres charlar en algún momento el fin de semana, ya sabes que aquí estoy».

¿Buscas otra forma de mantener a los adolescentes alejados del punto de mira y facilitarles la expresión de sus emociones con mayor libertad? Prueba con los mensajes de texto. Una amiga, madre de dos chicos adolescentes que nunca sueltan prenda, me dio a conocer este método. Me contó que las conversaciones más profundas y sinceras con sus hijos se han producido a través de mensajes de texto. En una ocasión, cuando uno de sus hijos terminó el semestre con unas notas inusualmente bajas en dos asignaturas, mi amiga y su marido intentaron hablar con él sobre lo ocurrido. Él les repetía que no sabía qué decir, de modo que se fueron a la cama tras renunciar a mantener una conversación.

—A la mañana siguiente, después de irse al instituto —me contó mi amiga—, le envié un mensaje para decirle que no se preocupase, que solo queríamos entender qué pasaba con sus notas. Me respondió con el mensaje más largo que he recibido en mi vida.

Su hijo le explicó que se sentía avergonzado por las notas y fatal por decepcionarlos, y que tenía miedo de que se hubiesen enfadado con él. Mi amiga y su hijo estuvieron enviándose mensajes durante el día y pudieron tratar el tema de una forma que nunca habría sido posible en persona.

—Al final me escribió para decirme que apreciaba mucho nuestro apoyo y que nos quiere. Se me saltaron las lágrimas al leerlo. Me habría gustado que fuese capaz de decirnos todo eso en persona —añadió tímidamente mi amiga.

No vi ninguna razón para que se sintiera avergonzada por la historia. Aunque es fácil imaginar a otros padres sentados alrededor de la mesa en largas conversaciones sinceras con sus hijos adolescentes, sospecho que eso es bastante raro. Así se lo dije, y añadí que creía que había dado con una solución brillante y que esperaba que muchos otros padres ya la hubiesen descubierto.

Si lo pensamos bien, abordar temas emocionales por mensaje es una forma perfecta de entablar una conversación delicada sin que los adolescentes se vean expuestos. No tienen que mirarnos, pueden tomarse todo el tiempo que necesiten para contestar y la respuesta escrita permite una explicación mucho más precisa de cómo se sienten de lo que jamás comunicarían en persona.

La próxima vez que tu hijo adolescente reacio a hablar se marche al instituto envuelto en un nubarrón emocional, prueba a enviarle un mensaje: «Me ha parecido que llevabas una mañana dura. ¿Cómo estás ahora?». Si recibes una respuesta significativa, ¡bien hecho! Por supuesto, envíale una respuesta de validación, pero no caigas en la tentación de retomar la conversación en persona a última hora del día. Pasar del mensaje de texto a la conversación puede hacer que el adolescente se arrepienta de haberse abierto y que ambas posibilidades no lleguen a ninguna parte.

Si no recibes respuesta o te responde casi con monosílabos, no desesperes. Según mi experiencia, los adolescentes sí quieren compartir lo que piensan con sus padres, pero quieren hacerlo a su manera, no a la nuestra.

DEJAR QUE LOS ADOLESCENTES ESTABLEZCAN LAS CONDICIONES DE LAS CONVERSACIONES

No hace mucho visité un centro educativo de Nueva Orleans en el que hablé para los alumnos, el personal y los profesores por la mañana, y para los padres por la tarde. Una hora antes de la charla para los padres empezó a llover mucho, así que el público acabó siendo un grupo reducido pero intrépido que había llegado perfectamente equipado para el mal tiempo. En aquella presentación mencioné que algunos adolescentes se muestran mucho más comunicativos cuando nos reservamos las preguntas para el coche. Una vez terminada la charla y la sesión de preguntas y respuestas, la mayoría de los padres se marcharon, pero algunos se agruparon cerca del estrado para hablar conmigo y ponerse al día entre ellos.

Un hombre de mediana edad y su mujer me dieron amablemente las gracias por la presentación. Querían charlar un poco más conmigo.

—Lo que has dicho de que los adolescentes son más habladores en el coche —empezó él— es cierto. Al menos eso es lo que nos pasa con nuestra hija de catorce años. Pero el otro momento en el que habla mucho es por la noche. Cuando estamos en la cama leyendo y a punto de dormir, entra en nuestra habitación y se planta en una silla. Se puede tirar veinte minutos o más hablando de todo.

La mujer apoyó una mano en el brazo de su marido y se apresuró a intervenir.

—Antes él intentaba cortarla, le decía que era muy tarde y que teníamos que dormir todos. Pero le dije que la dejase. —Su marido asintió—. No acostumbra a hablar mucho en el resto de las situaciones, así que tenemos que aprovechar.

Un padre alto, amigo suyo, se encontraba cerca escuchando la conversación. Cuando les oyó describir la costumbre de su hija de sincerarse con ellos por la noche, de repente su expresión pasó de mostrar un leve interés a un asombrado reconocimiento.

—¡Eso es exactamente lo que yo hacía cuando era adolescente! —exclamó—. Volvía a casa del internado y no contaba gran cosa hasta que mis padres estaban en la cama. Entonces me quedaba en la puerta, apoyado en el marco, y les explicaba todo lo que había pasado en el colegio. No había vuelto a pensar en ello hasta ahora.

—¡Esto es realmente fascinante! —les dije a los tres. A continuación, me dirigí al padre alto—: ¿Crees que era porque podías terminar la conversación cuando quisieras? ¿Que podías marcharte sabiendo que tus padres no iban a levantarse de la cama para hacerte preguntas?

—Sí, en retrospectiva creo que eso es exactamente lo que pasaba —respondió. Pude ver en sus caras que los padres de la chica de catorce años estaban pensando lo mismo.

—Ahora que lo dices —comentó la madre—, parece que eso es lo que ocurre también en nuestra casa. La conversación se acaba cuando nuestra hija decide que se ha acabado. Conociéndola, seguro que así le resulta más fácil abrirse.

Con demasiada frecuencia, nuestros esfuerzos por conseguir que los adolescentes compartan lo que piensan consisten en intentar hablar con ellos en los momentos y sobre los temas que tienen más sentido para nosotros. Por supuesto, no hay nada de malo en saludar a nuestros adolescentes al final del día con un cariñoso «¿Qué tal el instituto?», pero debemos estar preparados para que esa conversación no vaya a ninguna parte. ¿Por qué? Porque los adolescentes, en el fondo, son criaturas que buscan la autonomía. Cuando les preguntamos por su día en un momento que nos viene bien, en realidad los estamos convocando a una reunión para la que nosotros hemos decidido la hora y el orden del día. Dada la fuerza de su deseo de autodeterminación, he aprendido que los adolescentes, especialmente los que parecen esfinges, son más propensos a abrirse cuando son ellos los que establecen las condiciones del encuentro. Visto así, la verborrea nocturna de la que tuve noticia en Nueva Orleans tiene todavía más sentido. En ambos casos, fue el adolescente quien decidió cuándo empezaba y cuándo terminaba la reunión. Y también fueron ellos los que fijaron el orden del día, convocando la reunión solo cuando sus padres ya habían dejado a un lado sus propias agendas diarias.

«Un momento –estarás pensando–, ¿entonces tiene que ser mi hijo adolescente quien convoque todas las reuniones? ¿Y se supone que puede hacerlo a horas intempestivas? Sabe que le queremos y que nos interesamos por su vida; ¿no es razonable suponer que podríamos encontrarnos a medio camino y estar abiertos a charlar a veces según sus condiciones y a veces según las nuestras?». En realidad, los adolescentes a menudo se encuentran con nosotros a mitad de camino, y deberíamos tenerlo en cuenta. Cada vez que obtengo una respuesta auténtica cuando pregunto a alguna de mis hijas cómo le va en el instituto, sus planes para el fin de semana o cualquier otra cosa, significa que ha aceptado mis condiciones. Deja a un lado su profundísimo deseo de ser la única a cargo de su barco y me permite subir a bordo e inspeccionarlo.

Como padres, queremos que nuestros hijos adolescentes se dirijan a nosotros cuando necesiten alguien con quien hablar. Esto significa que tenemos que estar preparados para conectar en términos que podrían funcionar mejor para ellos que para nosotros. No lo estropeemos. No rechacemos sus insinuaciones a deshoras sin tener en cuenta que tal vez sea así como pueden expresar emociones muy íntimas sin sacrificar su sentido de la autonomía. Por supuesto, eso no significa que tengas que aceptar llamadas no urgentes de tu hijo universitario a medianoche. Significa que debemos dar cabida a la necesidad adolescente de autodeterminación en la forma de compartirse con nosotros. El mismo adolescente que se mantiene a distancia durante el día puede acercarse por la noche. Cuando eso ocurra, recordemos que se nos está convocando a una reunión a la que queremos asistir.

CÓMO ENTABLAR Y SEGUIR UNA CONVERSACIÓN

Las investigaciones demuestran que a la mayoría de los adolescentes les caen bien sus padres y quieren conectar con nosotros.[10] De hecho, una queja que les escucho a menudo es que cuando quieren hablar (incluso en horario normal) no siempre les resulta fácil conseguir nuestra atención. Cada vez que un adolescente saca este tema en la consulta, no puedo evitar sentirme culpable al imaginarme cómo se desarrollan esas interacciones en mi propia casa.

Por ejemplo, sin tener la intención consciente de hacerlo, he designado la cena como el momento en el que estamos juntos y hablamos de aspectos importantes de nuestro día. Puede que mis hijas me complazcan y participen en mi agenda para nuestra cena o puede que no estén de humor para hablar en ese momento. En cualquier caso, cuando lo tengo todo recogido, paso al resto de mis planes para lo que queda del día. Llamo a mis padres o a alguna amiga, hago una limpieza del correo electrónico, preparo la lista de la compra, etc. En algún momento después de la cena, mientras intento averiguar qué cosas de la pila de asuntos pendientes de la encimera de la cocina no puedo seguir ignorando, una de mis hijas se acerca para decirme: «Hoy ha habido una pelea en el instituto». Puede que me vuelva hacia ella, asiente con la cabeza e incluso diga «¡Vaya!», pero es muy probable que deje pasar su invitación para hablar. En lugar de dejar a un lado los papeles, sintonizar y hacer algunas preguntas, es posible que solo escuche a medias el resto de lo que ella me ofrece, tratando sobre todo de aferrarme al hilo de lo que yo estaba pensando antes. No estoy orgullosa de nada de esto, sobre todo teniendo en cuenta que mis hijas me conocen mejor que yo misma (igual que tu hijo adolescente te conoce a ti) y saben cuándo está dividida mi atención.

Sin duda, hay momentos en los que no deberíamos interrumpir lo que estemos haciendo. Sin embargo, si estamos en casa y uno de nuestros hijos quiere hablar con nosotros, deberíamos reconocer la oportunidad y darle la bienvenida. Mi instinto en este campo no siempre es bueno (hay pocas cosas que me gusten más que tachar tareas de mi lista de cosas pendientes), pero mis años de práctica clínica me han sido de gran ayuda. Durante mucho tiempo, antes de convertirme en madre de adolescentes, escuché a madres y padres en mi consulta lamentándose de lo rápido que había pasado la etapa del instituto. Así, cada vez que me siento indecisa entre seguir con mi propio plan para la noche o dejarlo a un lado para escuchar, me recuerdo a mí misma que pronto tendré todas las noches para pasarlas como me plazca. Y cuando llegue ese momento, me arrepentiré de no haber aprovechado al máximo las ocasiones en las que a una de mis adolescentes le apetecía hablar.

Además de recoger los temas de conversación que nuestros hijos pongan sobre la mesa, existe otra forma de aumentar las probabilidades de que nos busquen para que los escuchemos: estando cerca. Aunque lo habitual es que pasemos mucho tiempo con ellos cuando son pequeños, los vemos cada vez menos a medida que cumplen años.[11] Normalmente, los adolescentes tienden a estar ocupados con actividades relacionadas con los estudios, las actividades extraescolares, algún trabajo, los amigos o todo lo anterior. Y muchos padres, entre los que me incluyo, agradecen la libertad de poder hacer planes sin tener que contratar a una canguro. Del mismo modo que los adolescentes a los que atiendo se quejan en ocasiones de que sus padres no siempre los escuchan, muchos también me cuentan que desearían que sus madres y padres estuviesen más presentes. Hasta que escuché esta queja de suficientes adolescentes para darme cuenta de lo habitual que era, me desconcertó por dos razones. En primer lugar, casi siempre tenemos la impresión de que a nuestros adolescentes les encantaría que no estuviésemos tanto en casa. En segundo lugar, tenía la firme sospecha de que los adolescentes que me decían que desearían que sus padres estuviesen más en casa también ignoraban a esos mismos padres la mayor parte del tiempo cuando estaban en casa.

Con los años, sin embargo, he llegado a la conclusión de que los adolescentes se sienten más tranquilos cuando saben dónde están sus padres, de la misma manera que los niños pequeños con un apego seguro siguen los movimientos de sus progenitores por la casa mientras realizan sus propias actividades.[12] Además, para ellos tenernos cerca significa que pueden hablar con nosotros de los temas que les interesan cuando les apetezca.

Así, ¿cómo podemos ser una presencia accesible para nuestros hijos adolescentes, pero no tanto que parezca que los estamos acechando? Un amigo mío ha accedido a la petición de su hija adolescente de que trabaje o lea cerca mientras ella hace los deberes. Otra acostumbra a doblar la ropa cada noche en la habitación donde sus hijos adolescentes ven la tele. Por mi parte, dejo la limpieza de la cocina para los momentos en los que sé que mis hijas van a estar en casa. De ese modo estoy disponible, me pueden interrumpir cuando quieran y me tienen a mano por si de repente les apetece hablar.

ASUMIR Y REPARAR LOS ERRORES COMO PADRES

Querer que nuestros hijos hablen con nosotros y hacer todo lo posible para que eso ocurra no significa que siempre lo hagamos bien una vez llegado el momento. Me acordé de esto un martes después de Acción de Gracias, cuando Corey, de catorce años, llegó a nuestra cita semanal más enfadada que nunca. Estaba tan alterada que ni siquiera se bajó la cremallera de la parka cuando entró y fue directamente a dejarse caer en el sofá. A continuación, se sentó erguida, rígida. Era como si esperase que dejarse el abrigo completamente cerrado la ayudaría a mantener la compostura.

—¿Pasa algo? —pregunté, impaciente por saber qué ocurría.

—¡Arrgh! —gruñó con los dientes apretados—. ¡Acción de Gracias ha sido lo peor!

—¿Qué ha ocurrido?

Hizo una pausa, tomó aire y soltó su queja.

—Mi tía, la hermana de mi madre, vive en Nashville y vino a pasar Acción de Gracias con nosotros. Nos lo estábamos pasando muy bien, Acción de Gracias es mi fiesta favorita, y normalmente me gusta que esté mi tía. Pero después de cenar, estábamos recogiendo la cocina y me preguntó qué tal me iba con Reza, un chico de mi clase que me gusta desde siempre.

Ya veía por dónde iban los tiros.

—Yo no le había contado nada de Reza, fue mi madre. ¡No me lo podía creer! Intenté desviar el tema con un «Ah, va bien» y ella captó que no quería hablar de eso. Pero estoy muy enfadada con mi madre.

—Entiendo —dije—. ¿Le dijiste algo a tu madre?

—No. A ver, ella sabe que estoy enfadada, pero creo que piensa que no es para tanto —dijo, bajándose por fin la cremallera del abrigo y apoyando la espalda relajada en el asiento.

—Pero está claro que sí —añadí con empatía.

—¡Sí! No puedo creer que mi madre se lo contara a mi tía. Es como si no pudiese tener nada privado.

—¿Crees que lo hablarás con tu madre? ¿Que le harás saber lo enfadada que estás?

—Probablemente no —contestó—, pero te aseguro que es la última vez que le cuento algo que me importa de verdad.

Los padres cometemos errores. Y uno fácil de cometer es compartir información que a nosotros nos parece corriente, anodina, incluso entrañable, pero que para nuestro adolescente es como un secreto de Estado. Errores como este pueden hacer que los hijos dejen de explicarnos lo que sienten. Supongamos que ya has intentado todo lo que se sugiere en este capítulo para ayudar a tu hijo a abrirse (has evitado colocarlo en el punto de mira, has permitido que establezca las condiciones de los momentos para que habléis, has sintonizado con él cuando está de humor para conversar y estás tan disponible como puedes por si surgen esos momentos), pero tu adolescente todavía duda en compartir contigo algo de importancia personal. Llegados a este punto, conviene considerar detenidamente si podrías haber dicho o hecho algo que haya cerrado las líneas de comunicación.

Si sospechas que te encuentras en una situación como la de la madre de Corey (has compartido información privada), ofrece a tu hijo adolescente una disculpa sincera. Hazlo porque debe ser así y también para intentar restablecer la conexión con él y recuperar su confianza. En cuanto a las disculpas eficaces, los investigadores han descubierto que incluyen seis componentes:[13] decir explícitamente que lo sientes, ofrecer una explicación, asumir la responsabilidad, prometer que no volverás a cometer el error, intentar reparar el daño y pedir perdón. Si tuviésemos que escribir una disculpa de este tipo para la madre de Corey, sería algo así: «Siento haberle contado a mi hermana lo de Reza, pensé que no te importaría que lo supiera. Pero ahora me doy cuenta de que no tenía derecho a difundir esa información. De ahora en adelante, te prometo que mantendré nuestras conversaciones entre nosotras, a menos que me des permiso para compartir algo. Sé que he metido la pata y espero que me perdones».

La semana siguiente, Corey acudió a nuestra cita mucho más tranquila. Estaba tan habladora como de costumbre y retomó el tema que la había traído a mi consulta originalmente: su dificultad para hacer amigos y mantenerlos. Mientras me contaba la buena noticia de que el fin de semana había quedado con una chica de la clase de arte con la que se llevaba bien, me pregunté si debía retomar nuestra conversación de la semana anterior. Por un lado, siempre me inclino a dejar que mis pacientes decidan cómo quieren emplear su tiempo en terapia. Por otro, puede parecer insensible o poco atento no mencionar la sesión de la semana anterior si surgió un tema intenso y todavía no se ha resuelto.

Cuando Corey llegó a un punto y aparte, le hice saber que me alegraba de que hubiese establecido una conexión prometedora. A continuación, hice una pausa antes de comentar:

—La semana pasada estabas bastante molesta por lo que pasó con tu madre.

—Ah, sí —dijo con naturalidad—, la cosa ya va mejor.

—¿Y eso? —le pregunté.

—Se dio cuenta de que seguía enfadada por lo de Reza, así que sacó el tema. Hablamos y le dije que no me parecía bien que le contase mis cosas a su hermana. Se puso un poco a la defensiva, pero lo entendió. Así que... creo que estamos bien.

No parecía que Corey hubiese recibido la disculpa en seis pasos que suelo recomendar, pero también sabía que ella y su madre (que llevaba casi diez años criando sola a Corey) tenían una fuerte conexión que, espero, las ayudó a superar aquel bache en su relación.

Tanto si te has «chivado» (como dicen algunos adolescentes) como si no, creo que es una buena política hacer saber a nuestros hijos que lo que compartan con nosotros se quedará con nosotros. Los adolescentes pueden recoger mucha información con carga emocional en el transcurso de un día normal. Saber que pueden descargar detalles en casa tranquilamente les quita un peso de encima y, como ventaja añadida, les ayuda a abstenerse de participar en cotilleos innecesarios con sus compañeros.

Por supuesto, pueden surgir situaciones en las que tu hijo comparta información que debe ser revelada, como la noticia de un amigo que no para de emborracharse hasta tener lagunas después o de un entrenador cuya conducta es inaceptable. Cuando surjan esas situaciones delicadas, es importante reprimir el impulso de coger el teléfono para informar a quien proceda. Lo más probable es que tu hijo se arrepienta de haber hablado. Salvo que se trate de un problema de seguridad inmediato, trabaja con tu hijo para encontrar la manera de llevar la información a donde corresponda.

¿Te acuerdas de Zach? ¿El estudiante de segundo año que se perdió en un videojuego cuando Mara, la chica con la que se había enrollado, le preguntó por el estado de su relación? Zach y yo continuamos trabajando juntos durante su penúltimo año, y durante ese tiempo él y Mara empezaron a salir en serio. Cuando su relación estaba más consolidada, ella le contó que a veces pensaba en el suicidio, pero que no creía que fuese a hacerlo. Como es natural, aquella revelación dejó a Zach muy preocupado y, tras varias noches sin dormir, se lo contó a su madre. Ella quiso llamar a los padres de la chica inmediatamente, pero Zach no quería que Mara supiera que había traicionado su confianza. Sin saber qué hacer, me envió un mensaje para preguntarme si podía ayudarles a encontrar una solución, y organizamos una llamada a tres con su madre.

Después de ponerme al corriente, le dije a Zach que estaba de acuerdo en que los padres de Mara tenían que saberlo, pero añadí que, en mi opinión, había más de una forma de hacerlo. Una vía sería que Zach le dijese a Mara que estaba preocupado por ella y que quería ayudarla a conseguir el apoyo que merecía. Para que eso ocurriera, ella tendría que contarles a sus padres lo que le había dicho a él, y si ella no se veía capaz de hacerlo, él mismo contactaría con ellos. Otra vía sería que Zach o su madre llamasen a los padres de Mara. Después de hablarlo, Zach optó por la primera opción. Cuando nos reunimos la semana siguiente, me contó lo que había pasado.

—Mara no quería decirles nada a sus padres, pero sabía que era lo correcto. Me dijo que se lo contaría.

Zach me explicó que, aunque confiaba en ella, le dijo a Mara que dormiría mejor si sus padres le confirmaban que había hablado con ellos.

—Lo entendió. Poco después, su padre me envió un mensaje dándome las gracias por haber ayudado a Mara a abrirse con ellos.

Aunque no cabe duda de que es más rápido hacer una llamada impulsiva que trabajar con nuestro hijo adolescente sobre el modo de manejar información sensible, esa primera opción conlleva el riesgo de que los adolescentes se cierren en banda. Tener paciencia y sopesar otras opciones nos permitirá hacer lo correcto sin cerrar las líneas de comunicación en casa.

Tomarnos demasiadas libertades con la información que nuestros hijos comparten con nosotros no es el único error que puede impedir que nos cuenten lo que realmente piensan. En ocasiones, dejan de hablar con nosotros porque reaccionamos a sus sentimientos heridos con un comentario crítico: por ejemplo, respondiendo con un «¿Por qué sigues saliendo con Jack si sabes que te dejará tirado a la mínima?» a un adolescente que está dolido porque un amigo de toda la vida ha vuelto a dejarlo de lado. Y es probable que se guarden cosas si tienen motivos para pensar que vamos a responderles con alguna versión del «te lo dije». Si un adolescente está enfadado consigo mismo por no poder permitirse las zapatillas nuevas que quiere, recordarle que crees que se gastó demasiado dinero en el último par puede ser una respuesta cierta, pero poco útil.

Cuando tu adolescente se cierre en banda y sepas en qué te has equivocado, ofrécele una disculpa sincera (¡la de los seis pasos!). Si sospechas que has dado un paso en falso en algún momento, pero no sabes exactamente cuál ha sido, intenta no ponerte a la defensiva y sé sincero con tu hijo; puedes decirle algo así: «Me doy cuenta de que no te sientes cómodo hablando conmigo de temas muy personales. ¿He hecho o dicho algo que te lo impida? Te lo pregunto porque quiero arreglar las cosas entre nosotros».

VALORAR LA EXPRESIÓN NO VERBAL

Un día de octubre del último año de instituto de mi hija mayor, entré en la cocina y me la encontré agitando enérgicamente una lata de agua con gas.

—¿Qué haces? —le pregunté, totalmente perpleja.

—¡El proceso de solicitar plaza universitaria me está poniendo muy nerviosa! —respondió en un tono tenso sin dejar de agitar la lata con todas sus fuerzas—. ¡Voy a soltar un poco de estrés rociando agua con gas por todo el jardín!

Me encantan los adolescentes. Ante el problema de encontrar una salida para sus sentimientos, se les ocurren soluciones (a menudo muy ingeniosas) que a los adultos nunca se nos ocurrirían. Aunque la improvisada válvula de escape de mi hija para el estrés de la temporada de admisiones a la universidad era nueva para mí, no me supuso ningún problema. Con un interés casi antropológico, la observé rociando el césped y el camino de entrada; después volvió a entrar en casa y continuó con sus solicitudes.

¿Qué saqué en claro sobre la salud mental de mi hija durante aquel episodio? Primera comprobación: ¿sus sentimientos encajaban con la situación? En medio del exigente, tedioso, importante y caprichoso proceso de enviar solicitudes a universidades, el estrés era una respuesta perfectamente adecuada. Segunda comprobación: ¿lo estaba gestionando de manera eficaz? Por muy peculiar que fuese su táctica de regulación emocional, continué marcando la casilla de «eficaz». ¿Por qué? Porque los adolescentes gestionan bien sus emociones siempre que recurren a estrategias adaptativas, es decir, acciones que proporcionan alivio sin hacer ningún daño.

Hasta aquí, este capítulo se ha centrado en ayudar a los adolescentes a hablar de sus sentimientos. Aunque la verbalización es una forma común y muy eficaz de expresar las emociones, no es la única saludable o adaptativa. Si tu hijo adolescente no es muy hablador, o si le cuesta expresar con palabras sus pensamientos y sus sentimientos, probablemente te alegrarás de leer esto. Y es posible que ya conozcas las tácticas no verbales que utiliza para dar salida a la tensión emocional.

Algunos adolescentes desahogan sus sentimientos desagradables mediante la actividad física. Cuando están enfadados o irritados, salen a correr, se apuntan a un partido de baloncesto o practican un buen saque de tenis. Otros encuentran alivio frente a los sentimientos no deseados recurriendo a la creatividad. Pueden hacer dibujos que transmitan un sentimiento de añoranza, escribir historias o poemas en torno a la decepción, aporrear una canción al piano para liberar la frustración o entonar una melodía para soltar la indignación. Como me explicó un talentoso músico adolescente, cuando su madre le pregunta cómo se siente, «Mi mente se queda inmóvil, pero cuando escribo letras de canciones, me doy cuenta de lo que me pasa por la cabeza».

No todos los adolescentes crean su propia música, pero la experiencia me ha enseñado que un enorme porcentaje escucha música como forma de gestionar sus sentimientos. Tengo recuerdos muy nítidos de cuando era adolescente y escuchaba determinadas canciones según mi estado de ánimo, y supongo que tú también. Ahora, cuando me dirijo a estudiantes de secundaria para explicarles cómo afrontar el estrés, la ansiedad y otras emociones que nos pasan factura, siempre reservo un tiempo para preguntarles cuántos escuchan listas de reproducción que han creado para esos momentos en los que quieren deshacerse del mal humor. Lo habitual es que casi todos levanten la mano. A continuación, les pido que levanten la mano si han creado una lista de reproducción dedicada a alguna de las diversas categorías emocionales que voy mencionando. Resulta que muchos adolescentes tienen listas de reproducción «alegres», «para animarse» y para «relajarse», pero son más numerosos los que tienen listas de reproducción de «enfado» y «tristeza».

Dado el increíble poder de la música para influir en nuestro estado de ánimo, puede parecer extraño que tantos adolescentes creen listas de reproducción para los estados de ánimos negativos. Pero es así. Igual que nosotros, con nuestras cintas grabadas prehistóricas cuando éramos adolescentes. ¿Por qué? Porque los adolescentes comprenden de manera intuitiva una de mis máximas psicológicas favoritas: cuando nos enfrentamos a un sentimiento doloroso, casi siempre la única salida es pasar por él. Muchos adolescentes me han contado, y las investigaciones lo confirman, que cuando se sienten agobiados por emociones oscuras o desagradables, en ocasiones escuchan una canción que encaja con su estado de ánimo con el objetivo expreso de utilizar esa música para activar las lágrimas, como una fiesta individual de baile furioso o para cantar a todo pulmón: lo que les ayude a rebajar su malestar.[14]

Aunque la música ayuda a los adolescentes a navegar por aguas emocionales agitadas, a algunos adultos les puede preocupar que escuchar canciones emocionalmente intensas (sobre todo música contundente y crispada, como el *heavy metal*) pueda intensificar su angustia en lugar de reducirla. Uno de mis estudios de investigación favoritos aborda esta cuestión. Los psicólogos que lo llevaron a cabo formaron un grupo de adolescentes a los que les gustaba escuchar una o más formas de música «extrema», una categoría que incluía *heavy metal*, punk, *screamo* y *hardcore*.[15] Los electrodos aplicados a los adolescentes controlaban su ritmo cardíaco; mientras tanto, y siguiendo las instrucciones del equipo de investigación, los adolescentes describían con detalle una experiencia que les había provocado ira (una técnica que, como se ha demostrado, despierta sentimientos de ira de forma eficaz). A continuación, la mitad de los participantes en la investigación escucharon diez minutos de música de una de sus propias listas de reproducción de temas extremos, mientras la otra mitad permaneció sentada en silencio. Después de explicar sus historias, y de nuevo tras los diez minutos de música o de silencio, los participantes rellenaron unos formularios en los que se les pedía que calificasen su estado emocional «en ese momento».

¿Qué descubrieron los investigadores? En todos los participantes en el estudio, recordar la experiencia que los hizo enfadar provocó un aumento de la frecuencia cardíaca (una medida de la activación emocional) y de los sentimientos de hostilidad, irritabilidad y estrés. Independientemente de si pasaron los diez minutos siguientes escuchando su música extrema o sentados en silencio, todos los participantes en la investigación informaron de que sus sentimientos se habían enfriado. Sin embargo, fue ahí donde los dos grupos mostraron diferencias. En el caso de los adolescentes que pasaron los diez minutos escuchando música extrema, su ritmo cardíaco continuó siendo elevado, pero no aumentó. En el caso de los que permanecieron sentados en silencio durante los diez minutos, su ritmo cardíaco disminuyó. En lo que podría ser el hallazgo más interesante del estudio, después de los diez minutos, los participantes en la investigación que escucharon listas de reproducción de música extrema informaron de un aumento de las emociones positivas (se sentían llenos de energía e inspirados), mientras que los que permanecieron en silencio no experimentaron ese aumento de sentimientos positivos.

Este estudio arroja varias conclusiones. En primer lugar, desmiente la idea de que la música extrema enfada más a los adolescentes enfadados. Todos los participantes en el estudio afirmaron sentirse más tranquilos diez minutos después de haberse enfadado, tanto si escucharon música extrema como si no. En segundo lugar, aunque la frecuencia cardíaca de los participantes seguía siendo elevada, no aumentó, lo que demuestra fisiológicamente que no se enfadaron más por escuchar música intensa. En tercer lugar, el hecho de que la frecuencia cardíaca de los que escucharon música continuase siendo elevada mientras pasaban de contar sus historias de ira a escuchar sus listas de reproducción sugiere que la música intensa les permitió prolongar (y experimentar con mayor plenitud) la activación fisiológica asociada al enfado.

Puede que estés pensando que no es bueno que los adolescentes prolonguen su enfado. Te lo explico. Al final, los investigadores descubrieron que el hecho de poder «meterse» de verdad en la experiencia de sentirse enfadado ayudó a salir del estado negativo únicamente a los que escucharon música, y las emociones negativas de hostilidad, irritación y estrés dieron paso a emociones positivas de sentirse con energía e inspirados. En otras palabras, la experiencia emocional inmersiva de escuchar música pareció acelerar a los adolescentes del estudio en su paso (y hacia la salida) por las emociones negativas. Aunque este estudio se centró en la ira y la música extrema, otras investigaciones han descubierto que cuando los adolescentes están tristes y escuchan música melancólica, se produce un beneficio similar. Al encontrar una salida a su tristeza, la sensación de alivio aparece antes.[16]

Volvemos a un terreno ya conocido: experimentar dolor psicológico es un aspecto inevitable de la vida y, dados los numerosos retos y decepciones normales inherentes a la adolescencia, un hecho ineludible en esa etapa. Como tal, nuestro objetivo no puede consistir en evitar o ahuyentar la angustia adolescente, sino en ayudar a nuestros adolescentes a regular sus emociones. Esto significa, en parte, asegurarnos de que encuentran salidas sanas para las emociones incómodas. Los adolescentes suelen hacerlo de manera intuitiva por sí solos: por ejemplo, hablando de su mundo interior, pero también saltando en camas elásticas, rociando agua con gas por todo el jardín trasero, aporreando sus baterías o escuchando listas de reproducción seleccionadas con esmero, entre otras muchas posibilidades.

Frente a estas expresiones no verbales de emoción, los adultos tenemos dos tareas. Una consiste en reconocer y aceptar que los adolescentes, en ocasiones, utilizan tácticas extravagantes pero adaptativas para expresar sus sentimientos; un comportamiento que parece inexplicable a primera vista puede tener todo el sentido emocional para nuestro hijo. La otra consiste en apoyar activamente sus enfoques imaginativos, por muy extravagantes que nos parezcan. Si el alivio que tanto necesita tu hijo adolescente solo te cuesta una lata de agua con gas y un camino de entrada a casa mojado, considéralo una ganga.

IDENTIFICAR LA EXPRESIÓN EMOCIONAL DAÑINA

¿Qué hay de la expresión emocional que causa daño a tu hijo o a otra persona? En ocasiones, un adolescente vuelve del instituto de mal humor y descarga su frustración (ya sea física o verbalmente) en un hermano pequeño desprevenido que se encuentra en el lugar y el momento equivocados. A veces, los adolescentes enfadados dicen cosas hirientes a personas que les importan. Cuando ocurre algo así, siempre hay que tomárselo en serio. Las emociones del adolescente pueden estar totalmente justificadas, pero esa forma de expresarlas es un problema. Como los adultos de la escena, debemos ayudar a los adolescentes a aprender a ver esta distinción fundamental. «Entiendo que has tenido un día duro —puedes decir—, pero atacar a tu hermana no es la forma de gestionarlo. Puedes decirme qué te pasa, salir a correr o buscar otra forma de sentirte mejor. Pero deja a tu hermana al margen». O «No pasa nada por estar enfadado, pero no puedes hablarme así. Cuando te hayas calmado, hablamos».

Incluso cuando los adolescentes atribuyen su comportamiento hiriente a emociones que despiertan nuestra empatía (como cuando achacan su mal genio a un episodio de ansiedad o estrés), no debemos darles carta blanca. «Si quieres hablar de lo que te provoca esa ansiedad, estoy aquí para eso —puedes decir—, pero si te pones de mal humor conmigo solo conseguirás que los dos nos sintamos peor». Si en ocasiones necesitas redirigir la expresión emocional de tu hijo, no estás solo: cabe señalar que este reto forma parte de la crianza de los adolescentes. Mientras sean capaces de encontrar salidas inofensivas para sus sentimientos, no hay motivo para alarmarse (aunque necesiten recordatorios de vez en cuando). Sin embargo, si tu hijo parece estancado y no logra dejar de expresar sus emociones de una forma que puede suponer un alivio pasajero, pero que hiere a otras personas o pone a prueba relaciones importantes, busca la orientación y el apoyo de un profesional de la salud mental.

En ocasiones, la forma de descargar las emociones representa un motivo real de preocupación. En el capítulo 2 señalamos que a los chicos en particular los socializamos para que hagan frente a la angustia a través de la agresión o la violencia (aunque esto no es exclusivo de los varones). Además, algunos adolescentes alivian el malestar emocional haciéndose daño a sí mismos, que es lo que ocurre cuando se cortan o practican alguna otra forma de autolesión.

Tanto si la violencia se dirige hacia otras personas como hacia ellos mismos, hay algunos puntos clave que conviene tener en cuenta. En primer lugar, los adolescentes que hacen daño a otros o se autolesionan nos están haciendo saber que están sufriendo y que no tienen formas sanas de expresar ese sufrimiento. En segundo lugar, los que recurren a la violencia necesitan ayuda, independientemente de a quién estén haciendo daño. Esta ayuda debe adoptar la forma de orientación de un profesional para que lleguen a entender lo que hay detrás de su comportamiento destructivo y desarrollen estrategias sanas para obtener alivio emocional.

Por último, la magnitud de la expresión emocional no debe interferir en aspectos de la vida de los adolescentes que son esenciales para su crecimiento y su desarrollo. Se sentirán nerviosos en ocasiones, pero ese nerviosismo no debe expresarse de una forma tan aguda o persistente que les impida ir al instituto, pasar tiempo con sus compañeros o hacer otras cosas que deberían estar haciendo; se enfadarán a veces, pero la expresión de su ira no debe ser tan potente o dominante que les impida hacer amigos o mantenerlos, y también habrá días que se sientan tristes, pero la expresión de la tristeza no debe anular su capacidad de ser optimistas, felices o productivos. Si algo de esto ocurre, es preciso buscar una valoración profesional, ya que el adolescente podría estar sufriendo un trastorno de ansiedad o del estado de ánimo, entre otras posibilidades.

Cuando los adolescentes sienten que las aguas emocionales suben, necesitan ser capaces de canalizarlas en formas de expresión adaptativas. Los adolescentes en general tienen un buen instinto para hacerlo, pero el apoyo prudente de unos adultos cariñosos supone una gran diferencia a la hora de ayudarlos a desarrollar su capacidad para expresar bien sus sentimientos.

Además de la expresión, existe otra faceta de la autogestión emocional: la capacidad de controlar los sentimientos cuando es necesario. Veamos este aspecto a continuación.

Capítulo 5

LA GESTIÓN DE LAS EMOCIONES. SEGUNDA PARTE: AYUDAR A LOS ADOLESCENTES A RECUPERAR EL CONTROL EMOCIONAL

Un lunes a las 8.59 sonó mi teléfono y no reconocí el número. Cuando no sé quién está al otro lado de la línea, suelo dejar que salte el buzón de voz. Pero como estaba libre, contesté.

—¡Ah! Doctora Damour —dijo un hombre que claramente estaba preparado para dejar un mensaje—. Me alegro de oírte. Soy Mark, el padre de Anna; nos conocimos el año pasado, cuando Anna tenía trece años.

—Sí, me acuerdo —dije, recordando que Mark y su mujer, Rachel, acudieron a mi consulta cuando Anna se encontraba en el desagradable punto álgido del proceso de separación-individuación e insistía en que su madre se quitase su ropa «cutre» antes de que llegasen sus amigas y cosas por el estilo—. ¿Cómo estáis? ¿Y qué ocurre?

—Bueno, estamos bien —respondió amablemente—. Claro que no estaría llamando si todo fuese bien...

—Bueno, supongo que eso es cierto —dije en tono relajado.

—Pero la mayoría de las cosas van bien. En general, Anna está mucho mejor que cuando fuimos a verte. Y las cosas se desarrollaron como dijiste. Terminó tomándose muy en serio su equipo de robótica, y eso, además de empezar el instituto y encontrar un grupo sólido de amigas, supuso una gran diferencia. Anna está haciendo un gran trabajo empezando a descubrir quién es, y parece sentirse más cómoda en todos los aspectos. En general, ahora es muy divertida.

—Me alegro. Los trece años pueden ser una edad difícil, pero con los adolescentes suele ser cierto que nada permanece igual durante mucho tiempo.

—Pero ha surgido algo nuevo —añadió—, y Rachel y yo no sabemos qué hacer. A Anna ahora le preocupa mucho que se muera algún ser querido, y parece que no se le pasa. Nos dice que tiene miedo de que me pase algo malo a mí, a su madre o a alguna persona que le importa. Nada de lo que hacemos o decimos parece ayudar. ¿Podemos organizar una cita?

—Por supuesto —le dije—. ¿Qué te parece el jueves?

Aquella misma semana Mark y Rachel se sentaron en mi sofá, en esta ocasión con una preocupación muy distinta a la que los había traído a mi consulta el año anterior.

—Hemos hecho todo lo que se nos ha ocurrido —dijo ella—. La hemos dejado hablar de sus miedos con la esperanza de que al ver que no nos preocupan se tranquilizaría. Le decimos que entendemos lo triste que es darse cuenta de que la gente a la que queremos no vivirá para siempre. Y la tranquilizamos diciéndole que nos cuidamos mucho y que pensamos seguir aquí mucho tiempo.

—Es horrible ver cómo se tortura con esas preocupaciones —añadió Mark—. Le dije que si para mí es tan doloroso presenciarlo, para ella debe ser increíblemente doloroso vivir con eso, y me contestó que sí. Pero cuando la animamos a no pensar en ello, o a no pensar tanto, dice que intenta parar, pero que no puede.

—¿Ha pasado algo que pudiese haber provocado esta preocupación? —pregunté—. ¿Alguien conocido ha muerto o ha estado viendo series o leyendo libros en los que alguien muere?

Rachel se apresuró a responder:

—¡Yo pensé lo mismo! Y cuando le pregunté, Anna me dijo que no era eso, que esa preocupación parecía haber surgido de la nada. Realmente no tenemos ni idea de dónde ha salido, pero se siente fatal, y cuanto más habla de ello, peor parece sentirse.

Después de una pausa para meditar mi respuesta, dije:

—Sé que Anna acaba de cumplir catorce años, y una de las grandes cosas que ocurren en torno a esa edad es que los cambios normales en el cerebro provocan un aumento de la capacidad de pensamiento abstracto.[1] En general, eso es maravilloso. Los chicos y chicas de catorce años se vuelven de repente mucho más perspicaces que antes y ven el mundo desde nuevas perspectivas. Pero también he comprobado que la llegada del pensamiento abstracto puede traer consigo algunas inquietudes existenciales muy perturbadoras.[2]

Después de haber ejercido durante tanto tiempo, he aprendido que no es raro que los adolescentes se asusten bastante con esa nueva dimensión de su pensamiento. He atendido a jóvenes adolescentes que, como Anna, de repente se alarman por la impermanencia de la vida a pesar de que conocen la existencia de la muerte desde hace mucho tiempo. O que se sienten infelizmente preocupados por cuestiones filosóficas profundas, como el hecho de preguntarse si tienen derecho a divertirse cuando existe tanto sufrimiento en el mundo. La aparición del pensamiento abstracto incluso puede dar lugar a ideas que se acercan a lo surrealista, como le ocurrió a un chico al que traté y que casi confesó en mi consulta que se preguntaba si la vida era una elaborada farsa, una gran broma en la que participaban todos menos él. Y tengo un recuerdo muy claro de mí misma, más o menos a los catorce años: durante un tiempo (no mucho) me pregunté si, en lugar de ser una chica normal criada en Denver, podría ser en realidad un miembro de una especie extraterrestre al que habían dejado en la Tierra por accidente y que había sido criado como un humano.

La mayoría de las veces, los adolescentes dejan de lado o se desprenden de esas desconcertantes cuestiones existenciales (como hice yo rápidamente con mi idea de estar en el planeta equivocado), pero en ocasiones se quedan atascados en ellas, como le ocurrió a Anna. De hecho, su lucha pone de relieve un aspecto fundamental de la regulación de las emociones. Por lo general, expresar los sentimientos proporciona suficiente alivio. Sin embargo, cuando no es así, es preciso adoptar otro enfoque.

—Por lo que me estáis contando —les dije a Rachel y Mark—, lo habéis hecho todo bien. Habéis animado a Anna a hablar de sus miedos; habéis sido compasivos, pacientes e incluso sensibles con lo penoso que debe ser para ella verse perseguida por estas nuevas preocupaciones. Dejar que los adolescentes hablen de lo que les pasa les ayuda, en general, a sentirse mejor. Pero cuando hablar de las emociones no parece reconfortarlos, hay que probar otra cosa. No busquemos ya más expresión; vamos a intentar evitar que las emociones de Anna se desborden y pisoteen todo lo demás.

CUÁNDO ES NECESARIO CONTROLAR LAS EMOCIONES

Para recapitular, la regulación emocional se basa en un par de enfoques complementarios: encontrar salidas para los sentimientos incómodos y, cuando sea necesario, encontrar formas de refrenarlos. El capítulo anterior era el manual para ayudar a los adolescentes a expresar sus emociones a fin de obtener alivio. Este capítulo es el manual para ayudarlos a recuperar el mando sobre sus emociones cuando estas empiezan a descontrolarse.

Antes de sumergirnos en las estrategias que ayudan a los adolescentes a controlar sus emociones según sea necesario, hay un punto crítico que conviene repetir: cuando respondamos a su angustia psicológica, trataremos de agotar nuestras opciones para ayudarlos a expresar sus emociones antes de poner en marcha cualquiera de las tácticas de este capítulo. Rachel y Mark lo hicieron hablando con Anna sobre sus preocupaciones y empatizando con lo inquietantes que eran para ella. Solo me llamaron cuando lo que estaban haciendo no servía de ayuda.

¿Por qué debemos dar a la expresión emocional la oportunidad de funcionar antes de guiar a los adolescentes para que, en su lugar, acorralen sus emociones? Expondré cuatro excelentes razones. En primer lugar, encontrar una salida saludable para los sentimientos incómodos (hablar de ellos, llorar a gusto, escuchar música triste o enérgica, etc.) suele funcionar y proporciona todo el alivio que un adolescente necesita. En segundo lugar, estar disponibles para hablar con nuestros hijos sobre sus altibajos es uno de los aspectos más enriquecedores de la crianza, y contribuye en gran medida a fortalecer nuestras relaciones con ellos. En tercer lugar, demostrar un interés afectuoso por lo que les preocupa es un ejemplo de la compasión atenta que deberían adoptar como norma en todas sus relaciones íntimas. En cuarto lugar, intentar poner en práctica cualquiera de las estrategias de este capítulo no funcionará casi con total seguridad a menos que ya hayamos dado a la expresión emocional la oportunidad de obrar su magia.

La mayoría de los padres, y me incluyo, hemos aprendido este cuarto punto por las malas. Un adolescente le dice a su madre que está nervioso por el torneo de debate que se avecina, ella le sugiere con cariño que le iría mejor si dedicase más tiempo a preparar su argumento, y él se marcha resoplando. O una chica se queja llorando a su padre de lo agotador que está siendo para ella hacer el trabajo de historia, y él le comenta que lleva días acostándose tarde y que probablemente se sentiría mejor si durmiese más, lo que hace que ella se disguste todavía más. En ambos casos, puede que el consejo de los padres sea acertado, pero cuando nuestra primera reacción consiste en señalarles cómo podrían frenar su malestar, los adolescentes casi siempre se sienten dolidos. En lugar de aceptar nuestra aportación como la orientación sensata y bienintencionada que es, tienden a sentirse desestimados o invalidados. En consecuencia, en este capítulo no solo detallaremos las numerosas estrategias para controlar las emociones que los adolescentes tienen a su alcance, sino que también hablaremos de cómo mostrárselas para aumentar las probabilidades de que las apliquen.

Así, ¿cómo sabemos cuándo ha llegado el momento de orientar a los adolescentes para que controlen sus emociones en lugar de expresarlas? He aquí una buena regla general: cuando la expresión no funciona y los sentimientos han pasado a ser tan intensos o abrumadores que los adolescentes dejan de hacer lo que necesitan o quieren hacer. Si tu hijo está de mal humor después de un día duro en el trabajo y se niega a hablar de lo que le pasa, pero sigue siendo capaz de hacer los deberes y de ayudar a recoger después de cenar, puedes mantenerte al margen, dejarle que esté de mal humor y confiar en que sus problemas se resolverán por sí solos. Si, por el contrario, tu hija adolescente quiere cancelar una entrevista importante porque tiene miedo de meter la pata y hablar de sus preocupaciones no le tranquiliza, es el momento de ayudarla para que guarde esos sentimientos negativos donde les corresponde.

Existen varias alternativas para que los adolescentes tomen la delantera a sus emociones perturbadoras. Empecemos por examinar detenidamente los beneficios de la distracción.

LA DISTRACCIÓN, UNA HERRAMIENTA IMPORTANTE PARA REGULAR LAS EMOCIONES

Normalmente, cuando hablamos de distracción, la tratamos como algo negativo. Y es cierto que puede serlo cuando se trata de concentrarnos en nuestro trabajo, en una conversación o en la carretera por la que vamos conduciendo. No obstante, la distracción puede ofrecer a los adolescentes, en ocasiones, una forma sencilla, práctica y eficaz de regular sus emociones. Es una táctica a la que suelen recurrir de manera intuitiva.[3] Imaginemos, por ejemplo, a un adolescente que acaba de llegar a casa tras un día especialmente intenso en el instituto. Ya agotado, empieza a vaciar su mochila para sopesar los deberes que tiene por delante. A medida que aumenta la pila de tareas, también lo hace su marea interna de agitación. Cuanto más tiempo pasa mirando lo que tiene que hacer, más se frustra al pensar en la noche que le espera. Presintiendo que pronto le inundará la rabia, se vuelve bruscamente hacia su ordenador y busca vídeos divertidos en YouTube. Mientras ve un vídeo tras otro, su consternación va desapareciendo. Veinte minutos más tarde, cierra el ordenador, vuelve a la pila de deberes y empieza la primera tarea.

Puede parecer extraño apoyar una visita a YouTube como una estrategia inteligente para la regulación emocional, pero consideremos las alternativas. ¿Y si el chico hubiese dejado que su angustia aumentase hasta desbordarle y hubiera acabado estallando en un arrebato de ira? ¿O si hubiese sufrido un colapso emocional del que habría tardado una hora en recuperarse antes de poder volver a hacer los deberes? Incluso si para calmar su agitación soliera salir a correr, por muy buena vía de escape que fuese para su malestar, es posible que esa noche no fuese una solución viable porque no disponía de tanto tiempo. Si (y entiendo que es un gran si) los adolescentes son capaces de mantener sus actividades de distracción en intervalos breves que les proporcionen alivio, deberíamos admirar en silencio la naturalidad, y en muchos casos la fluidez, con la que cambian el centro de su atención para mantener su equilibrio emocional.

En ocasiones, los chicos y chicas emocionalmente sobrecargados se beneficiarían de una dosis de distracción, pero son incapaces de conseguirlo por sí solos porque están atrapados en una emoción muy potente, como le ocurría a Anna. Es entonces cuando los adultos deben intervenir.

—Para ayudar a Anna en este momento —les dije a Rachel y a Mark—, tenemos que ver si podéis conseguir que cambie el rumbo de sus pensamientos.

—De acuerdo —dijo Mark—, pero no sé si vamos a ser capaces, porque parece bastante atascada.

—Vais a tener que esforzaros un poco —proseguí—, y creo que hay que empezar siendo directos con ella sobre el hecho de que vais a probar algo nuevo y explicarle por qué. ¿Cómo se lo tomaría si le decís que esperabais que hablar de sus preocupaciones la ayudaría a sentirse mejor, pero, como no ha sido así, queréis abordarlo desde otro ángulo?

—Creo que lo entendería —respondió Rachel.

—A partir de ahí, le podéis decir que queréis ver si es capaz de lograr calmarse un poco prestando menos atención a sus preocupaciones.

—Pero ya le hemos sugerido que intente dejar de pensar en ellas —replicó Mark—, y ha dicho que no puede.

—Cierto —dije—, pero creo que podemos hacer algo más ahí. Una opción es que le expliquéis que su mente es como una tele y que puede cambiar de canal mental cuando sus preocupaciones sobre la muerte se pongan en marcha.

—¿Y cómo puede hacer eso? —preguntó Rachel con cierto escepticismo.

—Podéis explicarle en qué otras cosas puede pensar, a qué otros canales puede cambiar. Por ejemplo, podría hacer una lista de planes para el verano, esbozar ideas para reformar su habitación, si le gustan esas cosas o jugar a algo en línea. Si tiene tiempo, también puede cambiar de canal mental perdiéndose en un buen libro o en una película que mantenga su mente realmente ocupada.

—Has sugerido que esta era una opción —señaló Mark—, y no tengo claro que sea para ella. ¿Qué más podríamos intentar?

—De acuerdo —dije—. Vosotros conocéis a Anna mejor que nadie y sabéis mejor que nadie lo que le va a funcionar y lo que no. Otra opción puede ser reservar un tiempo para que hable con vosotros de sus preocupaciones, pero que ese tiempo sea planificado y limitado: por ejemplo, diez minutos después de cenar cada noche o cada dos noches, si a ella le pareciese bien.

—Eso suena más prometedor —dijo Rachel—. ¿Sugieres que podrá pensar en otras cosas durante el día si sabe que tenemos un tiempo planificado para que se centre en sus preocupaciones?

—Exacto. Se trata de alejar sus pensamientos de lo que la perturba, en la medida de lo posible, designando un tiempo específico y limitado para que se concentre en ellos. Y creo que deberíais explicárselo así: que queréis que se guarde sus pensamientos sobre la muerte para el tiempo designado, y que el resto del tiempo piense en otras cosas.

—Eso me parece factible —indicó Mark—. Creo que sí se sentirá mucho mejor si deja de pensar tanto en la muerte. Pero no estamos llegando al fondo de la cuestión: de dónde han salido esas ideas. ¿No deberíamos intentarlo?

—Tienes razón —dije—, no lo estamos haciendo. Aunque normalmente me dedico a ayudar a los adolescentes a explorar, comprender y expresar sus sentimientos dolorosos, en ocasiones hago excepciones, y esta es una de ellas. Y con este tipo concreto de preocupación, he descubierto que cuando la capacidad de pensamiento abstracto de los adolescentes deja de ser tan novedosa, sus preocupaciones existenciales suelen remitir por sí solas. Mientras tanto, ayudemos a Anna a descansar de esos miedos.

Rachel y Mark acordaron probar nuestro plan. Un mes más tarde, Mark me llamó con buenas noticias.

—Anna está mucho mejor —me explicó—. Le gustó la idea de tener un plan para hablar de sus preocupaciones en un momento concreto y poder ignorarlas el resto del tiempo. Al principio, lo hicimos todas las noches, pero después dijo que no quería hablar de sus miedos tan a menudo. En la última semana solo los ha mencionado una vez. No sé si le va mejor porque ya no está tan nerviosa o si, como dijiste, se está acostumbrando a pensar más profundamente en todo tipo de cosas. En cualquier caso, parece que vuelve a ser la de antes.

Utilizar la distracción para pulsar el botón de pausa de los pensamientos angustiosos puede ayudar mucho a los adolescentes a evitar que sus emociones acaben siendo abrumadoras, y no basta con un simple «No pienses en tus sentimientos». De hecho, la distracción va acompañada de un par de procesos más sutiles. En primer lugar, alejarse de lo que les preocupa puede dar a los adolescentes la oportunidad de ponerlo en perspectiva. Como me dijo una vez un estudiante de segundo de bachillerato, «Cuando algo me va mal durante la jornada escolar, pienso en ello sin parar y me parece el problema más grande del mundo. Pero luego voy a entrenar un par de horas y estoy demasiado ocupado para pensar en ello. Más tarde, después del entrenamiento, cuando me acuerdo del tema, ni siquiera tengo claro por qué me molestó tanto». En segundo lugar, encerrarse durante mucho tiempo en un sentimiento desconcertante puede elevar la tensión arterial y la frecuencia cardíaca y liberar hormonas del estrés en el torrente sanguíneo.[4] Encontrar otra cosa en la que concentrarse puede relajar el cuerpo y darle la oportunidad de recuperarse de las agotadoras consecuencias biológicas de atormentarse por una preocupación. La distracción puede ser una forma especialmente valiosa de reducir el estrés causado por un problema que no tiene fácil solución.

Cuando los adolescentes se atascan en una rutina psicológica dolorosa y pensamos que encontrar otro foco de atención les serviría de ayuda, podemos dar algunos pasos para incrementar las probabilidades de que esa sugerencia sea bien recibida. En primer lugar, antes de proponer la distracción como nueva estrategia, debemos estar seguros (como lo estaban los padres de Anna) de que hablar del problema no ayuda. A continuación, tenemos que ser transparentes acerca de por qué cambiamos de marcha y pasamos de fomentar la conversación a la distracción. Esa explicación podría comenzar de la siguiente manera: «Parece que hablar de esto no te ayuda a sentirte mejor. ¿Crees que sería una buena idea tomarte un descanso de pensar en lo que te preocupa?». A continuación, podemos dejar claro que solo estamos pulsando el botón de pausa del tema y no tratando de poner fin a la conversación permanentemente, y estableciendo un plan para volver a hablar sobre lo que tanto le preocupa uno o dos días más tarde y comprobar si ha cambiado algo. Ayudar a los adolescentes a liberarse de las preocupaciones que han secuestrado su atención, aunque solo sea por un momento, no elimina la fuente de su angustia, pero puede evitar que se sientan abrumados emocionalmente.

PEQUEÑOS PLACERES, UN GRAN MÉTODO PARA EL CONTROL DEL ESTADO DE ÁNIMO

Todos buscamos formas de reconfortarnos cuando estamos disgustados. Después de un duro día de trabajo, nos tumbamos en el sofá con una revista, nos damos un baño de burbujas o tomamos más postre. En el caso de los adolescentes, las medidas tranquilizadoras resultan especialmente útiles.

El desarrollo neurológico de su cerebro hace que lo sientan todo de manera más intensa que el resto de nosotros. Las sensaciones incómodas les afectan más, pero también sacan más provecho a las actividades relajantes.[5] Tengo mis propios recuerdos nítidos de lo mucho que disfrutaba de la sensación de conducir por una carretera sinuosa mientras escuchaba música cuando era adolescente. Todavía puedo sentir una pizca de aquella felicidad cuando avanzo por una curva mientras suena una buena canción, pero sé que esos momentos nunca volverán a levantarme el ánimo como lo hacían cuando tenía diecisiete años. Por tanto, cuando sea obvio que tu hijo está inquieto, pero no tenga ganas de hablar, no subestimes el poder de los pequeños placeres. Hazte a un lado y aprecia la paz que se apodera de tu hija cuando supera su mal día acurrucándose bajo una manta y disfrutando de su infusión favorita. Ten por seguro que sugerirle a tu hijo que pida comida en su restaurante favorito puede ayudarle mucho a aliviar su decepción por haber perdido las elecciones de su clase. Cuando sabemos que nuestros adolescentes están disgustados, nuestro guion puede consistir en que nos cuenten todo lo que les pasa para que nosotros podamos ofrecerles nuestra empatía y, tal vez, nuestro consejo. Sin embargo, su guion (ya sea porque no están de humor para hablar o porque intuyen que hablar no es la solución adecuada) puede consistir en tomarse un chocolate caliente, dar un paseo tranquilo con el perro o mirar fotos antiguas.

Lo que cada adolescente encuentre reconfortante será algo muy personal. Lo que funciona para uno, puede no funcionar para otro. Esto es algo que siempre planteo a los grupos de adolescentes a los que me dirijo cuando espero ayudar a cada uno de ellos a encontrar sus propias maneras favoritas de enfrentarse a los sentimientos no deseados. Siempre pido al grupo que levante la mano en respuesta a dos afirmaciones. «Levantad la mano —les digo— si limpiar vuestra habitación os ayuda a sentiros mejor cuando estáis muy molestos por algo». Normalmente, alrededor de un tercio de los adolescentes del público levanta la mano. A continuación, digo: «Vale, ahora levantad la mano si limpiar vuestro cuarto es lo último que haríais cuando os sentís mal». Más o menos otro tercio levanta la mano. Siempre he dado por sentado que el tercio restante no encuentra un vínculo entre el estado de su habitación y su estado de ánimo.

Presta atención a lo que reconforta a tu hijo adolescente. Cuando se sienten mal, algunos adolescentes se dan un buen baño o una ducha, otros garabatean, meditan, hacen repostería o cocinan, juegan a videojuegos,[6] ven una película o una serie favorita por enésima vez o leen. Escuchar música es una opción especialmente popular entre los adolescentes cuando están de mal humor. Como hemos visto en el capítulo anterior, en ocasiones eligen canciones que encajan con su estado de ánimo para dar salida a la expresión de la ira o la tristeza cuando se sienten enfadados o decaídos; otras veces eligen temas contrarios a su estado de ánimo, canciones alegres u optimistas, para tratar de sentirse mejor.[7]

Probablemente, ya te habrás dado cuenta de que no siempre existe una línea clara entre distracciones y consuelos, y no tiene por qué haberla. Lo que importa es que reconozcamos que nuestros adolescentes en general tienen un gran instinto para calmar sus propias aguas emocionales agitadas, que nos demos cuenta de sus estrategias y que hagamos un buen uso de esa información.

Una de mis amigas observó que su hijo afrontaba los días difíciles revolcándose por el suelo con el perro. Con esa información en mano, se empeñó en llevar al perro a recoger a su hijo del entrenamiento de baloncesto el día en que sospechaba que subiría al coche con la noticia de que no había entrado en el equipo. Debemos asegurarnos de respetar los métodos que prefieren los adolescentes para tranquilizarse, incluso si hacen cosas que creemos que tienen poco valor, como jugar a maquillarse. Y si un adolescente triste no quiere hablar o se da cuenta de que eso no le ayuda, considera la posibilidad de preguntarle: «¿Hay algo que te ayudaría a sentirte mejor? ¿Te apetece darte una buena ducha?».

Hay algo más que los adultos deberían tener en cuenta respecto a los métodos que eligen los adolescentes para consolarse. A muchos de ellos les tranquiliza hacer lo que yo llamo un viaje emocional en el tiempo. Hay alumnas de instituto maduras y competentes que recuperan el norte viendo *El rey león* o viejos programas de Nickelodeon que les encantaban cuando eran más pequeñas. Algunos chicos que llevan años afeitándose siguen sumergiéndose en sus libros del Capitán Calzoncillos cuando necesitan cambiar de marcha emocional. Conozco a adolescentes que me han explicado que volver a *Mulán* o *Percy Jackson* los transporta a una época de la vida mucho menos estresante. Pasar una o dos horas revisitando una etapa pasada en la que no tenían acné, exámenes finales ni la obligación de conseguir un trabajo de verano puede ayudar a los adolescentes a encontrar su equilibrio y volver luego a las exigencias de la adolescencia. Si descubres a tu hijo tirado en el sofá viendo *Phineas y Ferb* en el mismo sitio que ocupaba cuando tenía siete años, no le mires con recelo. Disfruta de la inventiva y la eficacia con las que los adolescentes recuperan el equilibrio mental cuando lo necesitan.

TOMARSE EN SERIO EL DESCANSO NOCTURNO

Ser psicóloga significa que a menudo conozco a personas en un momento horrible de sus vidas. Eso es exactamente lo que estaba a punto de ocurrir cuando me dirigí a la sala de espera para recibir a Jed, un estudiante de último curso de instituto que venía a verme porque uno de sus mejores amigos había muerto hacía poco en un accidente de coche. Había oído hablar de esta tragedia a algunos vecinos del barrio antes de recibir un mensaje de la madre de Jed, a quien me había remitido su pediatra. A través de un mensaje de voz me explicó que, una vez pasado el impacto inicial de la noticia, Jed «se vino abajo» y empezó a alternar entre el bloqueo, el enfado y el desánimo. También me dijo que se mostraba escéptico respecto a la terapia y que había accedido a reunirse conmigo a regañadientes.

Cuando me acerqué para reunirme con ellos, encontré a Jed sentado junto a su madre, con el cuerpo inclinado hacia delante, los codos apoyados en las rodillas y las manos entrelazadas. Mientras tanto, miraba al suelo a través de la ventana triangular que formaban los antebrazos. Sin incorporarse, giró la cabeza para transmitir que me había visto entrar.

—Hola —dije—. Soy la doctora Damour.

Mientras la madre me daba las gracias por reunirme con su hijo, él se incorporó con desgana hasta alcanzar toda su altura y, sin decir palabra, me transmitió que me seguiría a mi consulta, pero solo porque sentía que no tenía otra opción.

Ya en mi despacho, Jed siguió comunicando muchas cosas mientras me observaba en silencio. Solo con la mirada, consiguió decirme: «Señora, no la conozco de nada. Es imposible que piense que para mí tiene algún sentido compartir mi dolor tan bestia y mi vulnerabilidad insoportable con alguien a quien acabo de conocer». En realidad, sentí que Jed hacía una excelente observación sin hablar. La terapia es un tratamiento basado en la relación entre una persona y un psicólogo bastante extraño. Los adultos que buscan asesoramiento están dispuestos a aceptar la premisa de que puede ser útil compartir pensamientos y sentimientos íntimos con un extraño formado en la materia. A los adolescentes, sin embargo, les puede parecer una idea bastante rara y no siempre la aceptan de buen grado.

En lugar de esperar a que Jed decidiese abrirse, pensé que era el momento de sacar a relucir una frase que aprendí de Duane Lee Chapman, más conocido como Dog el Cazarrecompensas. Si no sabes de quién hablo, Dog era la estrella musculosa, curtida y rubia de un *reality show* de televisión que protagonizaba diversas hazañas mientras localizaba y arrestaba a prófugos de la justicia. Una noche, mientras cambiaba de canal, me enganché a un episodio en el que Dog llamaba a la puerta de un fugitivo. Cuando este abrió y Dog vio la cara de sorpresa de su objetivo, le dijo tranquilamente: «Mira. Yo no te conozco y tú no me conoces, pero tenemos que irnos de aquí juntos», antes de explicarle que podían hacerlo por las buenas o por las malas. La facilidad y la precisión con las que reconoció lo extraño de la situación me parecieron admirables, y entendí que, desde el punto de vista clínico, aquel enfoque me iría bien con los adolescentes, que por regla general son alérgicos a las interacciones que parecen falsas o poco auténticas.

De modo que canalicé a Dog y dije con calma:

—Mira. Yo no te conozco y tú no me conoces, pero sé que tu amigo ha muerto y estoy aquí para intentar ayudarte.

El cuerpo de Jed se relajó y el mensaje de su cara cambió. Ahora decía: «De acuerdo, señora. Yo sé una cosa sobre usted. Puede que no todo lo que dice sea basura».

Aproveché aquella pequeña oportunidad para preguntarle:

—¿Quieres que hablemos del accidente o prefieres que te haga algunas preguntas para conocerte un poco?

—Puede hacerme algunas preguntas —respondió con desgana.

Así que le pregunté directamente sobre sus estudios, la composición de su familia, si siempre había vivido en nuestra zona y qué pensaba estudiar en la universidad. No mencioné el accidente, esperando a ver si él sacaba el tema, y al final lo hizo.

—Estoy pensando en estudiar ingeniería, que también era el plan de Matty.

Sabía que Matty era el chico que había muerto; asentí y respondí con calma:

—Entiendo.

A continuación, permanecimos sentados en silencio, algo con lo que ya me siento muy cómoda después de todos estos años de práctica clínica. Esa comodidad con el silencio parece ayudar a que los adolescentes también se sientan bien con él. Esperaba que el hecho de mostrarle a Jed que no iba a adelantarme con preguntas sobre el accidente le ayudaría a sentirse seguro para contarme más cosas, y así fue. Me habló de la avalancha de mensajes que recibió cuando ocurrió el accidente mortal de Matty, de que no se lo creyó hasta que se lo confirmaron en el instituto, de que «nada parecía real» en el funeral y del hecho de que ahora era «incapaz de sentirse bien».

Le escuché y esperé a que hiciese una larga pausa para intervenir:

—Siento mucho lo de Matty y me alegro de que estés aquí, porque te mereces todo el apoyo del mundo. ¿Puedo hacerte una pregunta que nos ayudará a pensar en la manera de ayudarte?

—Claro.

—¿Duermes bien?

Siempre que alguien acude a mí en una crisis, me apoyo en esta pregunta para dirigir el siguiente paso de nuestro trabajo.

Cuando la respuesta es afirmativa, paso a ayudar a los pacientes a procesar la crisis. Cuando la respuesta es negativa, doy prioridad a ayudarles a dormir. ¿Por qué es necesario dormir bien antes de pasar a cualquier otra cosa? Porque el sueño es el pegamento que mantiene en pie a los seres humanos. Incluso en ausencia de una tragedia, las personas que no duermen bien no tardan en darse cuenta de que les cuesta regular sus emociones.[8] Probablemente, lo sabemos por experiencia propia, y también lo ha demostrado ampliamente la investigación. En un estudio, por ejemplo, se pidió a los padres que calificasen el estado de ánimo de sus hijos adolescentes tras cinco noches seguidas durmiendo diez horas, y de nuevo tras cinco noches seguidas durmiendo seis horas y media.[9] Como cabría esperar, los adolescentes privados de sueño se mostraron más ansiosos, hostiles, confusos, irritables y emocionalmente reactivos.

Jed respondió a mi pregunta:

–La verdad es que no. Lo paso muy mal por la noche. Y no es que esté pensando en Matty todo el rato, es que no consigo relajarme lo suficiente como para dormirme.

–Es bueno saberlo, y nos da un punto de partida. Porque si no duermes, te vas a sentir mal, pase lo que pase. Cuando consigas dormir un poco, podremos hacer mucho más para ayudarte a superar esto.

A partir de ahí, repasé mi lista de estrategias probadas para ayudar a los adolescentes a conciliar el sueño y mantenerlo. A Jed le gustaba hacer ejercicio y estaba dispuesto a aumentar la intensidad de sus entrenamientos diarios, ya que, según le expliqué, se ha demostrado que mejora la calidad del sueño tanto en adolescentes como en adultos.[10] Él sabía que utilizar el teléfono y el ordenador hasta altas horas de la noche no le ayudaba, y estaba lo bastante cansado como para plantearse dejarlos una hora antes de dormir. Jed no tomaba cafeína, así que me salté mi recomendación habitual de prescindir de ella a partir del mediodía.

—Piensa en el sueño no como un interruptor que puedes accionar —le indiqué—, sino como un destino al que llegas después de situarte en el camino hacia él. Si quieres irte a dormir a las once, vas a tener que ponerte en ese camino, y eso significa desconectar de la tecnología, y de cualquier otra cosa que pueda estimularte, hacia las diez.

Cuando los adolescentes se alteran por cosas sin importancia o se muestran inusualmente reactivos o temperamentales, deberíamos considerar la posibilidad de que no estén durmiendo ni de lejos entre ocho y diez horas (sí, has leído bien, de ocho a diez horas), que es lo que necesitan en esta etapa.[11] Si sospechas que la causa probable de ese comportamiento es la falta de sueño, puedes decirle con dulzura: «Cariño, ahora mismo parece que no te aguantas de pie. Sé que tienes muchas cosas en la cabeza, y me pregunto si en parte te cuesta todo más porque estás muy muy cansado». Prepárate para una conversación sobre las muchas exigencias de tiempo de tu hijo adolescente (que sin duda son reales) y para ser creativo sobre lo que se puede omitir, pausar o cancelar, al menos por un tiempo, a fin de que pueda dormir más. En el caso de los adolescentes que se resistan (insistiendo en que el cansancio no es el problema y que, si lo es, la cafeína es la solución), los adultos pueden averiguar si están dispuestos a probar un «experimento» que consiste en dormir más un par de noches para ver si eso supone alguna diferencia. Cuando los adolescentes están más descansados, también razonan mejor. Después de unas cuantas noches de sueño completas, con el depósito lleno de nuevo, serán capaces de reconocer que se sienten más fuertes emocionalmente. A partir de ese momento, será mucho más fácil convencerlos de que dormir debe ser una prioridad.

RESPIRACIÓN CONSCIENTE: PARECE ABSURDO, PERO FUNCIONA A LAS MIL MARAVILLAS

Cuando los adolescentes se sienten abrumados por las emociones (por ejemplo, ahogados por la tristeza o agobiados por la ansiedad), un método que puede ayudarles a recuperar la calma consiste en respirar profunda y lentamente. Se trata de una técnica muy utilizada por los profesionales que hacen trabajos muy estresantes,[12] como los SEAL (las fuerzas de operaciones especiales) de la Marina estadounidense. Sin embargo, si intentas decirle a un adolescente muy alterado que respirar hondo le ayudará a sentirse mejor, unos ojos en blanco será la respuesta más amable que obtendrás.[13] Los adolescentes son escépticos por naturaleza ante los consejos que no tienen un sentido intuitivo, y realmente no hay ninguna razón obvia para que crean que existe una relación entre sus patrones de respiración y lo que sienten en ese momento. Con todo, puedes persuadir a tu hijo de que esto es así, pero tendrás que explicarle la ciencia que hay detrás.

Cada vez que quiero convencer a un adolescente de que la respiración consciente puede ser una táctica que le ayude a recuperar el control emocional rápidamente, empiezo por reconocer que respirar hondo para controlar los sentimientos desbocados puede parecer algo absurdo. Eso me permite abrirme paso. A partir de ahí, explico que, aunque suene un poco místico, en realidad se trata de una intervención con base biológica que nos permite aprovechar y controlar el funcionamiento de nuestro propio sistema nervioso.

El sistema nervioso consta de dos redes. En primer lugar, está la red simpática, que responde con «empatía» a nuestras experiencias de cada momento. Cuando percibimos una amenaza, la red simpática se activa. La parte del cerebro que percibe las amenazas existe desde que vivíamos en las cavernas, y no es muy selectiva.

Trata casi todas las amenazas como si fuesen un tigre y, por tanto, activa la red simpática para movilizar nuestro antiguo sistema de lucha o huida (que, como su nombre indica, prepara el cuerpo para atacar o huir).

Esta explicación por sí sola suele ayudar a los adolescentes a sentirse mucho mejor en los momentos en que se ponen incómodamente nerviosos. Cuando hablo con los adolescentes que trato sobre experiencias que provocan ansiedad, casi siempre les digo: «Sé que los síntomas físicos que aparecen cuando uno se pone ansioso pueden parecer muy fuera de control, pero en realidad tienen una lógica que viene de muy lejos. La parte cavernícola del cerebro no distingue entre un tigre y un examen de química, así que aumenta el ritmo cardíaco y acelera la respiración para llevar sangre muy oxigenada a los grandes grupos musculares. Tu cerebro está preparando tu cuerpo para luchar o huir, sin distinguir a qué te enfrentas en realidad».

Los adolescentes también deben conocer la existencia de la red parasimpática del sistema nervioso (*para* significa «al lado»), que toma el control cuando la amenaza disminuye y trabaja para calmar la actividad del sistema nervioso simpático y devolver el cuerpo a su estado de reposo. Cada vez que la ansiedad aumenta y después disminuye, sentimos los efectos secuenciales de las redes simpática y parasimpática. Si recibes un correo electrónico del trabajo con el asunto PROBLEMA GRAVE, es probable que tu sistema nervioso simpático se active. Si al leer el correo te das cuenta de que el problema no es grave, tu red parasimpática acabará activándose y calmando tu cuerpo. Sin embargo, aquí está el problema: un adolescente que se siente superado por la ansiedad o cualquier otra forma de turbulencia emocional puede no querer esperar a que el sistema simpático se calme y la red parasimpática entre en acción. Aquí es donde la respiración controlada se convierte en una buena estrategia para calmarse.

Respirar de manera consciente (es decir, profunda y lentamente) pone en marcha el motor de la red parasimpática. ¿Cuál es el mecanismo? Al parecer, la respiración controlada es detectada rápidamente por una red de nervios en la superficie de los pulmones.[14] Esos nervios vigilan constantemente cómo respiramos (por temor a que empecemos a asfixiarnos) y transmiten esa información al cerebro. En caso de amenaza, el cerebro ordena a los pulmones que aceleren la respiración. Sin embargo, cuando anulamos deliberadamente esa orden inhalando de manera lenta y profunda, los nervios de los pulmones registran el cambio en nuestra respiración como una prueba de seguridad, porque así es como respiramos cuando estamos a salvo. Los nervios envían ese mensaje nuevo y tranquilizador al cerebro, que pone en marcha la acción calmante de la red parasimpática.

En cuanto los adolescentes entienden por qué la respiración consciente ayuda a contener la ansiedad u otras formas de malestar emocional, el resto es sencillo. Siéntate frente al ordenador con tu hijo y busca «técnicas de respiración». Encontrarás muchas que le gustarán y que son fáciles de poner en práctica. En el caso de los adolescentes que se alteran rápidamente o con frecuencia, conviene que ensayen la respiración controlada en momentos de calma y normalidad, ya que así podrán pasar a la respiración consciente con mayor facilidad cuando la marea emocional suba demasiado.

CÓMO DAR CONSEJOS A UN ADOLESCENTE

En ocasiones, un problema que preocupa a un adolescente se presta por sí solo a una solución. Tu hijo ha enviado por correo electrónico una pregunta importante a un profesor, pero no ha recibido respuesta y ahora está preocupado, o tu hija no encuentra los vaqueros que se quiere poner y parece desesperada. Cuando los adultos vemos una forma infalible de resolver el problema, nos resulta casi imposible resistir el impulso de ofrecer consejo. En ocasiones, el adolescente recibirá de buen grado y apreciará de inmediato nuestra orientación. Sin embargo, lo habitual es que ocurra todo lo contrario. Normalmente, nuestros intentos de dar consejo discurren más o menos así:

Adolescente enfadada: «¡Uf! Hoy nos han puesto en grupos para un proyecto de historia y a mi grupo le ha tocado un chico que se llama Troy. Es un sabelotodo que va a intentar acaparar el proyecto, pero en realidad no hará nada. Nadie lo quiere en el grupo y el proyecto vale un montón de puntos. ¡Estoy muy enfadada!».

Adulto cariñoso: «Mmm..., a lo mejor puedes hablar con el resto del grupo para ver cómo tratáis con él».

Adolescente enfadada: «¿Qué? ¡No! Es que no lo entiendes».

¿Qué ha pasado? El consejo era sensato, poco amenazador, útil y fácil de aplicar, ¿por qué la chica lo ha rechazado de esa manera? La causa es un error común y comprensible: frente a una adolescente alterada, nuestro adulto cariñoso se ha saltado todas las opciones del manual de expresión emocional y, en su lugar, ha pasado directamente a tratar de utilizar un sabio consejo para controlar la emoción. No dudo que hablar con el grupo reduciría el problema de Troy a una dimensión tolerable. Sin embargo, para la mayoría de los adolescentes (o de adultos, para el caso) resulta muy difícil estar abiertos a los consejos hasta que sienten que han sido escuchados. Si un adolescente te pide consejo, dáselo. Pero si solo se está desahogando, tendrás que escucharle, empatizar y, tal vez, ofrecerle un resumen emocionalmente detallado (por ejemplo, «¡Normal que estés enfadada! Creo que cualquier persona en tu situación se sentiría irritada y también preocupada por lo que pueda pasar») antes de sugerir una solución.

Vale, supongamos que has seguido el camino correcto, haciendo todo lo anterior con empeño y de manera hábil, y tu hijo adolescente continúa sintiéndose mal. ¿Ahora puedes hacer una sugerencia? ¡No tan rápido! Antes hay otro punto en la lista: averiguar si realmente quiere nuestra ayuda. Puedes decirle: «¿Quieres que reflexione contigo sobre esto?». Si tu hijo lo desea, se habrá abierto la puerta de los consejos. Si no quiere tu ayuda, no desesperes y atribúyete algo de mérito. Es posible que tu hijo haya obtenido todo el alivio que necesitaba de tu excelente apoyo a su expresión emocional. Además, como le has dejado claro que estás disponible para consultarte sobre el problema, ahora es consciente de que estás a su disposición para proporcionarle más apoyo si lo necesita (previa petición).

Si pensamos que nuestro adolescente ha abierto la puerta de los consejos, ¿ya somos libres de pasar? ¡No, todavía no! Porque podríamos hacerlo aún mejor. Si realmente queremos ayudar a los adolescentes a ser expertos en abordar problemas complejos, deberíamos aprovechar los momentos que se prestan a la pedagogía. En lugar de darle a tu hijo una solución, intenta analizar con él el problema y clasificar sus partes en dos categorías:[15] lo que no se puede cambiar y lo que sí. «Lo entiendo –podrías decir–, no es tan divertido hacer un proyecto si un miembro del grupo no os cae bien. Empecemos por averiguar con qué tendrás que conformarte y cuándo podrías decir lo que piensas». Nuestra hipotética adolescente enfadada probablemente no pueda cambiar el hecho de que está atrapada en un grupo con Troy, pero sí que puede influir en el reparto del trabajo, en cómo se responsabilizan los miembros del grupo de sus contribuciones y cómo responderán si Troy se pone mandón.

A partir de aquí, tú y tu hijo podéis dedicar vuestra atención compartida a buscar soluciones para las partes del problema sobre las que tiene algún control. Ahora, por fin, siéntete libre de dar consejos. Para obtener mejores resultados, ofrece tus perlas de sabiduría como sugerencias provisionales, no como la última palabra. «En cuanto a la responsabilidad —podrías decirle—, ¿crees que iría bien que establecierais puntos de control durante el proceso para que cada uno de vosotros explicarais a los demás cómo vais con vuestras aportaciones al proyecto? ¿Crees que eso ayudaría al grupo a mantener a Troy en el buen camino?». En cuanto a las partes del problema de la categoría «no se pueden cambiar», el objetivo consiste en ayudar a los adolescentes a aceptarlas tal como son para poder avanzar y que no se queden estancados en ellas. Una posibilidad, sobre todo en el caso de los adolescentes muy ocupados, consiste en animarlos a pensar en el uso más inteligente de su energía: «Parece que estás estancada con Troy, así que a lo mejor no quieres invertir demasiado tiempo deseando que las cosas fuesen de otra manera. A lo mejor convendría ahorrar fuerzas para los aspectos del proyecto que sí puedes controlar».

CAMBIAR LOS SENTIMIENTOS CORRIGIENDO LOS PENSAMIENTOS

Cuando nos sorprendió la COVID-19 y se dispararon las necesidades de salud mental de los adolescentes, recibí llamadas de amigos de todo el país pidiéndome consejo para buscar un terapeuta para sus afligidos adolescentes. En algunos de esos casos, el problema que me describían los padres era tan concreto que me pareció apropiado ofrecerles una ayuda informal. «Puede que tardéis meses en encontrar un terapeuta —les decía—. Mientras tanto, me encantaría hablar un rato con vuestro hijo para ver si puedo ayudarle un poco. No sería terapia, y si no es suficiente para mejorar las cosas, os ayudaré con los siguientes pasos».

Y así, incluso cuando la pandemia iba menguando, me encontré al teléfono con Daniel, de diecisiete años. Aunque era hijo de una buena amiga de la universidad, nunca nos habíamos visto. Antes de nuestra llamada, la madre de Daniel me explicó que había sido elegido para un puesto de liderazgo en su grupo juvenil judío. Como parte de ese cargo, estaba planeando un viaje a Israel en verano con otros alumnos de secundaria de todo Estados Unidos.

—Daniel siempre ha padecido un poco de ansiedad social —me explicó—. Dice que quiere ir al viaje, pero se está empezando a preocupar mucho por conectar con los otros chicos que van a ir. Está muy nervioso y no parece que le sirva de nada que le anime. Le preocupa tanto que aceptó cuando le sugerí que hablase contigo. No es algo que mi hijo aceptaría de buenas a primeras, así que... la cosa no va nada bien.

En la llamada, Daniel se mostró comunicativo al instante. Al parecer, hablar desde cientos de kilómetros de distancia con una desconocida de confianza a la que probablemente nunca conocería en persona ayudó a abrir la brecha que necesitaba. Se mostró educado, se expresaba muy bien y rápidamente fue al grano para explicarme que quería estar emocionado con el viaje, pero que sentía «como si mis habilidades sociales hubiesen ido para atrás con la pandemia». Añadió que siempre se había sentido un poco incómodo con la gente nueva, pero que tenía algunos buenos amigos de toda la vida. Daniel también mencionó que conocía a un par de los chicos que iban al viaje y que eran «bastante simpáticos», pero también eran muy buenos amigos entre ellos y no tenía claro si podría contar con ellos.

—Me preocupa mucho —dijo— no tener a nadie con quien pasar el rato.

—¿Cómo será el alojamiento? ¿Tendrás compañero de habitación? —le pregunté.

—Nos asignarán compañeros de habitación cuando lleguemos, pero cuando llevemos unos días en Jerusalén, nos moveremos un poco y cambiaremos de alojamiento. Creo que, a medida que avance el viaje, la gente podrá elegir a sus compañeros de habitación. También me preocupa que nadie quiera alojarse conmigo.

Le pregunté a Daniel más detalles sobre el tamaño del grupo, qué harían en el viaje, cuántos adultos irían con ellos y qué tipo de apoyo proporcionarían esos adultos. Después de responderme, me solidaricé con él por la ansiedad que puede provocar el hecho de entrar en una dinámica de grupo nueva e incierta, sobre todo con las habilidades sociales oxidadas por la pandemia. Como la madre de Daniel, percibí que empatizar con sus miedos no le ayudaba a sentirse mejor, así que era el momento de probar otro enfoque. Dado que su participación en el viaje era un hecho, decidí intentar ayudarle a ver la situación desde otra perspectiva.

Me basé en mi conocimiento de que, cuando las personas tienen una reacción de ansiedad desproporcionada con respecto a la situación real, su pensamiento suele estar desviado en dos sentidos: sobrestiman la gravedad de la situación y subestiman su capacidad para afrontarla. Para intentar corregir el rumbo del pensamiento de Daniel, empecé preguntándole por su miedo a no tener a nadie con quien pasar el rato, que sospechaba que era una posibilidad mayor en su cabeza que en la realidad.

—Parece que van muchos chicos a ese viaje, y la mayoría de ellos por las mismas razones que tú —le dije—. Entre ellos, habrá algunos con los que no tengas mucho en común, pero ¿no crees que podrás conectar con al menos dos o tres, aunque no lleguéis a ser amigos para toda la vida?

—Sí, supongo. Espero que pueda llegar a conectar con más chicos, pero lo que tú dices también estaría bien.

A continuación, centré mi atención en la sensación de impotencia de Daniel.

—Si, por lo que sea, acabas teniendo problemas para encontrar uno o dos amigos, ¿podrías pedir ayuda a los acompañantes?

—Eso sería muy incómodo —respondió Daniel—. Sé que están ahí para asegurarse de que todo vaya bien, pero me sentiría como un niño llorón pidiéndoles que me encuentren un amigo.

—Lo entiendo —repuse, empatizando con su respuesta.

—Hemos tenido algunas reuniones virtuales en las que los organizadores nos han pedido que hagamos ejercicios para romper el hielo. No he hablado mucho en esas reuniones, pero está claro que hay un par de chicos a los que les gusta mucho el cine, como a mí, así que cuando los conozca en persona creo que podría empezar por ahí y ver qué tal.

—Eso parece prometedor —comenté en tono optimista.

Ahora que Daniel había ajustado su valoración de la situación de terrible a factible, quería ver si podía ayudarle a pensar de otra manera sobre el resultado que más temía. Empecé con cautela:

—De acuerdo, sé que te preocupa quedarte solo en ese viaje, y no creo que eso vaya a pasar. Pero creo que te sentirás mejor si analizamos directamente esa posibilidad y averiguamos qué harías si ocurriera.

—Mmm..., vale —respondió inquieto.

—Imaginemos el peor de los casos —le propuse—. Si realmente acabases sintiéndote muy solo en ese viaje, ¿qué harías?

—Sinceramente, sería un asco. Me molestaría haber hecho el viaje solo para esperar a que terminase y poder volver a casa.

—De acuerdo —dije—. Eso es razonable. ¿Y qué harías si te molestase mucho?

—A lo mejor hablaría con los adultos o llamaría a casa cuando estuviese solo. Además, supongo que leería mucho. Hay algunos libros que tengo pendientes y ya los tengo en mi teléfono.

—Entonces sería muy decepcionante, pero ¿podrías superarlo?

—Sí, podría. No querría, pero podría.

Cuando los adolescentes no pueden cambiar una situación no deseada, a veces pueden cambiar su forma de pensar sobre ella.[16] De manera intuitiva, algunos adultos empujan a los adolescentes a hacer eso cuando les dicen «¡Pero piensa en todas las cosas divertidas que podrás hacer en tu viaje!» o «¡Seguro que encontrarás un montón de chicos con los que pasar el rato!» o «¡Recuerda lo afortunado que eres solo por poder participar en una aventura como esta!». Aunque esos esfuerzos son bienintencionados, rara vez son bien recibidos. De hecho, lo habitual es que consigan que nuestros adolescentes se reafirmen en su postura de que la situación es tan mala como parece. ¿Por qué? Porque nos excedemos. En lugar de intentar que nuestros hijos se alegren de la situación, sería mejor intentar que sean más realistas al respecto. No traté de convencer a Daniel de que no se encontraría con ningún problema social durante el viaje. En lugar de eso, me propuse ayudarle a valorar con más precisión la gravedad de los posibles problemas y lo que podría hacer al respecto incluso en el peor de los casos.

No siempre es fácil que los adolescentes acepten que tendrán que vivir con cierto malestar emocional de vez en cuando. Tampoco es fácil para los padres de adolescentes (me incluyo) aceptar que nuestros hijos sufran dolor emocional. No obstante, piénsalo de esta manera: los adolescentes que temen los sentimientos desagradables tienden a confinarse en caminos muy limitados, mientras que los que son capaces de tolerar cierto malestar e incertidumbre disfrutan de mayor libertad. Daniel, por ejemplo, pudo hacer su viaje a Israel (¡donde acabó pasándoselo muy bien!) cuando aceptó que podría encontrarse con dificultades sociales no deseadas, pero manejables. Para ayudar a los adolescentes a aceptar niveles moderados de malestar, las estrategias que utilicé con Daniel pueden ser útiles. Podemos hacerles retroceder con delicadeza en su valoración de lo negativa que podría ser una situación y ayudarlos a darse cuenta de que son capaces de manejar el estrés emocional que probablemente surja.

Como alternativa, o además, podemos ayudarlos a aumentar su tolerancia a la angustia emocional fomentando la práctica de la meditación mindfulness. A los adolescentes que, de otro modo, podrían sentirse a merced de sus emociones, la meditación puede ayudarles a desarrollar su capacidad de observar los sentimientos de manera desapasionada. La investigación ha descubierto que aprender a contemplar las emociones con desapego (adoptar la perspectiva de percibir los sentimientos en lugar de soportarlos) aporta un alivio significativo a los adolescentes con ansiedad o depresión.[17] Dicho esto, no siempre resulta fácil conseguir que los adolescentes acepten la idea de comprometerse a practicar la meditación. Sin embargo, incluso aquellos a los que no les gusta el mindfulness pueden sacar algo de este pequeño recordatorio según el cual cambiar la forma de pensar puede cambiar cómo se sienten: imagina que tu mente es un estanque lleno de peces y que los peces son tus sentimientos.[18] Intenta ser el estanque.

AYUDAR A LOS ADOLESCENTES A ADOPTAR UN NUEVO PUNTO DE VISTA

Como ya he mencionado, me encantan los adolescentes y a menudo me sorprendo ante su lealtad, compasión, idealismo y humor ingenioso. Por tanto, lo que voy a decir a continuación no es una pulla, sino un hecho inevitable del desarrollo: los adolescentes que se desarrollan con normalidad tienden a ser más egocéntricos que las personas en otras etapas de la vida.[19] Y tiene cierto sentido. Una de las principales tareas de la adolescencia consiste en convertirse en individuos independientes y definidos, y por eso es natural que los adolescentes necesiten centrarse en sí mismos más de lo normal. Sin embargo, también significa que pueden verse atrapados fácilmente en sus propias preocupaciones y perder de vista, en ocasiones, el panorama general. Rara vez supone un gran problema y, en cualquier caso, se resuelve por sí solo a medida que los jóvenes crecen y superan la adolescencia. En ocasiones, sin embargo, los adolescentes se preocupan por sí mismos de una manera que agrava su malestar emocional. Cuando esto ocurre, las investigaciones demuestran que ayudarlos a salir de sí mismos y observar su situación desde la perspectiva de una tercera persona puede resultarles muy útil de dos maneras: verán reducida su angustia general[20] y les permitirá pensar de forma más racional sobre los retos a los que se enfrentan.[21]

En un estudio sobre esta cuestión, los psicólogos responsables invitaron a un grupo de estudiantes universitarios a un laboratorio de investigación y pidieron a la mitad de ellos que imaginasen una situación en la que eran engañados por su pareja y a la otra mitad que imaginasen una situación en la que el engañado era su mejor amigo.[22] A continuación, se pidió a los participantes que imaginasen las consecuencias del engaño para ellos (si estaban en el primer grupo) o para su mejor amigo (si estaban en el segundo). Por último, se les hicieron preguntas diseñadas para evaluar su capacidad de razonar objetivamente sobre la situación:[23] por ejemplo, «¿Cuántos resultados diferentes has pensado?» y «¿En qué medida has tenido en cuenta la perspectiva de la otra persona implicada en el conflicto?». Los investigadores descubrieron que los participantes que imaginaban que la situación le ocurría a su amigo eran capaces de pensar de forma mucho más pausada y objetiva que los que imaginaban que les ocurría a ellos mismos.

En mi consulta, lo más probable es que intente ayudar a los adolescentes a adoptar un nuevo punto de vista cuando parecen estar cayendo en una espiral, cuando se ven atrapados en la vorágine de una línea de razonamiento poco útil y desconcertante sobre un problema al que se enfrentan. En más de una ocasión, he observado cómo una adolescente se pone cada vez más nerviosa mientras dice, por ejemplo: «Creo que acabo de catear un examen de matemáticas. Eso va a destrozar mi nota, y seguro que me perjudicará para la universidad. ¡Uf! ¡Soy la persona más tonta del mundo!». No discuto su razonamiento ni señalo sus muchos defectos. Lo que hago es intentar que lo vea desde fuera. «Déjame que te haga una pregunta —le digo—. Si tu mejor amiga te dijese lo que acabas de decirme a mí, ¿qué le responderías?». Con un empujoncito así de pequeño, los adolescentes casi siempre son capaces de adoptar una perspectiva racional sobre lo que justo antes era una crisis personal que les consumía dolorosamente. «¡Ah! Le diría que ni siquiera sabe cómo lo ha hecho —respondería la adolescente, por ejemplo—, y que puede que lo haya hecho mejor de lo que cree. O que a lo mejor todo el mundo ha metido la pata en el examen y el profesor no tiene en cuenta la nota. Y aunque lo haya hecho mal, todavía tiene tiempo de recuperar puntos en la clase, y seguro que no cambiará su destino en la universidad. Además, no es que sea tonta, es que está en una clase de matemáticas muy difícil».

Aunque los adolescentes en general son capaces de aligerar su carga emocional describiendo un reto personal desde la perspectiva de una tercera persona, esa nueva perspectiva no siempre se mantiene. En ocasiones, ofrecen una respuesta ecuánime, incluso generosa, a su hipotético amigo, pero después vuelven a machacarse a sí mismos. Para esos casos tengo preparada una pregunta que les planteo a continuación: «¿Por qué crees que serías mucho más amable con tu amigo que contigo mismo?». Nunca sé qué respuesta obtendré, pero siempre puedo contar con esta pregunta para ayudar a mis pacientes adolescentes a continuar observándose a sí mismos desde una perspectiva curiosa e imparcial, en lugar de quedarse atrapados en su propia cabeza.

Tú puedes poner en práctica esta estrategia en casa la próxima vez que tu hijo parezca hundirse en arenas movedizas psicológicas centradas en sí mismo. Piensa, por ejemplo, en una alumna de unos doce años que se siente angustiada cuando una supuesta amiga comparte una foto suya poco favorecedora en el chat de grupo de toda la clase. Para la preadolescente cuya foto se ha compartido, es muy probable que eso le suponga una humillación profunda y preocupante. Y también es muy probable que los adultos sean incapaces de consolarla por mucho que lo intenten. Sin embargo, sí pueden ayudarla haciéndole preguntas como: «¿Qué pensarías de la situación si le ocurriese a tu buena amiga Riley? ¿Te sentirías avergonzada por ella, o enfadada con la persona que lo ha hecho?». Pasar de una perspectiva en primera persona a una en tercera persona sobre el mismo escenario puede ayudar a la preadolescente a ver la situación desde un punto de vista mucho más tranquilizador.

Una variación útil de este recurso consiste en comprobar si los adolescentes son capaces de distanciarse por un momento de lo que les hace sentir desgraciados. Las investigaciones demuestran que preguntar cómo cree que se sentirá una persona dentro de diez años acerca de una situación que hoy le resulta estresante reduce el malestar psicológico de manera inmediata.[24] «Sé que ahora mismo esto es horrible –podrías decirle a la preadolescente del ejemplo anterior–, pero imagínate dentro de diez años, cuando ya hayas acabado la universidad, ¿qué crees que diría tu yo del futuro sobre lo que está viviendo tu yo del presente?».

GESTIONAR NUESTRAS PROPIAS EMOCIONES COMO PADRES

Como muchos alumnos de secundaria, mi hija mayor se pasó el otoño de su último año de bachillerato trabajando bajo el peso del proceso de admisión a la universidad. Hizo un gran trabajo y fue superando metódicamente todo lo que tenía que hacer, pero yo seguía preocupada por sus solicitudes. Creo que puedo decir con toda honestidad que no era porque me hubiese implicado personalmente, pero deseaba con todas mis fuerzas el resultado que mi hija esperaba porque sabía que significaba mucho para ella. Así, un sábado de octubre por la tarde me asaltó de repente lo que en aquel momento me pareció una pregunta acuciante: si mi hija habría explicado con detalle una de sus actividades extraescolares más importantes en sus solicitudes.

Cuando me asaltó la pregunta, ella estaba trabajando, así que cogí el teléfono para enviarle un mensaje. Por puro milagro, me detuve antes de enviarlo. De pie en la cocina, con el teléfono en la mano, me pregunté cómo le sentaría un mensaje así. La tienda en la que trabajaba mi hija solía estar muy concurrida, pero sabía que tendría la oportunidad de leer el mensaje en algún momento entre cliente y cliente. ¿Y entonces qué haría? Si pensaba que yo había dado en el clavo, no estaría en condiciones de abordar la cuestión. Si pensaba que mi preocupación no estaba justificada, podría sentirse obligada a enviarme un mensaje explicándomelo, cuando sabía que en realidad debería estar centrada en su trabajo. Y si mi pregunta planteaba una cuestión que requería una conversación más larga (por ejemplo, «Le pregunté a mi orientadora universitaria y me dijo que lo hiciera así, pero no ha dejado de preocuparme...»), ahora se quedaría pensando en eso en lugar de disfrutar del trabajo, que era donde normalmente se tomaba un respiro de sus preocupaciones sobre el proceso de admisión a la universidad.

En pocas palabras, enviar a mi hija un mensaje de texto impulsivo no le haría ningún favor. Más bien, solo conseguiría aliviar por un momento mi ansiedad descargándola sobre ella. Sin duda, ese gesto no habría sido justo ni productivo. Así que, al igual que hizo Jada al principio del capítulo anterior, «me recompuse» y me guardé mis preocupaciones hasta que mi hija volvió del trabajo. Y una vez en casa, incluso esperé a que comiese algo. Solo entonces le dije: «Me gustaría comentar contigo algo relacionado con tus solicitudes... ¿Es un buen momento?». Después de poner los ojos en blanco en un gesto breve y comprensible, por fin pude hablar con ella de lo que me preocupaba.

Mis dos hijas dirían que no siempre controlo mis emociones tan bien como lo hice aquel sábado. Pero lo intento, porque como psicóloga sé que gestionar mis propios altibajos de manera eficaz es una de las formas más potentes de ayudarlas a ellas a gestionar los suyos. De hecho, la cuestión de cómo influye la regulación de las emociones por parte de los padres en la regulación de las emociones por parte de sus hijos se ha estudiado ampliamente y ha dado lugar a una serie de conclusiones importantes.[25]

En primer lugar, nuestros hijos aprenden mucho sobre el manejo de las emociones difíciles con solo observar cómo lo hacemos nosotros.[26] Una madre que se queja de un día terrible en el trabajo mientras se sirve una gran copa de vino transmite un mensaje sobre la gestión del estrés; el padre que dice «Hoy ha sido un día duro, me vendría bien un poco de aire fresco. ¿Quién se apunta a un paseo?» transmite otro. Enviar aquel mensaje a mi hija le habría sugerido que enviar mensajes de texto con carga emocional sin pensar constituye una estrategia de gestión de la ansiedad aceptable. Mantener el asunto en pausa hasta que ella llegase a casa transmitió mi sensibilidad hacia lo que constituye una emergencia y lo que no. Y pedirle permiso para plantear el estresante tema de las solicitudes universitarias demostró mi capacidad para tener en cuenta sus sentimientos mientras intentaba aliviar una preocupación propia. Si queremos que nuestros hijos aprendan a gestionar bien sus emociones y a mostrarse prudentes ante los posibles efectos de sus sentimientos en los demás, tenemos que aprovechar al máximo nuestras constantes oportunidades de demostrarles cómo se hace.

En segundo lugar, la forma en que los padres gestionan su propia angustia influye mucho en el clima psicológico del hogar (que, como es lógico, determina la vida emocional de los adolescentes). Los padres que tienden a ser muy reactivos (a reaccionar de forma enérgica y visceral cuando se alteran) tienen más probabilidades de que sus hijos se pongan nerviosos con facilidad.[27] Del mismo modo, los padres que muestran muchas emociones negativas, como disgusto o enfado con frecuencia, tienen más probabilidades de que sus hijos adolescentes sufran depresión, ansiedad o problemas de conducta.[28] Esto no significa que los padres tengan que ser robots sin sentimientos: no es posible ni deseable. Significa que, si a ti o a otro adulto de casa os cuesta encontrar formas adaptativas de expresar o controlar el malestar emocional, es importante buscar ayuda profesional por tu propio bien y por el bien de tu hijo.

Por último, la capacidad de mantener la calma al responder a un adolescente inquieto ayuda mucho a que este recupere el control emocional. Por supuesto, esto no siempre es fácil. No me cabe la menor duda de que, al menos de vez en cuando, todos los padres de adolescentes reaccionan con ira ante el sarcasmo, se ponen visiblemente ansiosos ante una crisis emocional o se entristecen de forma evidente cuando su hijo sufre una decepción dolorosa. No es necesario, ni útil, que permanezcamos completamente imperturbables ante todo lo que nuestros adolescentes nos planteen: si nuestro hijo nos informa de que de camino a casa le han puesto una multa por exceso de velocidad en una zona escolar, está perfectamente bien que capte lo descontentos que estamos con su mal juicio por el tono de nuestra voz y la expresión de nuestra cara. Dicho esto, debemos hacer todo lo posible por convertirnos en una base segura con la que puedan contar cuando necesiten reorganizarse psicológicamente. ¿Y cómo lo hacemos? Aceptando que la agitación emocional es una característica fundamental de la adolescencia y, a partir de ahí, trabajando con las técnicas formuladas en este capítulo y en el anterior para ayudar a los adolescentes a regular sus estados de ánimo de manera eficaz.

¿Qué importancia tiene esto para su salud psicológica? Mucha. Las investigaciones demuestran que interesarse por la agitación emocional del adolescente y responder a ella ofreciendo apoyo proporciona un alivio psicológico inmediato.[29] Además, puede proteger a los adolescentes contra problemas psicológicos más importantes en el futuro.

Por si no fuera bastante complicado estar atentos a nuestras reacciones ante las potentes emociones de nuestros hijos, muchos padres descubren que tener un adolescente en casa les remueve un montón de sentimientos sobre su propia adolescencia. En ocasiones, y de manera bastante inesperada, el hecho de educar a adolescentes puede sacar a relucir viejas heridas psicológicas. Pienso en una amiga mía que, en su adolescencia, tuvo problemas con el sobrepeso y sus padres la avergonzaban constantemente por su talla. Cuando su propia hija adolescente empezó a atiborrarse de dulces para gestionar sus sentimientos incómodos, mi amiga se sintió como si la hubieran empujado al interior de una angustiosa sala de espejos psicológica. Aunque empatizaba con lo que estaba pasando su hija en cuanto a la comida emocional, fue incapaz siquiera de abordar el tema porque se sentía desconcertada al ver que la historia se repetía, y le preocupaba que, de alguna manera, ella tuviera la culpa. Para empeorar todavía más las cosas, sintió una nueva y punzante tristeza por su antiguo yo adolescente. En el presente, en el papel de madre, se dio cuenta de que nunca trataría a su propia hija como sus padres la trataron a ella. De repente, fue dolorosamente consciente de la crueldad de aquel comportamiento.

Por suerte, encontró a un excelente terapeuta que la ayudó a resolver las diversas dimensiones de su problema. Mi amiga recibió asesoramiento profesional para abordar los hábitos alimentarios emocionales de su hija y, al mismo tiempo, utilizó la terapia para procesar su nuevo reconocimiento de la dureza con la que la habían tratado en su adolescencia.

—Fue una época muy difícil —me explicó mientras lo recordaba—, pero puedo decir sinceramente que poder ayudar a mi hija resultó terapéutico para mí. Me siento orgullosa de haber convertido la conciencia de los errores de mis padres en una oportunidad para hacerlo mejor por mi niña.

Si te enfrentas a un cruce entre el presente de tu hijo y tu pasado como adolescente, no dudes en buscar el apoyo de un amigo, de tu pareja o de un profesional. Educar a adolescentes es, sin duda, un ejercicio emocional que nos pone a prueba. No obstante, como cualquier entrenamiento, nos permite desarrollar la fuerza.

IDENTIFICAR EL CONTROL EMOCIONAL DAÑINO

En ocasiones, en esta etapa, los chicos y chicas caen en formas poco saludables de controlar sus emociones, estrategias que proporcionan un alivio psicológico inmediato, pero que tienen un precio muy alto. El primero de la lista, por supuesto, es recurrir a sustancias para mitigar los sentimientos no deseados. Emborracharse o drogarse es, sin duda, una forma rápida y eficaz de aplacar la angustia emocional, pero el coste para la salud física y el desarrollo normal en curso puede ser astronómico.

Existen otras formas menos peligrosas de mantener a raya las emociones, pero que siguen teniendo un precio inaceptablemente alto. Un ejemplo muy común es la dependencia excesiva de los videojuegos, el *scrolling* sin sentido o los atracones de películas o televisión para amortiguar el dolor emocional. ¿Dónde está el límite entre una distracción sana que ayude a restablecer el equilibrio y el exceso? Las distracciones son saludables cuando ayudan a los adolescentes a cumplir con sus responsabilidades (como el chico cuya breve visita a YouTube le permitió empezar a hacer los deberes). En cambio, suponen un problema cuando se interponen en el trabajo escolar, el descanso nocturno, las tareas domésticas o cualquier otra cosa que el adolescente tenga que hacer.

También debemos preocuparnos si un adolescente recurre a conductas compulsivas para controlar emociones no deseadas, un fenómeno que a menudo se diagnostica como trastorno obsesivo-compulsivo. La ansiedad en la adolescencia puede verse exacerbada por un pensamiento intrusivo (obsesión), como la preocupación de que las manos estén cubiertas de gérmenes, lo que provoca el impulso incontenible (compulsión) de recurrir a una conducta que disminuye temporalmente la ansiedad (como lavarse las manos de manera enérgica). Las compulsiones pueden convertirse en un problema rápidamente porque funcionan (proporcionan un alivio emocional inmediato, aunque de corta duración), pero el riesgo radica en que a veces se convierten en un enfoque arraigado y debilitante para gestionar el malestar psicológico.

Las conductas compulsivas suelen estar vinculadas a una ansiedad específica (por ejemplo, el miedo a la contaminación que lleva a lavarse las manos de manera compulsiva), pero también debemos estar atentos a las compulsiones que se utilizan de forma más general para boicotear la angustia: por ejemplo, la comida emocional (el hábito de recurrir a la comida como principal fuente de consuelo) o las dietas o el ejercicio compulsivos.

También hay adolescentes que controlan sus emociones reprimiéndolas de forma activa y constante.[30] En cuanto los sentimientos empiezan a aflorar, utilizan la fuerza mental para reprimirlos. Esos adolescentes suelen acabar alejándose de los demás: como cabría esperar, el hecho de reprimir las emociones de manera activa impide desarrollar y mantener relaciones significativas.[31] Y reprimir los sentimientos también puede pasar factura de otras maneras: interfiere en la capacidad de recordar detalles de experiencias relacionadas con los sentimientos reprimidos,[32] agota la energía mental[33] y, con el tiempo, puede contribuir a la aparición de enfermedades cardiovasculares.[34] Incluso puede provocar un desgaste del organismo que acortaría la esperanza de vida.[35]

No obstante, resulta importante señalar que algunos adolescentes son muy reservados en casa, pero se comunican sin problemas con amigos o adultos de confianza fuera de la familia. Desde la perspectiva de los padres, esto no es lo ideal. Queremos a nuestros adolescentes, queremos sentirnos unidos a ellos y deseamos saber al menos parte de lo que piensan y sienten. Este libro, al fin y al cabo, se centra en la relación entre padres y adolescentes, porque normalmente nadie está más interesado o mejor posicionado que los padres para fomentar una expresión emocional sana en sus hijos. Desde la perspectiva del adolescente, en cambio, compartir sentimientos importantes con compañeros o adultos afectuosos que no sean sus padres puede funcionar. En el tiempo que llevo ejerciendo, he atendido a varios adolescentes que, por diversas razones, no compartían nada con sus padres, pero se mostraban bastante abiertos con otras personas y conseguían gestionar bien sus emociones. Si tu hijo adolescente es poco expresivo contigo, pero se muestra comunicativo con los demás, puede que quieras intentar averiguar a qué se debe esa distancia en vuestra relación, pero es probable que no tengas que preocuparte de que esté reprimiendo todas sus emociones.

Sin embargo, cuando los adolescentes se aíslan activamente de todos los sentimientos y relaciones, o recurren a sustancias o a distracciones que obstaculizan las tareas del desarrollo normal, o a conductas compulsivas o cualquier otra medida perjudicial para controlar sus emociones, los adultos deben buscar la orientación de un profesional de la salud mental. Por encima de todo, queremos asegurarnos de que nuestros adolescentes recurran por defecto a formas sanas de expresar sus emociones y de recuperar el control de estas cuando sea necesario.

CONCLUSIÓN

En definitiva, ¿cómo es la vida emocional de los adolescentes? Dado lo intensos, difíciles e incluso alarmantes que pueden ser los sentimientos en esta etapa de la vida, sería bastante fácil imaginar las emociones de nuestros hijos como llamaradas que sueltan chispas y, en ocasiones, parecen dispuestas a quemar toda la casa, y que es mejor evitar o, al menos, apagar rápidamente. Sin embargo, ¿qué pasaría si viésemos los sentimientos de nuestros hijos no como llamaradas, sino como un río que fluye y que de repente se desborda en la adolescencia? Cuando las aguas emocionales suben demasiado, los adultos podemos ayudar a los adolescentes a encontrar salidas sanas para lo que sienten, apoyarles en la expresión de lo que les pasa por dentro. En otras ocasiones tendremos que evitar las inundaciones emocionales y sostenerlos mientras ellos trabajan para mantener a raya los sentimientos a punto de desbordarse y recuperar la sensación de control. No obstante, durante la mayor parte del tiempo podremos dejar que su río emocional fluya mientras apreciamos la riqueza que aporta y el desarrollo que alimenta.

Aunque una corriente fuerte tiene sus peligros, también puede ser una gran fuente de energía. Las emociones adolescentes acogidas de buen grado y aprovechadas pueden proporcionar la energía necesaria para convertir a nuestros jóvenes en las personas vinculadas, competentes y compasivas que queremos que sean.

¿Vinculadas? Sí. Las relaciones sanas y gratificantes requieren conciencia emocional. La capacidad de nuestros adolescentes para crear y mantener vínculos depende de su capacidad para sintonizar con sus propios sentimientos y compartirlos con los demás. Las emociones también refuerzan los vínculos entre adultos y adolescentes. Cuando estos nos transmiten sus miedos, sus decepciones y sus frustraciones, y nosotros respondemos con curiosidad y empatía, reforzamos nuestra conexión con ellos y les mostramos lo que queremos que esperen de todas sus relaciones estrechas.

¿Competentes? De nuevo, sí. Los adolescentes que saben gestionar sus sentimientos pueden dar pasos firmes incluso en medio de un torbellino emocional. En lugar de descarrilar debido a sentimientos intensos o no deseados, pueden utilizarlos como fuentes imprescindibles de información y motivación. Y los sentimientos más potentes de nuestros adolescentes, cuando los afrontan sin miedo, pueden desencadenar las acciones que más les ayuden a crecer. La ira puede inspirarles a defender lo que es correcto; la ansiedad les estimulará para corregir el rumbo, y la culpa o el arrepentimiento (tras aceptarlos y reflexionar sobre ellos) pueden evitar que cometan el mismo error dos veces.

¿Compasivos? Un enorme sí. Los adolescentes que están atentos a su propia vida interior y se sienten cómodos con ella son los que más se interesan y se preocupan por las experiencias emocionales de los demás. Es más: la capacidad de hacer frente y soportar las emociones más desafiantes hace posible que pongan en práctica su idealismo natural, y así tienden la mano y se sitúan al lado de los que sufren o los necesitados.

Acojamos con los brazos abiertos la vida emocional de nuestros adolescentes en toda su extensión y ayudémoslos a hacer lo mismo. De ese modo los preparamos para salir al mundo dispuestos a crecer, a avanzar, a cuidar de sí mismos y a preocuparse por los demás.

AGRADECIMIENTOS

Todo lo que diga es poco para expresar lo agradecida que estoy a las maravillosas personas que me apoyan en el día a día: mi marido, mis hijas, mis padres y mis queridos amigos. En cuanto a este libro, debo dar las gracias en primer lugar a mi fantástica agente, Gail Ross, que me empujó con delicadeza a poner en orden mis ideas para este proyecto. Sin el apoyo que me ha dado desde el principio y durante todo el proceso, este libro no habría visto la luz.

Ha sido un auténtico placer volver a trabajar con mi brillante editora, Susanna Porter, de Ballantine Books, y con todo el extraordinario equipo de Penguin Random House. Además de beneficiarme de la sabia orientación editorial de Susanna, el manuscrito también mejoró gracias a los comentarios de un grupo de primeros lectores de categoría: Tori Cordiano, Anne Curzan, Lisa Heffernan, Candace Maiden, Annie Murphy Paul, Davida Pines, Kathryn Purcell, Marisela Santiago, Jonathan Singer, Amy Weisser y Charlie Yu. Y habría sido imposible plantearme escribir este libro sin la ayuda en la investigación de la insustituible Amanda Block.

Estoy en deuda con mis colegas Beth Ames, Hyunjune Lee, Janet Kemp y Laura Voith por ayudarme a concretar las ideas presentadas en este libro. En términos más generales, quiero expresar mi gratitud y admiración por los investigadores en psicología y campos afines en cuyo trabajo se basan estas páginas. He tratado de mencionar explícitamente a todas las personas cuyos conocimientos han contribuido a los argumentos y a la orientación práctica que ofrezco; cualquier omisión o error a este respecto es exclusivamente mi responsabilidad. Mientras escribía, conté con la amistad y el apoyo moral de Hetty Carraway, Ann Klotz, Alice Michael, Cara Natterson, Reena Ninan, Mary Laura Philpott, Denise Clark Pope, Jennie Wallace y Roberta Zeff.

Mi más profundo agradecimiento va dirigido a los adolescentes y los padres que han compartido conmigo aspectos personales, y en muchos casos dolorosos, de sus vidas. No es fácil ser adolescente y tampoco es fácil educarlos, algo que se ha intensificado en los últimos años. No deja de asombrarme lo sinceros, honestos, creativos, correctos e ingeniosos que son los adolescentes, tanto en los buenos como en los malos momentos. Espero, por encima de todo, que este libro no solo les resulte útil, sino que también les haga justicia.

BIBLIOGRAFÍA RECOMENDADA

DESARROLLO EN LA ADOLESCENCIA

Duffy, J., *Parenting the New Teen in the Age of Anxiety: A Complete Guide to Your Child's Stressed, Depressed, Expanded, Amazing Adolescence*, Mango Publishing, Miami, 2019.

Heffernan, L., y M. Harrington, *Grown and Flown: How to Support Your Teen, Stay Close as a Family, and Raise Independent Adults*, Flatiron Books, Nueva York, 2019.

Icard, M., *Fourteen Talks by Age Fourteen: The Essential Conversations You Need to Have With Your Kids Before They Start High School*, Harmony Books, Nueva York, 2020.

Jensen, F. E., *The Teenage Brain: A Neuroscientist's Survival Guide to Raising Adolescents and Young Adults*, Harper, Nueva York, 2016 (trad. cast.: *El cerebro adolescente*, RBA, Barcelona, 2015).

Lythcott-Haims, J., *How to Raise an Adult: Break Free of the Overparenting Trap and Prepare Your Kid for Success*, St. Martin's Press, Nueva York, 2015.

Siegel, D. J., *Brainstorm: The Power and Purpose of the Teenage Brain*, Tarcher-Perigee, Nueva York, 2014 (trad. cast.: *Tormenta cerebral: el poder y el propósito del cerebro adolescente*, Alba, Barcelona, 2014).

Steinberg, L., *Age of Opportunity: Lessons from the New Science of Adolescence*, Harper, Nueva York, 2015.

EMOCIONES

Barrett, L. F., *How Emotions Are Made: The Secret Life of the Brain*, Mariner Books, Nueva York, 2017 (trad. cast.: *La vida secreta del cerebro: cómo se construyen las emociones*, Paidós, Barcelona, 2018).

Brackett, M., *Permission to Feel: The Power of Emotional Intelligence to Achieve Well-Being and Success*, Celadon Books, Nueva York, 2019 (trad. cast.: *Permiso para sentir*, Diana, Barcelona, 2020).

Damasio, A., *The Feeling of What Happens: Body and Emotion in the Making of Consciousness*, Harcourt, Nueva York, 1999 (trad. cast.: *La sensación de lo que ocurre: cuerpo y emoción en la construcción de la conciencia*, Destino, Barcelona, 2018).

Damour, L., *Under Pressure: Confronting the Epidemic of Stress and Anxiety in Girls*, Ballantine Books, Nueva York, 2019.

Oatley, K., D. Keltner y J. M. Jenkins, *Understanding Emotions* (4.ª ed.), Wiley, Hoboken (Nueva Jersey), 2019.

Van der Kolk, B., *The Body Keeps the Score: Brain, Mind, and Body in Healing*, Penguin Books, Nueva York, 2014 (trad. cast.: *El cuerpo lleva la cuenta: cerebro, mente y cuerpo en la superación del trauma*, Elefthteria, Barcelona, 2020).

GÉNERO

Damour, L., *Untangled: Guiding Teenage Girls Through the Seven Transitions into Adulthood*, Ballantine Books, Nueva York, 2016 (trad. cast.: *Desenredadas*, Paidós, Barcelona, 2024).

Natterson, C., *Decoding Boys: New Science Behind the Subtle Art of Raising Sons*, Ballantine Books, Nueva York, 2020.

Eliot, L., *Pink Brain, Blue Brain: How Small Differences Grow into Troublesome Gaps—and What We Can Do About It*, Mariner Books, Nueva York, 2010.

Kindlon, D., y M. Thompson, *Raising Cain: Protecting the Emotional Lives of Boys*, Ballantine Books, Nueva York, 1999 (trad. cast.: *Educando a Caín: cómo proteger la vida emocional del varón*, Atlántida, Buenos Aires, 2001).

Pipher, M., y S. Gilliam, *Reviving Ophelia 25th Anniversary Edition: Saving the Selves of Adolescent Girls*, Riverhead Books, Nueva York, 2019.

ADOLESCENTES MARGINALIZADOS

Belgrave, F. Z., *African American Girls: Reframing Perceptions and Changing Experiences*, Springer, Nueva York, 2009.

Belgrave, F. Z., y J. K. Brevard, *African American Boys: Identity, Culture, and Development*, Springer, Nueva York, 2014.

Crockett, L. J., y G. Carlo (comps.), *Rural Ethnic Minority Youth and Families in the United States: Theory, Research, and Applications*, Springer, Nueva York, 2016.

Forcier, M., G. Van Schalkwyk y J. L. Turban (comps.), *Pediatric Gender Identity: Gender-Affirming Care for Transgender and Gender Diverse Youth*, Springer, Nueva York, 2020.

Golden, M., *Saving Our Sons: Raising Black Children in a Turbulent World*, Mango Publishing, Miami, 2022.

Morris, M. W., *Pushout: The Criminalization of Black Girls in Schools*, The New Press, Nueva York, 2018.

Janssen, A., y S. Leibowitz (comps.), *Affirmative Mental Health Care for Transgender and Gender Diverse Youth: A Clinical Guide*, Springer, Nueva York, 2018.

Russell, S. T., L. J. Crockett y R. K. Chao (comps.), *Asian American Parenting and Parent-Adolescent Relationships*, Springer, Nueva York, 2010.

LIBROS PARA ADOLESCENTES

Bacow, T., *Goodbye Anxiety: A Guided Journal for Overcoming Worry*, Sasquatch Books, Seattle, 2021.

Hurley, K., *The Depression Workbook for Teens: Tools to Improve Your Mood, Build Self-Esteem, and Stay Motivated*, Rockridge Press, Emeryville, 2019.

Knaus, W. J., *Overcoming Procrastination for Teens: A CBT Guide for College-Bound Students*, Instant Help Books, Oakland, 2016.

Schab, L. M., *The Anxiety Workbook for Teens: Activities to Help You Deal with Anxiety and Worry* (2.ª ed.), Instant Help Books, Oakland, 2021.

Sedley, B., *Stuff That Sucks: A Teen's Guide to Accepting What You Can't Change and Committing to What You Can*, Instant Help Books, Oakland, 2017.

Stahl, B., y E. Goldstein, *A mindfulness-based Stress Reduction Workbook*, New Harbinger, Oakland, 2010 (trad. cast.: *Mindfulness para reducir el estrés*, Editorial Kairós, Barcelona, 2011).

NOTAS

1. Freud, A., «Adolescence», *Psychoanalytic Study of the Child*, 13, 1958, págs. 255-278, 275.

2. Ginott, H., *Between Parent and Child*, Three Rivers Press, Nueva York, 1965/2003, pág. 21 (trad. cast.: *Entre padres e hijos*, Medici, Barcelona, 2005).

Introducción

1. López-Muñoz, F., y C. Alamo, «Monoaminergic neurotransmission: The history of the discovery of antidepressants from 1950s until today», *Current Pharmaceutical Design*, 15 (14), 2009, págs. 1563-1586.

2. Olfson, M., S. C. Marcus, B. Druss y otros, «National trends in the outpatient treatment of depression», *Journal of the American Medical Association*, 287 (2), 2002, págs. 203-209.

3. Marcus, S. C., y M. Olfson, «National trends in the treatment of depression from 1998 to 2007», *Archives of General Psychiatry*, 67 (12), 2010, págs. 1265-1273.

Hockenberry, J. M., P. Joski, C. Yarbrough y B. G. Druss, «Trends in treatment and spending for patients receiving outpatient treatment of depression in the United States, 1998-2015», *JAMA Psychiatry*, 76 (8), 2019, págs. 810-817.

4. Stagnitti, M. N., «Top 10 outpatient prescription medicines ranked by utilization and expenditures for the U. S. community population, 2002», Statistical Brief #60. Rockville, Md., Agency for Healthcare Research and Quality, diciembre de 2004, <meps.ahrq.gov/mepsweb/data_files/publications/st60/stat60.pdf>.

Cherry, D. K., D. A. Woodwell y E. A. Rechtsteiner, *National Ambulatory Medical Care Survey: 2005 Summary. Advance Data From Vital and Health Statistics, No. 387*, National Center for Health Statistics, Hyattsville (Maryland), 2007.

Middelton, K., E. Hing y J. Xu, *National Hospital Ambulatory Medical Care Survey: 2005 Outpatient Department Summary. Advance Data From Vital and Health Statistics, No. 389*, National Center for Health Statistics, Hyattsville (Maryland), 2007.

Lewis, S., «The top 50 drugs prescribed in the United States», Healthgrades, 5 de septiembre de 2019, <healthgrades.com/right-care/patient-advocate/the-top-50-drugs-prescribed-in-the-united-states>.

5. Lohr, S., «The wellness industry as an echo of the Internet in the 1990s», *The New York Times*, 23 de mayo de 2010, <bits.blogs.nytimes.com/2010/05/23/the-wellness-industry-as-an-echo-of-the-internet-in-the-1990s/>.

6. Global Wellness Institute, *The Global Wellness Economy: Looking Beyond COVID*, The Global Wellness Institute, diciembre de 2021, <globalwellnessinstitute.org/wp-content/uploads/2021/11/GWI-WE-Monitor-2021final-digital.pdf>.

Callaghan, S., M. Lösch, A. Pione y otros, «Feeling good: The future of the $1.5 trillion wellness market», McKinsey & Company, 8 de abril de 2021, <mckinsey.com/industries/consumer-packaged-goods/our-insights/feeling-good-the-future-of-the-1-5-trillion-wellness-market>.

7. Rubin, R., «Global entertainment industry surpasses $100 billion for the first time ever», *Variety*, 11 de marzo de 2020, <variety.com/2020/film/news/global-entertainment-industry-surpasses-100-billion-for-the-first-time-ever-1203529990/>.

8. Véase, por ejemplo, Goyal, M., S. Singh, E. M. S. Sibinga y otros, «Meditation programs for psychological stress and well-being: A systematic review and meta-analysis», *Journal of the American Medical Association Internal Medicine*, 174 (3), 2014, págs. 357-368.

Goldberg, S. B., R. P. Tucker, P. A. Greene y otros, «Mindfulness-based interventions for psychiatric disorders: A systematic review and meta-analysis», *Clinical Psychology Review*, 59, 2018, págs. 52-60.

González, M., M. C. Pascoe, G. Yang y otros, «Yoga for depression and anxiety symptoms in people with cancer: A systematic review and meta-analysis», *Psycho-Oncology*, 30 (8), 2021, págs. 1196-1208.

9. Asociación Americana de Psicología, *Stress in America: Generation Z*. Stress in America Survey, 2018, <apa.org/news/press/releases/stress/2018/stress-gen-z.pdf>.

10. Centers for Disease Control and Prevention, *Youth Risk Behavior Survey: Data summary and trends report 2009-2019*, Centers for Disease Control and Prevention, 2019, <cdc.gov/healthyyouth/data/yrbs/yrbs_data_summary_and_trends.htm>.

11. Parodi, K. B., M. K. Holt, J. G. Green y otros, «Time trends and disparities in anxiety among adolescents, 2012-2018», *Social Psychiatry and Psychiatric Epidemiology*, 57, 2021, págs. 127-137.

12. Racine, N., B. A. McArthur, J. E. Cooke y otros, «Global prevalence of depressive and anxiety symptoms in children and adolescents during COVID-19: A meta-analysis», *JAMA Pediatrics*, 175 (11), 2021, págs. 1142-1150.

13. C. S. Mott Children's Hospital, University of Michigan Health, «How the pandemic has impacted teen mental health», *National Poll on Children's Health*, 38 (2), 2021, <mottpoll.org/sites/default/files/documents/031521_MentalHealth.pdf>.

14. Yard, E., L. Radhakrishnan, M. F. Ballesteros y otros, «Emergency department visits for suspected suicide attempts among persons aged 12–25 years before and during the COVID-19 pandemic – United States, January 2019 – May 2021», *MMWR. Morbidity and Mortality Weekly Report*, 70 (24), 2021, págs. 888-894.

15. J. Singer, comunicación personal, abril de 2022. También es cierto que ya antes de la pandemia, las chicas eran más propensas a los intentos de suicidio que los chicos.

Véase, por ejemplo, Ivey-Stephenson, A. Z., Z. Demissie, A. E. Crosby y otros, «Suicidal ideation and behaviors among high school students – youth risk behavior survey, United States, 2019», *Morbidity and Mortality Weekly Report*, 69 (1), 2020, págs. 47-55.

16. Stinson, E. A., R. M. Sullivan, B. J. Peteet y otros, «Longitudinal impact of childhood adversity on early adolescent mental health during the COVID-19 pandemic in the ABCD study cohort: Does race or ethnicity moderate findings?», *Biological Psychiatry Global Open Science*, 1 (4), 2021, págs. 324-335.

17. Departamento de Salud y Servicios Humanos de Estados Unidos, «Protecting youth mental health: The U.S. surgeon general's advisory», 2021, <hhs.gov/sites/default/files/surgeon-general-youth-mental-health-advisory.pdf>.

1. Las emociones adolescentes: superar tres grandes mitos

1. Platón, *Fedro*.

2. Descartes, R., C. Adam y P. Tannery, *Oeuvres de Descartes* (vol. XI, pág. 448), J. Vrin, París, 1964. A partir de Descartes, R., J. Cottingham, R. Stoothoff y D. Murdoch, *The Philosophical Writings of Descartes* (vol. I, pág. 385), Cambridge University Press, Cambridge, 1985.

3. Hume, D., *A Treatise of Human Nature*, Londres, J. Noon, 1739. Publicado en Hume, D., y L. A. Selby-Bigge, *A Treatise of Human Nature* (libro II, sección III, pág. 415), Clarendon Press, Oxford, 1896; archivo de internet: <archive.org/details/treatiseofhumann00hume_0> (trad. cast.: *Tratado de la naturaleza humana*, Verbum, Madrid, 2020).

4. T. Tobias, comunicación personal, marzo de 2013. Terry, que tiene un gran sentido del humor, también me dio a conocer el concepto de «dispositivo localizador uterino», una estructura ficticia que explica la experiencia común en los hogares en los que la madre es la que siempre encuentra las cosas.

5. Blanchette, I., y M. Campbell, «Reasoning about highly emotional topics:

Syllogistic reasoning in a group of war veterans», *Journal of Cognitive Psychology*, 24 (2), 2012, págs. 157-164.

6. Por el contrario, otras investigaciones han descubierto que sentirse agitado por razones que no guardan relación con la experiencia personal puede llegar a obstaculizar la capacidad de pensar racionalmente. Por ejemplo, en un estudio se observó que una selección aleatoria de participantes tenía dificultades para resolver problemas lógicos relacionados con accidentes mortales, pero no con otros protagonizados por gatos. Presumiblemente, las preguntas sobre accidentes mortales (pero no sobre gatos) provocaban sentimientos de angustia que absorbían recursos intelectuales y obstaculizaban la capacidad de resolución de problemas. Viau-Wuesnel, C., M. Savary e I. Blanchette, «Reasoning and concurrent timing: A study of the mechanisms underlying the effect of emotion on reasoning», *Cognition and Emotion*, 33 (5), 2019, págs. 1020-1030.

7. Gardner, M., y L. Steinberg, «Peer influence on risk taking, risk preference, and risky decision making in adolescence and adulthood: An experimental study», *Developmental Psychology*, 41 (4), 2005, págs. 625-635.

8. Tefft, B. C., A. F. Williams y J. G. Grabowski, «Teen driver risk in relation to age and number of passengers, United States, 2007–2010», *Traffic Injury Prevention*, 14 (3), 2013, págs. 283-292.

9. Albert, D., y A. Steinberg, «Judgment and decision making in adolescence», *Journal of Research on Adolescence*, 21 (1), 2011, págs. 211-224.

10. McCartt, A. T., y E. R. Teoh, «Tracking progress in teenage driver crash risk in the United States since the advent of graduated driver licensing programs», *Journal of Safety Research*, 53, 2015, págs. 1-9.

11. Mar, R., K. Oatley y J. Peterson, «Exploring the link between reading fiction and empathy: Ruling out individual differences and examining outcomes», *Communications*, 34, 2009, págs. 407-428.

12. Freeman, L., y M. Guarisco, «The wonder of empathy: Using Palacio's novel to teach perspective taking», *ALAN Review*, 43, 2015, págs. 56-68.

13. Kotrla Topić, M., «Emotional engagement, but not transportation, leads to higher empathy after reading a fictional story, in more agreeable participants», *Primenjena Psihologija*, 14 (2), 2021, págs. 211-227.

14. Eliot, G., «The natural history of German life: Riehl», en *The Works of George Eliot*, edición estándar: *Essays* (188-236, págs. 192-193), Blackwood, Edimburgo, 1883 (publicado originalmente en 1856).

15. Heim, C., J. Newport, S. Heit y otros, «Pituitary-adrenal and autonomic responses to stress in women after sexual and physical abuse in childhood», *JAMA*, 284 (5), 2000, págs. 592-597.

16. Ozer, E. J., S. R. Best, T. L. Lipsey y D. S. Weiss, «Predictors of posttraumatic stress disorder and symptoms in adults: A meta-analysis», *Psychological Bulletin*, 129 (1), 2003, págs. 52-73.

Bomyea, J., V. Risbrough y A. J. Lang, «A consideration of select pre-trauma factors as key vulnerabilities in PTSD», *Clinical Psychology Review*, 32 (7), 2012, págs. 630-641.

17. Gračanin, A., L. M. Bylsma y A. J. J. M. Vingerhoets, «Is crying a self-soothing behavior?», *Frontiers in Psychology*, 28 (5), 2015, pág. 502.

Gračanin, A., A. J. J. M. Vingerhoets, I. Kardum y otros, «Why crying sometimes does and sometimes does not alleviate mood: A quasi-experimental study», *Motivation and Emotion*, 39, 2015, págs. 953-960.

18. Freud, A., *The Ego and the Mechanisms of Defense*, International Universities Press, Madison, 1937/1966 (trad. cast.: *El yo y los mecanismos de defensa*, Paidós, Barcelona, 1997).

19. Beebe, B., «Co-constructing mother-infant distress in face-to-face interactions: Contributions of microanalysis», *Infant Observation*, 9 (2), 2006, págs. 151-164.

20. Sandler, J., y A. Freud, *The Analysis of Defense: The Ego and Mechanisms of Defense Revisited*, International Universities Press, Nueva York, 1985.

21. Gould, M. S., F. A. Marrocco, M. Kleinman y otros, «Evaluating iatrogenic risk of youth suicide screening programs: A randomized controlled trial», *JAMA*, 293 (13), 2005, págs. 1635-1643.

22. Carballo, J. J., C. Llorente, L. Kehrmann y otros, «Psychosocial risk factors for suicidality in children and adolescents», *European Child and Adolescent Psychiatry*, 29, 2020, págs. 759-776.

23. Ramchand, R., J. A. Gordon y J. L. Pearson, «Trends in suicide rates by race and ethnicity in the United States», *JAMA Network Open*, 4 (5), 2021, e2111563.

24. U.S. Department of Health and Human Services, *African American Youth Suicide: Report to Congress*, 2020, <nimh.nih.gov/sites/default/files/documents/health/topics/suicide-prevention/african_american_youth_suicide-report_to_congress.pdf>.

25. Sheftall, A. H., F. Vakil, D. A. Ruch y otros, «Black youth suicide: Investigation of current trends and precipitating circumstances», *Journal of the American Academy of Child and Adolescent Psychiatry*, 2021, <doi.org/10.1016/j.jaac.2021.08.021>.

26. Por ejemplo, un estudio sistemático reveló que las experiencias de racismo incrementan el riesgo de suicidio entre jóvenes de minorías raciales y étnicas. Rudes, G., y C. Fantuzzi, «The association between racism and suicidality among young minority groups: A systematic review», *Journal of Transcultural Nursing*, 33 (2), 2022, págs. 228-238.

Los jóvenes negros serían menos dados a informar de pensamientos suicidas por temor a una respuesta punitiva. Las emociones intensas, incluida la revelación de pensamientos y conductas suicidas, tienden a ser recibidas con respuestas punitivas más frecuentes entre los jóvenes negros que entre los blancos.

Véase, por ejemplo, Álvarez, K., L. Polanco-Roman, A. S. Breslow y S. Molock, «Structural racism and suicide prevention for ethnoracially minoritied youth: A conceptual framework and illustration across systems», *American Journal of Psychiatry*, 179 (6), 2022, págs. 422-433.

2. Género y emoción

1. Hampel, P., y F. Petermann, «Perceived stress, coping, and adjustment in adolescents», *Journal of Adolescent Health*, 38 (4), 2006, págs. 409-415.
2. Hyde, J. S., «The gender similarities hypothesis», *American Psychologist*, 60 (6), 2005, págs. 581-592.
3. Véase, por ejemplo, Björkqvist, K., «Gender differences in aggression», *Current Opinion in Psychology*, (19), 2018, págs. 39-42.
4. Thomassin, K., O. Bucsea, K. J. Chan y E. Carter, «A thematic analysis of parents' gendered beliefs about emotion in middle childhood boys and girls», *Journal of Family Issues*, 40 (18), 2019, págs. 2944-2973.
5. Weinberg, M. K., E. Z. Tronick, J. F. Cohn y K. L. Olson, «Gender differences in emotional expressivity and self-regulation during early infancy», *Developmental Psychology*, 35 (1), 1999, págs. 175-188.
6. Dodd, D. K., B. L. Russell y C. Jenkins, «Smiling in school yearbook photos: Gender differences from kindergarten to adulthood», *Psychological Record* (49), 1999, págs. 543-554.
7. Chaplin, T. M., P. M. Cole y C. Zahn-Waxler, «Parental socialization of emotion expression: Gender differences and relations to child adjustment», *Emotion*, 5 (1), 2005, págs. 80-88.
8. Chaplin, T. M., y A. Aldao, «Gender differences in emotion expression in children: A meta-analytic review», *Psychological Bulletin*, 139 (4), 2013, págs. 735-765.
9. Birnbaum, D. W., y W. L. Croll, «The etiology of children's stereotypes about sex differences in emotionality», *Sex Roles*, 10 (9/10), 1984, págs. 677-691.
10. Chaplin y otros, 2005.
11. Eisenberg, N., A. Cumberland y T. L. Spinrad, «Parental socialization of emotion», *Psychological Inquiry*, 9 (4), 1998, págs. 241-273.
12. Kliewer, W., M. D. Fearnow y P. Miller, «Coping socialization in middle childhood: Tests of maternal and paternal influences», *Child Development*, 67 (5), 1996, págs. 2339-2357.
13. *Ibidem*.
14. Véase, por ejemplo, Cassano, M., C. Perry-Parrish y J. Zeman, «Influence of gender on parental socialization of children's sadness regulation», *Social Development*, 16 (2), 2007, págs. 210-231.

15. Van der Graaff, J., S. Branje, M. De Wied y otros, «Perspective taking and empathic concern in adolescence: Gender differences in developmental changes», *Developmental Psychology*, 50 (3), 2014, págs. 881-888.

16. McClure, E. B., «A meta-analytic review of sex differences in facial expression processing and their development in infants, children, and adolescents», *Psychological Bulletin*, 126 (3), 2000, págs. 424-453.

17. Van der Graaff, J., G. Carlo, E. Crocetti y otros, «Prosocial behavior in adolescence: Gender differences in development and links with empathy», *Journal of Youth and Adolescence*, 47, 2017, págs. 1086-1099.

18. Christov-Moore, L., E. A. Simpson, G. Coudé y otros, «Empathy: Gender effects in brain and behavior», *Neuroscience and Biobehavioral Reviews*, 46, 2014, págs. 604-627.

19. Ferguson, T. J., y H. L. Eyre, «Engendering gender differences in shame and guilt: Stereotypes, socialization, and situational pressures», en A. H. Fischer (comp.), *Gender and Emotion Social Psychological Perspectives*, Cambridge, Cambridge University Press, 2000, págs. 254-276.

20. Flannagan, D., y L. Baker-Ward, «Relations between mother-child discussions of children's preschool and kindergarten experiences», *Journal of Applied Developmental Psychology*, 17 (3), 1996, 423-437.

21. Eliot, L., *Pink Brain, Blue Brain: How Small Gender Differences Grow into Troublesome Gaps – and What We Can Do About It*, Houghton Mifflin Harcourt, Nueva York, 2009, pág. 262.

22. Véase, por ejemplo, Kraus, M. W., S. Côte y D. Keltner, «Social class, contextualism, and empathic accuracy», *Psychological Science*, 21 (11), 2010, págs. 1716-1723.

23. Di Tella, M., F. Miti, R. Ardito y M. Adenzato, «Social cognition and sex: Are men and women really different?», *Personality and Individual Differences*, 162 (1), 2020, pág. 110045.

24. DiPietro, J. A., «Rough and tumble play: A function of gender», *Developmental Psychology*, 17 (1), 1981, págs. 50-58.

25. Archer, J., «Sex differences in aggression in real-world settings: A meta-analytic review», *Review of General Psychology*, 8 (4), 2004, págs. 291-322.

26. Karriker-Jaffe, K. J., V. A. Foshee, S. T. Ennett y C. Suchindran, «The development of aggression during adolescence: Sex differences in trajectories of physical and social aggression among youth in rural areas», *Journal of Abnormal Child Psychology*, 36 (8), 2009, págs. 1227-1236.

27. Duke, S. A., B. W. R. Balzer y K. S. Steinbeck, «Testosterone and its effects on human male adolescent mood and behavior: A systematic review», *Journal of Adolescent Health*, 55 (3), 2014, págs. 315-322.

Cabe destacar también el siguiente estudio longitudinal que siguió a 82 adolescentes desde los 12-13 años hasta los 15-16 y halló una «ausencia general de relaciones T [testosterona]/agresividad» en medidas simultáneas y a lo largo del tiempo. Halpern, C. T., J. R. Udry, B. Campbell y C. Suchindran, «Relationships between aggression and pubertal increases in testosterone: A panel analysis of adolescent males», *Social Biology*, 40 (1-2), 1993, págs. 8-24.

28. Vermeersch, H., G. T'Sjoen, J. Kaufman y J. Vincke, «The role of testosterone in aggressive and non-aggressive risk-taking in adolescent boys», *Hormones and Behavior*, 53 (3), 2008, págs. 463-471.

29. Thomas, J. R., y K. T. Thomas, «Development of gender differences in physical activity», *Quest*, 40 (3), 1988, págs. 219-229.

30. Carlo, G., M. Raffaelli, D. J. Laible y K. A. Meyer, «Why are girls less physically aggressive than boys? Personality and parenting mediators of physical aggression», *Sex Roles*, 40 (9/10), 1999, págs. 711-729.

31. *Ibidem*.

32. Card, N. A., B. D. Stucky, G. M. Sawalani y T. D. Little, «Direct and indirect aggression during childhood and adolescence: A meta-analytic review of gender differences, intercorrelations, and relations to maladjustment», *Child Development*, 79 (5), 2008, págs. 1185-1229.

33. Chaplin, T. M., y A. Aldao, «Gender differences in emotional expression in children: A meta-analytic review», *Psychological Bulletin*, 139 (4), 2013, págs. 735-765.

Wong, T. K. Y., C. Konishi y K. Zhao, «Anger and anger regulation among adolescents: A consideration of sex and age differences», *Canadian Journal of Behavioural Science*, 50 (1), 2018, págs. 1-8.

34. Chaplin, T. M., y A. Aldao, 2013.

35. Evers, C., A. H. Fischer, P. M. R. Mosquera y A. S. R. Manstead, «Anger and social appraisal: A 'spicy' sex difference?», *Emotion*, 5 (3), 2005, 258-266.

36. Perry-Parrish, C., L. Webb, J. Zeman y otros, «Anger regulation and social acceptance in early adolescence: Associations with gender and ethnicity», *Journal of Early Adolescence*, 37 (4), 2017, págs. 475-501.

Wun, C., «Angered: Black and non-Black girls of color at the intersections of violence and school discipline in the United States», *Race Ethnicity and Education*, 21 (4), 2018, págs. 423-437.

37. Epstein, R., J. Blake y T. González, Girlhood interrupted: *The erasure of Black girls' childhood*, Georgetown University Law Center, Center on Poverty and Inequality, 2007.

38. Goff, P. A., M. C. Jackson, B. A. L. Di Leone y otros, «The essence of innocence: Consequences of dehumanizing black children», *Journal of Personality and Social Psychology*, 106 (4), 2014, págs. 516-545.

39. Es importante destacar que la visión moderna de las chicas negras hipersexualizadas o lascivas se vincula a una dilatada historia de estereotipos deshuma-

nizadores de las mujeres negras en torno a su sexualidad. Los estudiosos aseguran que durante mucho tiempo se caracterizó a las mujeres negras como lujuriosas y seductoras para justificar su explotación sexual a manos de los hombres blancos que las poseían como esclavas o las empleaban como trabajadoras domésticas.

Véanse también:

Crooks, N., B. King y A. Tluczek, «Protecting young Black female sexuality», *Culture, Health and Sexuality*, 22 (8), 2021, págs. 871-886.

Gadson, C. A., y J. A. Lewis, «Devalued, overdisciplined, and stereotyped: An exploration of gendered racial microaggressions among Black adolescent girls», *Journal of Counseling Psychology*, 69 (1), 2021, págs. 14-26.

West, C. M., «Sexual violence in the lives of African American women: Risk, response, and resilience», *VAWnet, National Online Resource Center on Violence Against Domestic Violence*, octubre de 2006, <vawnet.org>.

Collins, P. H., *Black Sexual Politics: African Americans, Gender, and the New Racism*, Routledge, Nueva York, 2004.

French, B. H., «More than jezebels and freaks: Exploring how Black girls navigate sexual coercion and sexual scripts», *Journal of African American Studies*, 17, 2012, págs. 35-50.

Stephens, D. P., y L. D. Phillips, «Freaks, gold diggers, divas, and dykes: The sociohistorical development of adolescent African American women's sexual scripts», *Sexuality and Culture*, 7, 2003, págs. 3-49.

Aunque no se ha sometido a un estudio tan profundo como los estereotipos que hipersexualizan a las chicas negras, algunas investigaciones apuntan a la aplicación de estereotipos similares con las chicas latinas.

Véase, por ejemplo, Rolón-Dow, «Seduced by images: Identity and schooling in the lives of Puerto Rican girls», *Anthropology and Education Quarterly*, 35 (1), 2004, págs. 8-29.

40. Espelage, D. L., J. S. Hong, S. Rinehart y N. Doshi, «Understanding types, locations, and perpetrators of peer-to-peer sexual harassment in US middle schools: A focus on sex, racial, and grade differences», *Children and Youth Services Review*, 71, 2016, págs. 174-183.

Axelrod, A., y D. Markow, *Hostile hallways: Bullying, teasing, and sexual harassment in school*, AAUW Educational Foundation, 2001, <aauw.org/files/2013/02/hostile-hallways-bullying-teasing-and-sexual-harassment-in-school.pdf>.

41. Rahimi, R., y D. Liston, «Race, class, and emerging sexuality: Teacher perceptions and sexual harassment in schools», *Gender and Education*, 23 (7), 2011, págs. 799-810.

Wilmot, J. M., V. Migliarini y S. A. Annamma, «Policy as punishment and distraction: The double helix of racialized sexual harassment of black girls», *Educational Policy*, 35 (2), 2021, págs. 347-367.

42. Opara, I., V. Weser, B. Sands y otros, «Feeling invisible and unheard: A qualitative exploration of gendered-racist stereotypes influence on sexual decision-making and mistreatment of Black teen girls», *Youth and Society*, 2022, págs. 1-20, <doi.org/10.1177/0044118X221075051>.

43. Harris, J., y A. C. Kruger, «"We always tell them, but they don't do anything about it!". Middle school Black girls' experiences with sexual harassment at an urban middle school», *Urban Education*, 2020, págs. 1-27, <doi.org/10.1177/0042085920959131>.

44. Cooke, A. N., y A. G. Halberstadt, «Adultification, anger bias, and adults' different perceptions of Black and White children», *Cognition and Emotion*, 35 (7), 2021, págs. 1416-1422.

Las chicas negras también se enfrentan a ese «sesgo de hostilidad», pero resulta mucho más pronunciado en los chicos negros. Halberstadt, A. G., V. L. Castro, Q. Chu y otros, «Preservice teachers' racialized emotion recognition, anger bias, and hostility attributions», *Contemporary Educational Psychology*, 54, 2018, págs. 125-138.

45. Halberstadt y otros, 2018.

46. Goff y otros, 2014.

47. Cooke, A. N., y A. G. Halberstadt, 2021.

Eberhardt, J. L., P. A. Goff, V. J. Purdie y P. G. Davies, «Seeing Black: Race, crime, and visual processing», *Journal of Personality and Social Psychology*, 87 (6), 2004, págs. 876-893.

48. Véase, por ejemplo, Kunesh, C. E., y A. Noltemeyer, «Understanding disciplinary disproportionality: Stereotypes shape pre-service teachers' beliefs about Black boys' behavior», *Urban Education*, 54 (4), 2019, págs. 471-498.

49. McGlynn-Wright, A., R. D. Crutchfield, M. L. Skinner y K. P. Haggerty, «The usual, racialized, suspects: The consequence of police contacts with Black and white youth on adult arrest», *Social Problems*, 69 (2), 2022, págs. 299-315.

50. Children's Defense Fund, *Portrait of inequality: Black children in America*, 2011, <childrensdefense.org/wp-content/uploads/2018/08/portrait-of-inequality.pdf>.

51. GBD 2019 Police Violence US Subnational Collaborators, «Fatal police violence by race and state in the USA, 1980–2019: A network mega-regression», *The Lancet*, 398, 2021, págs. 1239-1255.

Edwards, F., H. Lee y M. Esposito, «Risk of being killed by police use of force in the United States by age, race-ethnicity, and sex», *PNAS*, 116 (34), 2019, págs. 16793-16798.

52. Anderson, R. E., L. H. Ahn, J. R. Brooks y otros, «"The Talk" tells the story: A qualitative investigation of parents' racial socialization competency with Black adolescents», *Journal of Adolescent Research*, 2022, <doi.org/10.1177/07435584221076067>.

53. *Ibidem.*

54. Eisenberg, N., A. Cumberland y T. L. Spinrad, «Parental socialization of emotion», *Psychological Inquiry*, 9 (4), 1998, págs. 241-273.

55. Martel, M. M., «Sexual selection and sex differences in the prevalence of childhood externalizing and adolescent internalizing disorders», *Psychological Bulletin*, 139 (6), 2013, págs. 1221-1259.

56. Freud, A., *The Ego and the Mechanisms of Defense*, Madison, International Universities Press, 1937/1966 (trad. cast.: *El yo y los mecanismos de defensa*, Paidós, Barcelona, 1997).

57. Onyeka-Crawford, A., K. Patrick y N. Chaudhry, «Let her learn: Stopping school pushout for girls of color», National Women's Law Center, Washington D. C., 2017.

58. Para garantizar la seguridad de los alumnos, también ajustamos los parámetros para que las preguntas no se pudiesen plantear de manera anónima. Convine con cada centro que haría un seguimiento con el orientador escolar, si fuese necesario, para informar del nombre de los alumnos que planteasen preguntas especialmente preocupantes.

59. Way, N., «Boys' friendships during adolescence: Intimacy, desire, and loss», *Journal of Research on Adolescence*, 23 (2), 2013, págs. 201-213.

60. Smiler, A. P., «"I wanted to get to know her better": Adolescent boys' dating motives, masculinity ideology, and sexual behavior», *Journal of Adolescence*, 31 (1), 2008, págs. 17-32.

61. Way, N., J. Cressen, S. Bodian y otros, «"It might be nice to be a girl... then you wouldn't have to be emotionless": Boys' resistance to norms of masculinity during adolescence», *Psychology of Men and Masculinity*, 15 (3), 2014, págs. 241-252.

62. Aznar, A., y H. R. Tenenbaum, «Gender comparisons in mother-child emotion talk: A meta-analysis», *Sex Roles*, 82 (3-4), 2020, págs. 155-162.

63. Dino, G. A., M. A. Barnett y J. A. Howard, «Children's expectations of sex differences in parents' response to sons and daughters encountering interpersonal problems», *Sex Roles*, 11 (7-8), 1984, págs. 709-717.

64. Lam, C. B., S. M. McHale y A. C. Crouter, «Time with peers from middle childhood to late adolescence: Developmental course and adjustment correlates», *Child Development*, 85 (4), 2014, págs. 1677-1693.

65. Jose, P. E., e I. Brown, «When does the gender difference in rumination begin? Gender and age differences in the use of rumination by adolescents», *Journal of Youth and Adolescence*, 37, 2008, págs. 180-192.

66. Stone, L. B., B. L. Hankin, B. E. Gibb y J. R. Z. Abela, «Co-rumination predicts the onset of depressive disorders during adolescence», *Journal of Abnormal Psychology*, 120 (3), 2011, págs. 752-757.

67. Young, C. C., y M. S. Dietrich, «Stressful life events, worry, and rumina-

tion predict depressive and anxiety symptoms in young adolescents», *Journal of Child and Adolescent Psychiatric Nursing*, 28, 2015, págs. 35-42.

68. «Boys, bullying, and gender roles: How hegemonic masculinity shapes bullying behavior», *Gender Issues*, 36, págs. 295-318.

Oransky, M., y J. Marecek, «"I'm not going to be a girl": Masculinity and emotions in boys' friendships and peer groups», *Journal of Adolescent Research*, 24 (2), 2009, págs. 216-241.

69. MedlinePlus, National Library of Medicine, *Puberty*, 2021, <medlineplus.gov/puberty.html> (en español: <https://medlineplus.gov/spanish/puberty.html>).

70. Centers for Disease Control and Prevention, *Growth Charts*, 2010, <www.cdc.gov/growthcharts/>.

71. Thomas, J. R., y K. E. French, «Gender differences across age in motor performance: A meta-analysis», *Psychological Bulletin*, 98 (2), 1985, págs. 260-282.

72. Van der Graff, J., G. Carlo, E. Crocetti, H. M. Koot y otros, «Prosocial behavior in adolescence: Gender differences in development and links with empathy», *Journal of Youth and Adolescence*, 47, 2018, págs. 1086-1099.

73. Duckworth, A. L., E. P. Shulman, A. J. Mastronarde, S. D. Patrick y otros, «Will not want: Self-control rather than motivation explains the female advantage in report card grades», *Learning and Individual Differences*, 39, 2015, págs. 13-23.

74. Silberman, M. A., y J. Snarey, «Gender differences in moral development during early adolescence: The contribution of sex-related variations in maturation», *Current Psychology*, 12, 1993, págs. 163-171.

75. En el momento de escribir estas líneas no encontré ninguna investigación que evaluase directamente la influencia del desarrollo puberal en los pares víctima-acosador sobre la frecuencia del acoso sexual en la escuela secundaria. Sin embargo, la investigación sí establece firmemente que las chicas en una fase más avanzada de su desarrollo sexual tienen más probabilidades de ser víctimas de acoso.

Véanse, por ejemplo, Skoog, T., y S. B. Özdemir, «Explaining why early-maturing girls are more exposed to sexual harassment in early adolescence», *Journal of Early Adolescence*, 36 (4), 2016, págs. 490-509.

Goldstein, S. E., O. Malanchuk, P. E. Davis-Kean, y J. S. Eccles, «Risk factors of sexual harassment by peers: A longitudinal investigation of African American and European American adolescents», *Journal of Research on Adolescence*, 17 (2), 2007, págs. 285-300.

Un estudio que analizó los niveles puberales de los acosadores sí muestra que, en séptimo [el equivalente a nuestro primero de ESO], el desarrollo puberal de los chicos se correlaciona de manera inequívoca con mayores niveles de acoso sexual entre sexos. Pepler, D. J., W. M. Craig, J. A. Connolly y otros, «A developmental perspective on bullying», *Aggressive Behavior* (32), 2006, págs. 376-384.

Otro estudio descubrió que «el estado puberal y la composición por sexos de la red de pares se asociaban de manera independiente con una mayor probabilidad de perpetrar acoso entre sexos, tras controlar por edad y género»; de nuevo, sin embargo, no evaluaba el estado puberal de los pares víctima-acosador. McMaster, L. E., J. Connolly, D. Pepler y W. M. Craig, «Peer to peer sexual harassment in early adolescence: A developmental perspective», *Development and Psychopathology*, (14), 2002, págs. 91-105.

En conclusión, por lo que he podido descubrir, el vínculo entre el estado puberal de las víctimas y los agresores no se ha analizado en la literatura empírica, por lo que baso mi argumentación en las medias de estatura y fuerza, y en los índices de acoso sexual por curso. Para mi sorpresa, no he encontrado pruebas de este mismo argumento en otros lugares. La observación más similar que he encontrado procede de Skoog y Özdemir (2016): «Se trata, pues, de una explicación que tiene que ver con el aspecto de las niñas y las reacciones de los demás ante ese aspecto; el hecho de tener una apariencia físicamente madura en la adolescencia temprana, cuando los compañeros todavía tienen un aspecto infantil, podría subyacer al vínculo entre la pubertad precoz y el acoso sexual en las niñas preadolescentes» (pág. 493). Si he olvidado mencionar algún trabajo que desarrolle el mismo argumento que planteo aquí, el error es exclusivamente mío.

76. Gruber, J. E., y S. Fineran, «The impact of bullying and sexual harassment on middle and high school girls», *Violence Against Women*, 13 (2), 2007, págs. 627-643.

77. Pelligrini, A. D., «A longitudinal study of heterosexual relationships, aggression, and sexual harassment during the transition from primary school through middle school», *Journal of Applied Developmental Psychology*, 22 (2), 2001, págs. 119-133.

78. Hill, C., y H. Kearl, «Crossing the line: Sexual harassment at school», *American Association of University Women*, 2011, <aauw.org/app/uploads/2020/03/Crossing-the-Line-Sexual-Harassment-at-School.pdf>.

79. Gruber, J. E., y S. Fineran, 2007.

80. Rodkin, P. C., y C. Berger, «Who bullies whom? Social status asymmetries by victim gender», *International Journal of Behavioral Development*, 32 (6), 2008, págs. 473-485.

81. Ormerod, A. J., L. Collinsworth y L. A. Perry, «Critical climate: Relations among sexual harassment, climate, and outcomes for high school girls and boys», *Psychology of Women Quarterly*, 32 (2), 2008, págs. 113-125.

82. Véase, por ejemplo, Kling, K. C., J. S. Hyde, C. J. Showers y B. N. Buswell, «Gender differences in self-esteem: A meta-analysis», *Psychological Bulletin*, 132 (1), 1999, págs. 33-72.

83. En el momento de escribir esto, el término *género expansivo* abarca a las personas que se identifican como transgénero, no binarias, de género fluido y sin

género (agénero, género nulo). PFLAG, *National Glossary of Terms*, 2021, <pflag.org/glossary>.

84. Warner, A., C. Dorsen, A. Dunn Navarra y S. Cohen, «An integrative review of experiences parenting transgender and gender diverse children», *Journal of Family Nursing*, 27 (4), 2021, págs. 304-326.

85. Abreau, R. L., D. E. Rosenkrantz, J. T. Ryser-Oatman, S. S. Rostosky y otros, «Parental reactions to transgender and gender diverse children: A literature review», *Journal of GLBT Family Studies*, 15 (5), 2019, págs. 1-25.

86. Hale, A. E., S. Y. Chertow, Y. Weng, A. Tabuenca y otros, «Perceptions of support among transgender and gender-expansive adolescents and their parents», *Journal of Adolescent Health*, 68 (6), 2021, págs. 1075-1081.

Pariseau, E. M., L. Chevalier, K. A. Long, R. Clapham, L. Edwards-Leeper y A. C. Tishelman, «The relationship between family acceptance-rejection and transgender youth psychosocial functioning», *Clinical Practice in Pediatric Psychology*, 7 (3), 2019, págs. 267-277.

3. Un cambio radical: cómo la adolescencia da un nuevo giro emocional a la vida cotidiana

1. Arain, M., M. Haque, L. Johal, P. Mathur y otros, «Maturation of the adolescent brain», *Neuropsychiatric Disease and Treatment*, 9, 2013, págs. 449-461.

2. World Health Organization, *Adolescence: A period needing special attention*, 2014, <apps.who.int/adolescent/second-decade /section2 /page1/recognizing-adolescence.html>.

3. Sawyer, S. M., P. S. Azzopardi, D. Wickremarathne y G. C. Patton, «The age of adolescence», *The Lancet Child and Adolescent Health*, 2 (3), 2018, págs. 223-228.

Arain y otros, 2013.

4. He, J., y F. T. Crews, «Neurogenesis decreases during brain maturation from adolescence to adulthood», *Pharmacology Biochemistry and Behavior*, 86 (2), 2007, págs. 327-333.

5. De Graaf-Peters, V. B., y M. Hadders-Algra, «Ontogeny of the human central nervous system: What is happening when?», *Early Human Development*, 82 (4), 2006, págs. 257-266.

6. Spear, L. P., «Adolescent neurodevelopment», *Journal of Adolescent Health*, 52 (2), 2013, págs. S7-13.

7. Casey, B. J., R. M. Jones, L. Levita, V. Libby y otros, «The storm and stress of adolescence: Insights from human imaging and mouse genetics», *Developmental Psychobiology*, 52 (3), 2010, págs. 225-235.

8. Arain y otros, 2013.

9. Maciejewski, D. F., P. A. C. Van Lier, S. J. T. Branje, W. H. J. Meeus y otros, «A 5-year longitudinal study on mood variability across adolescence using daily diaries», *Child Development*, 86 (6), 2015, págs. 1908-1921.

Larson, R. W., G. Moneta, M. H. Richards y S. Wilson, «Continuity, stability, and change in daily emotional experience across adolescence», *Child Development*, 73 (4), 2002, págs. 1151-1165.

10. Meeus, W., J. Iedema, G. Maassen y R. Engels, «Separation-individuation revisited: On the interplay of parent-adolescent relations, identity and emotional adjustment in adolescence», *Journal of Adolescence*, 28 (1), 2005, págs. 89-106.

11. Asen, E., y P. Fonagy, «Mentalization-based therapeutic interventions for families», *Journal of Family Therapy*, 34 (4), 2011, págs. 347-370.

12. Van Lissa, C. J., S. T. Hawk, S. Branje, H. M. Koot y W. H. J. Meeus, «Common and unique association of adolescents' affective and cognitive empathy development with conflict behavior towards parents», *Journal of Adolescence*, 47 (1), 2016, págs. 60-70.

13. Véase, por ejemplo, Eisenberg, N., A. Cumberland, I. K. Guthrie, B. C. Murphy y A. A. Shepard, «Age changes in prosocial responding and moral reasoning in adolescence and early adulthood», *Journal of Research on Adolescence*, 15 (3), 2005, págs. 235-260.

14. Crone, E., y R. Dahl, «Understanding adolescence as a period of social-affective engagement and goal flexibility», *Nature Reviews Neuroscience*, 13, 2012, págs. 636-650.

15. Van der Graaff, J., S. Branje, M. De Wied y otros, 2014.

16. Meier, A., K. Musick, J. Fischer y S. Flood, «Mothers' and fathers' well-being in parenting across the arch of child development», *Journal of Marriage and Family*, 80 (4), 2018, págs. 992-1004.

17. Romer, D., «Adolescent risk taking, impulsivity, and brain development: Implications for prevention», *Developmental Psychobiology*, 52 (3), págs. 263-276.

18. Véase, por ejemplo, Wahlstrom, D., P. Collins, T. White y M. Luciana, «Developmental changes in dopamine neurotransmission in adolescence: Behavioral implications and issues in assessment», *Brain and Cognition*, 72 (1), 2010, págs. 146-159.

19. Reyna, V. F., y S. E. Rivers, «Current theories of risk and rational decision making», *Developmental Review*, 28 (1), 2008, págs. 1-11.

Steinberg, L., «Risk taking in adolescence: New perspectives from brain and behavioral science», *Current Directions in Psychological Science*, 16 (2), 2007, págs. 55-59.

20. World Health Organization, *Global Status Report on Alcohol and Health*, 2011, <who.int/substance_abuse/publications/global_alcohol_report/msbgsruprofiles.pdf>.

21. Steinberg, L., G. Icenogle, E. P. Shulman, K. Breiner y otros, «Around the world, adolescence is a time of heightened sensation seeking and immature self-regulation», *Developmental Science*, 21 (2), 2018, e12532.

22. Laird, R. D., G. S. Pettit, J. E. Bates y K. A. Dodge, «Parents' monitoring-relevant knowledge and adolescents' delinquent behavior: Evidence of correlated developmental changes and reciprocal influences», *Child Development*, 74 (3), 2003, págs. 752-768.

23. Jacobs, J. E., C. S. Chhin y K. Shaver, «Longitudinal links between perceptions of adolescence and the social beliefs of adolescents: Are parents' stereotypes related to beliefs held about and by their children?», *Journal of Youth and Adolescence*, 34, 2005, págs. 61-72.

24. Guilamo-Ramos, V., J. Jaccard, P. Dittus y A. M. Bouris, «Parental expertise, trustworthiness, and accessibility: Parent-adolescent communication and adolescent risk behavior», *Journal of Marriage and Family*, 68 (5), 2006, págs. 1229-1246.

25. Gray, M. R., y L. Steinberg, «Unpacking authoritative parenting: Reassessing a multidimensional construct», *Journal of Marriage and Family*, 61 (3), 1999, págs. 574-587.

26. Shope, J. T., «Influences on youthful driving behavior and their potential for guiding interventions to reduce crashes», *Injury Prevention*, 12, 2006, págs. i9-i14.

Whitaker, D. J., y K. Miller, «Parent-adolescent discussions about sex and condoms: Impact of peer influences of sexual risk behavior», *Journal of Adolescent Research*, 15 (2), 2000, págs. 251-273.

Guilamo-Ramos, V., J. Jaccard, R. Turrisi y M. Johansson, «Parental and school correlates of binge drinking among middle school students», *American Journal of Public Health*, 95 (5), 2005, págs. 894-899.

Chaplin, T. M., A. Hansen, J. Simmons, L. C. Mayes y otros, «Parental-adolescent drug use discussions: physiological responses and associated outcomes», *Journal of Adolescent Health*, 55 (6), 2014, págs. 730-735.

27. Véase, por ejemplo, Twenge, J. M. «Have smartphones destroyed a generation?», *The Atlantic*, septiembre de 2017, <theatlantic.com/magazine/archive/2017/09/has-the-smartphone-destroyed-a-generation/534198/>.

28. Subcommittee on Consumer Protection, Product Safety, and Data Security, *Protecting Kids Online: Facebook, Instagram, and Mental Health Harms*, 2021, <commerce.senate.gov/2021/9/protecting-kids-online-facebook-instagram-and-mental-health-harms>.

29. Véase, por ejemplo, Sumner, S. A., B. Ferguson, B. Bason, J. Dink y otros, «Association of online risk factors with subsequent youth suicide-related behaviors in the US», *JAMA Network Open*, 4 (9), 2021, e2125860.

McCrae, N., S. Gettings y E. Purssell, «Social media and depressive symptoms in childhood and adolescence: A systematic review», *Adolescent Research Review*, 2, 2017, págs. 315-330.

30. Véase, por ejemplo, Coyne, S. M., A. A. Rogers, J. D. Zurcher, L. Stockdale y M. Booth, «Does time spent using social media impact mental health?: An eight year longitudinal study», *Computers in Human Behavior*, 104, 2020, págs. 1-9.

George, M. J., M. R. Jensen, M. A. Russell, A. Gassman-Pines, W. E. Copeland, R. H. Hoyle y C. L. Odgers, «Young adolescents' digital technology use, perceived impairments, and well-being in a representative sample», *Journal of Pediatrics*, 219, 2020, págs. 180-187.

31. Véase, por ejemplo, Yin, X.-Q., D. A. de Vries, D. A. Gentile y J.-L. Wang, «Cultural background and measurement of usage moderate the association between social networking sites (SNSs) usage and mental health: A meta-analysis», *Social Science Computer Review*, 37 (5), 2019, págs. 631-648.

32. Beyens, I., J. L. Pouwels, I. I. Van Driel, L. Keijsers y P. M. Valkenburg, «The effect of social media on well-being differs from adolescent to adolescent», *Scientific Reports*, 10 (1), 2020, pág. 10763.

Liu, D., R. Baumeister, C. Yang y D. Hu, «Digital communication media use and psychological well-being: A meta-analysis», *Journal of Computer-Mediated Communication*, 24, 2019, págs. 259-274.

33. Bryan, C. J., D. S. Yeager, C. P. Hinojosa, A. Chabot y otros, «Harnessing adolescent values to motivate healthier eating», *PNAS*, 113 (39), 2016, págs. 10830-10835.

34. Gamble, A. L., A. L. D'Rozario, D. J. Bartlett, S. Williams y otros, «Adolescent sleep patterns and night-time technology use: Results of the Australian Broadcasting Corporation's Big Sleep Survey», *PLoS ONE*, 9 (11), 2014, e111700.

Bruni, O., S. Sette, L. Fontanesi, R. Baiocco, F. Laghi y E. Baumgartner, «Technology use and sleep quality in preadolescence and adolescence», *Journal of Clinical Sleep Medicine*, 11 (12), 2015, págs. 1433-1441.

35. Sabina, C., J. Wolak y D. Finkelhor, «The natures and dynamics of Internet pornography exposure for youth», *Cyberpsychology and Behavior*, 11 (6), 2008, págs. 691-693.

36. Sun, C., A. Bridges, J. A. Johnson y M. B. Ezzell, «Pornography and the male sexual script: An analysis of consumption and sexual relations», *Archives of Sexual Behavior*, 45 (4), 2016, págs. 983-984.

37. *Ibidem*.

38. Centers for Disease Control and Prevention, *Trends in the prevalence of sexual behaviors and HIV testing. National youth risk behavior survey: 1991-2015*, <cdc.gov/healthyyouth/data/yrbs/pdf/trends/2019_sexual_trends_yrbs.pdf>.

Centers for Disease Control and Prevention, *Youth Risk Behavior Survey Data*, 2017, <cdc.gov/healthyyouth/data/yrbs/pdf/2017/ss6708.pdf>.

39. Weissbourd, R., T. R. Anderson, A. Cashin y J. McIntyre, «The talk: How adults can promote young people's healthy relationships and prevent misogyny and sexual harassment», 2017, <mcc.gse.harvard.edu/files/gse-mcc/files/mcc_the_talk_final.pdf>.

40. Östberg, V., Y. B. Almquist, L. Folkesson, S. B. Låftman y otros, «The complexity of stress in mid-adolescent girls and boys», *Child Indicators Research*, 8, 2015, págs. 403-423.

4. La gestion de las emociones. Primera parte: ayudar a los adolescentes a expresar sus sentimientos

1. Véase, por ejemplo, Campos, J. J., C. B. Frankel y L. Camras, «On the nature of emotional regulation», *Child Development*, 75 (2), 2004, págs. 377-394.

Aldao, A., y S. Nolen-Hoeksema, «The influence of context on the implementation of adaptive emotion regulation strategies», *Behavior Research and Therapy*, 50 (7/8), 2012, págs. 493-501.

2. Kennedy-Moore, E., y J. C. Watson, «How and when does emotional expression help?», *Review of General Psychology*, 5 (3), 2001, págs. 187-212.

3. Torre, J. B., y M. D. Lieberman, «Putting feelings into words: Affect labeling as implicit emotion regulation», *Emotion Review*, 10 (2), 2018, págs. 116-124.

4. Matejka, M., P. Kazzer, M. Seehausen, M. Bajbouj y otros, «Talking about emotion: Prosody and skin conductance indicate emotion regulation», *Frontiers in Psychology*, 4, 2013, pág. 260.

5. Taylor, S. F., K. L. Phan, L. R. Decker e I. Liberzon, «Subjective rating of emotionally salient stimuli modulates neural activity», *NeuroImage*, 18 (3), 2003, págs. 650-659.

6. Manczak, E. M., A. DeLongis y E. Chen, «Does empathy have a cost? Diverging psychological and physiological effects within families», *Health Psychology*, 35 (3), 2016, págs. 211-218.

Otros estudios interesantes sobre el poder de la empatía:

Eisenberg, N., R. A. Fabes, M. Schaller, G. Carlo y P. A. Miller, «The relations of parental characteristics and practices to children's vicarious emotional responding», *Child Development*, 62 (6), 1991, págs. 1393-1408.

Feshbach, N. D., «Parental empathy and child adjustment/maladjustment», en Eisenberg, N., y J. Strayer (comps.), *Empathy and Its Development*, Cambridge, Cambridge University Press, 1987, págs. 271-291. (trad. cast.: *La empatía y su desarrollo*, Desclée de Brouwer, Bilbao, 1992).

Field, T., «The effects of mother's physical and emotional unavailability on emotion regulation», *Monographs of the Society for Research in Child Development*, (59), 1994, págs. 208-227.

7. Nook, E. C., «Emotion differentiation and youth mental health: Current understanding and open questions», *Frontiers in Psychology* (12), 2021, <doi.org/10.3389/fpsyg.2021.700298>.

Wilson-Mendenhall, C. D., y J. D. Dunne, «Cultivating emotional granularity», *Frontiers in Psychology* (12), 2021, <doi.org/10.3389/fpsyg.2021.703658>.

8. Austen, J., *Pride and Prejudice*, Barnes & Noble Books, Nueva York, 1813/2003, pág. 7 (trad. cast.: *Orgullo y prejuicio*, Penguin Clásicos, Barcelona, 2015).

9. Conway, A. R. A., N. Cowan, M. F. Bunting, D. J. Therriault y S. R. B. Minkoff, «A latent variable analysis of working memory capacity, short-term memory capacity, processing speed, and general fluid intelligence», *Intelligence*, 30 (2), 2002, págs. 163-183.

10. Hadiwijaya, H., T. A. Klimstra, J. K. Vermunt, S. J. T. Branje y W. H. J. Meeus, «On the development of harmony, turbulence, and independence in parent-adolescent relationships: A five-wave longitudinal study», *Journal of Youth and Adolescence*, 46, 2017, págs. 1772-1788.

11. Laursen, B., y W. A. Collins, «Parent-child communication during adolescence», en A. L. Vangelisti (comp.), *Handbook of Family Communication*, Mahwah, N. J., Erlbaum, 2004, págs. 333-348.

12. Waters, E., «The attachment Q-set (Version 3.0)», *Monographs of the Society for Research in Child Development*, 60 (2/3), 1995, págs. 234-246.

13. Lewicki, R. J., B. Polin y R. B. Lount, «An exploration of the structure of effective apologies», *Negotiation and Conflict Management Research*, 9 (2), 2016, págs. 177-196.

14. Saarikallio, S., y J. Erkkilä, «The role of music in adolescents' mood regulation», *Psychology of Music*, 35 (1), 2007, págs. 88-109.

15. Sharman, L., y G. A. Dingle, «Extreme metal music and anger processing», *Frontiers in Human Neuroscience*, 9, 2015, pág. 272.

16. Van den Tol, A. J. M., «The appeal of sad music: A brief overview of current directions in research on motivations for listening to sad music», *The Arts in Psychotherapy*, 49, 2016, págs. 44-49.

5. La gestion de las emociones. Segunda parte: ayudar a los adolescentes a recuperar el control emocional

1. Piaget, J., «The intellectual development of adolescents», en G. Caplan y S. Lebovici (comps.), *Adolescence: Psychological Perspectives*, Basic Books, Nueva York, 1969, págs. 22-26.

2. Véase, por ejemplo, Hacker, D. J., «An existential view of adolescence», *Journal of Early Adolescence*, (14) 3, 1994, págs. 300-327.

3. Véanse, por ejemplo, Wante, L., M. Van Beveren, L. Theuwis y C. Braet, «The effects of emotion regulation strategies on positive and negative affect in early adolescents», *Cognition and Emotion*, 32 (5), 2018, págs. 988-1002.

Lennarz, H. K., T. Hollenstein, A. Lichtwarck-Aschoff, E. Kuntsche e I. Granic, «Emotion regulation in action: Use, selection, and success of emotion regulation in adolescents' daily lives», *International Journal of Behavioral Development*, 43 (1), 2019, págs. 1-11.

4. Zoccola, P. M., W. S. Figureoa, E. M. Rabideau y otros, «Differential effects of poststressor rumination and distraction on cortisol and C-reactive protein», *Health Psychology*, 33 (12), págs. 1606-1609.

5. Bailen, N. H., L. M. Green y R. J. Thompson, «Understanding emotion in adolescents: A review of emotional frequency, intensity, instability, and clarity», *Emotion Review*, 11 (1), 2018, págs. 63-73.

Spear, 2013.

6. Olson, C. K., «Children's motivations for video game play in the context of normal development», *Review of General Psychology*, 14 (2), 2010, págs. 180-187.

He aquí una esclarecedora cita de este estudio (pág. 182): «Las emociones desempeñan un papel sorprendentemente importante en las motivaciones de los niños para utilizar juegos electrónicos, en especial entre los chicos. En nuestra encuesta sobre juventud, dos tercios (el 62 %) de los chicos y el 44 % de las chicas que jugaban a juegos electrónicos estaban algo o muy de acuerdo en que a veces recurrían a ellos para relajarse; unas cifras sustanciales también empleaban los videojuegos para gestionar la ira (el 45 % de los chicos y el 29 % de las chicas). Olvidar los problemas y afrontar la soledad fueron otros de los motivos citados para jugar».

7. Saarikallio y Erkkilä, 2007.

8. Gruber, R., y J. Cassoff, «The interplay between sleep and emotion regulation: Conceptual framework empirical evidence and future directions», *Current Psychiatry Reports*, 16, 2014, pág. 500.

9. Baum, K. T., A. Desai, J. Field, L. E. Miller y otros, «Sleep restriction worsens mood and emotion regulation in adolescents», *Journal of Child Psychology and Psychiatry*, 55 (2), 2014, págs. 180-190.

10. Lang, C., S. Brand, A. K. Feldmeth, E. Holsboer-Trachsler y otros, «Increased self-reported and objectively assessed physical activity predict sleep quality among adolescents», *Physiology and Behavior*, 120, 2013, págs. 46-53.

11. Paruthi, S., L. J. Brooks, C. D'Ambrosio, W. A. Hall y otros, «Recommended amount of sleep for pediatric populations: A consensus statement of the American Academy of Sleep Medicine», *Journal of Clinical Sleep Medicine*, 12 (6), 2016, págs. 785-786.

12. Nazish, N., «How to de-stress in 5 minutes or less, according to a Navy SEAL», *Forbes*, 30 de mayo de 2019, <forbes.com/sites/nomanazish/2019/05/30/how-to-de-stress-in-5-minutes-or-less-according-to-a-navy-seal/?sh=6633b09f3046>.

13. Este titular de *The Onion* resulta gracioso precisamente porque da en el blanco: «Alerts. (2022, March 1). Man would honestly rather keep having panic attack than do some stupid little counting bullshit» [«Hombre preferiría seguir teniendo ataque de pánico antes que hacer alguna tontería de esas de contar»], *The Onion*, 1 de marzo de 2022, <theonion.com/man-would-honestly-rather-keep-having-panic-attack-than-1848563324>.

14. Streeter, C. C., P. L. Gerbarg, R. B. Saper y otros, «Effects of yoga on the autonomic nervous system, gamma-aminobutyric-acid, and allostasis in epilepsy, depression, and post-traumatic stress disorder», *Medical Hypotheses*, 78 (5), 2012, págs. 571-579.

15. Este consejo es del doctor Bruce Compas, un psicólogo al que entrevisté para este artículo: Damour, L., «When a teenager's coping mechanism is SpongeBob», *The New York Times*, 8 de febrero de 2017, <nytimes.com/2017/02/08/well/family/when-a-teenagers-coping-mechanism-is-spongebob.html>.

16. Troy, A. S., A. J. Shallcross e I. B. Mauss, «A person-by-situation approach to emotion regulation: Cognitive reappraisal can either help or hurt, depending on the context», *Psychological Science*, 24, 2013, págs. 2505-2514.

17. Yu, M., H. Zhou, H. Xu y H. Zhou, «Chinese adolescents' mindfulness and internalizing symptoms: The mediating role of rumination and acceptance», *Journal of Affective Disorders*, 280 (A), 2021, págs. 97-104.

18. Cosmic Kids: Zen Den, *Be the pond: Mindfulness for kids*, 2019, <cosmickids.com/video/be-the-pond-zen-den>.

19. Schwartz, P., A. M. Maynard y S. M. Uzelac, «Adolescent egocentrism: A contemporary view», *Adolescence*, 43 (171), 2008, págs. 441-448.

20. Ayduk, O., y E. Kross, «Enhancing the pace of recovery: Self-distanced analysis of negative experiences reduces blood pressure reactivity», *Psychological Science*, 19 (3), 2008, págs. 229-231.

21. Kross, E., e I. Grossmann, «Boosting wisdom: Distance from self enhances wise reasoning, attitudes, and behavior», *Journal of Experimental Psychology: General*, 141 (1), 2011, págs. 43-48.

22. Grossmann, I., y E. Kross, «Exploring Solomon's paradox: Self-distancing eliminates the self-other asymmetry in wise reasoning about close relationships in younger and older adults», *Psychological Science*, 25 (8), 2014, págs. 1571-1580.

23. *Ibidem*, pág. 1.573.

24. Bruehlman-Senecal, E., y O. Ayduk, «This too shall pass: Temporal distance and the regulation of emotional distress», *Journal of Personality and Social Psychology*, 108 (2), 2015, págs. 356-375.

25. Véase, por ejemplo, Bridgett, D. J., N. M. Burt, E. S. Edwards y K. Deater-Deckard, «Intergenerational transmission of self-regulation: A multidisciplinary review and integrative conceptual framework», *Psychological Bulletin*, 141 (3), 2015, págs. 602-654.

26. Morris, A. S., J. S. Silk, L. Steinberg y otros, «The role of the family context in the development of emotion regulation», *Social Development*, 16, págs. 361-388.

27. Borelli, J. L., H. F. Rasumssen, H. K. St. John y otros, «Parental reactivity and the link between parent and child anxiety symptoms», *Journal of Child and Family Studies*, 24 (10), 2015, págs. 3130-3144.

28. Stocker, C. M., M. K. Richmond, G. K. Rhoades y L. Kiang, «Family emotional processes and adolescents' adjustment», *Social Development*, 16 (2), 2007, págs. 310-325.

29. Willemen, A. M., C. Schuengel y H. M. Koot, «Physiological regulation of stress in referred adolescents: The role of the parent-adolescent relationship», *Journal of Child Psychology and Psychiatry*, 50 (4), 2009, págs. 482-490.

30. El coste de la supresión emocional resulta ser culturalmente específico. Los psicólogos utilizamos el término *reglas de exhibición* para describir los patrones de expresión emocional que se consideran apropiados dentro de un determinado grupo social. A grandes rasgos, las culturas colectivistas son más dadas a disfrazar las emociones intensas, mientras que los miembros de las culturas individualistas son más propensos a expresar sus emociones libremente. Por ejemplo, un estudio descubrió que cuando se pedía a europeos y a estadounidenses de origen europeo que reprimiesen sus sentimientos de ira, su ritmo cardíaco y su presión arterial aumentaban; por el contrario, esos dos parámetros aumentaban en los chinos cuando se les pedía que expresaran sus sentimientos de ira. Zhou, T., y G. D. Bishop, «Culture moderates the cardiovascular consequence of anger regulation strategy», *International Journal of Psychophysiology*, 8 (3), 2021, págs. 291-298.

Véanse también:

Butler, E. A., T. L. Lee y J. J. Gross, «Emotion regulation and culture: Are the social consequences of emotion suppression culture-specific?», *Emotion*, 7 (1), 2007, págs. 30-48.

Matsumoto, D., B. Willingham y A. Olide, «Sequential dynamics of culturally moderated facial expressions», *Psychological Science*, 20 (10), 2009, págs. 1269-1274.

31. Butler, E. A., B. Egloff, F. H. Wilhelm y otros, «The social consequences of expressive suppression», *Emotion*, 3 (1), 2003, págs. 48-67.

32. Richards, J. M., y J. J. Gross, «Composure at any cost? The cognitive consequences of emotion suppression», *Personality and Social Psychology Bulletin*, 25 (8), 1999, págs. 1033-1044.

33. Baumeister, R. F., E. Bratslavsky, M. Muraven y D. M. Tice, «Ego depletion:

Is the active self a limited resource?», *Journal of Personality and Social Psychology*, 74 (5), 1998, págs. 1252-1265.

34. Quartana, P. J., y J. W. Burns, «Emotion suppression affects cardiovascular responses to initial and subsequent laboratory stressors», *British Journal of Health Psychology*, 15 (3), 2010, págs. 511-528.

35. Chapman, B. P., K. Fiscella, I. Kawachi y otros, «Emotion suppression and mortality risk over a 12-year follow-up», *Journal of Psychosomatic Research*, 75 (4), 2013, págs. 381-385.

ÍNDICE ANALÍTICO Y DE NOMBRES